動作中的語言～
探究手語的本質

邢敏華 譯

Language in Motion

Exploring the Nature of Sign

Jerome D. Schein and David A. Stewart

Published by arrangement with Gallaudet University Press, Washington, DC, USA

目錄 （正文旁的數碼，係原文書的頁碼，以供檢索索引之用）

 ## 第一章　手語的簡史 1

CONTENTS

CONTENTS

 第七章　聾人社區　　　　　　　　　　　　　203

作者簡介

● ●

Jerome D. Schein，從前是高立德大學和紐約大學的教授。已經出版有關聾人文化和聾人社區的一些專書和文章。他仍然持續寫作，也在佛州擔任諮詢委員。

David A. Stewart，密西根州立大學（East Lansing 分校）輔導、教育心理和特殊教育系的教授。他已經出版很多有關聾人文化和溝通的專書和論文。他也是一位美國手語的本土使用者。

譯者簡介

● ●

邢敏華

◇ 學歷：

美國華盛頓大學（University of Washington at Seattle）特
殊教育研究所教育博士

國立台灣師範大學特殊教育研究所教育碩士

美國哈定西蒙大學（Hardin-Simmons University）教育碩
士

國立政治大學中文系文學士

◇ 經歷：

國立高雄師範大學溝通障礙研究所兼任教授

國立台南師範學院教授

國立台南師範學院副教授

台北啟聰學校國中教師

健行工專專任講師

大同商專兼任講師

◇ 現職：

國立台南大學特殊教育學系教授

◇ Email：

mh94@mail.nutn.edu.tw

序言

●●●●●●●●●●●●●●●●●●●●●●●

一個沒有聲音的世界：電話不響，雷聲不鳴，收音機只是個家具，vii汽車寂靜地駛過。想像一種無聲的環境，世界還存在嗎？處在那種環境中，你要如何溝通？你會不會叫 Pizza 店將食物送到你家？你要如何邀請朋友來烤肉？你能對同事解釋說明你遲到的原因嗎？

你可能立刻理解這樣的世界——一個缺少有意義聽力的世界——早已存在了。那兒不是特殊的地方，也不是隱藏在限制區路標內的異域；那世界就圍繞在你周圍，但很少有人去察看它。簡單來說，那是聾人的世界。[1]

聾人世界看來是無形的，主要來自兩個事實：首先，聾人是一般人口中的少數族群。我們會在第七章說明有多少的少數族群。第二，聾人的聽力損失沒有明顯的外在指標，直到你試著和他們溝通時你才會發現。聾人不會穿著黑衣服、手持拐杖，或坐在輪椅上。即使他們戴著助聽器，也不很明顯。

你可能會想：「好可憐喔，沒有聲音，沒有溝通的方法。」但不見得如此。大部分的聾人已經發展出一種脫離聲音的生活方式。他們用手語而不是用說話來溝通。因此他們的社會生活和其他同樣打手語的人息息相關。大多數的聾人嫁娶時會選擇聾配偶。如果你問一對聾人夫婦比較希望未來生下聾小孩或聽小孩時，他們會回答說聾小孩。並不是說他們不喜歡聽人，而是身為社會的一份子，溝通的價值深印於他們的腦海中。他們知道溝通以及在社交上，和使用手語的聾小孩viii打成一片是比依靠口語的聽小孩容易多了。他們公平地疼愛自己的小

孩，不管是聽小孩或聾小孩。這只是一個溝通的問題而已。

語言與溝通

我們可以用一種不是共享的語言來互換訊息嗎？是的，我們有很多人們不用共通語言來溝通的例子。我們不必更進一步，就談剛移民進入新世界的歐洲人和當地土著間的第一次接觸好了。哥倫布和土著溝通，他將他們誤命名為印第安人，因為他以為他到達印度了。當時他不知道他們的語言，他們也不知道他的語言。來到北美的先民和他們遇到的本地居民溝通，這發生在他們互相了解彼此的語言之前。在太平洋中，探索者由土著中蒐集資訊──依據土著的正確資訊和時間指示，好讓他們能航行在不會喪命的航道中──而他們之間的溝通並沒有從共通的語言中獲益。

什麼是語言？

既然本書是有關語言的書，我們應該開始建立一個定義。你可能已經知道有些專家不同意語言是什麼的定義。但我們不是語言學家。事實上，如果我們用下列定義，會得到大多數語言學家的贊同。

語言是以約定成俗的符號來溝通意見和情感的一種系統化手段。[2]

「系統化」一詞指的是語言要素——文法——的規則;「符號」指的是某種不需要在場來討論的東西。符號允許我們溝通過去和未來的事件,不論是在一段距離內或藏在發送者或接受者間。可能有各種各樣的符號:聽覺、視覺、觸覺或諸如此類者,只要他們可以經由一個人傳輸到另一個接收者的手中。「約定成俗」(conventional)是指兩人或更多人之間先前對符號的意義有一致性的看法。

我們對語言避免某些有爭論性的議題。此定義告訴我們語言可以 *ix*
做(而不是必須做)的事情——溝通思想和情感。這定義清楚指出一套符號,如果缺乏結合符號在一起的規則,手語的集合,無法形成語言。此地表達語言的概念是用來社會互動的一種;在這個符號達到語言學的地位以前,它需要其他人(至少一位)能分享對語言的要素(文法和辭彙)的了解。傳送者和接收者可能不能闡述這些規則,但藉由他們一致的相關行為,可顯示他們對這些規則的內化。

有些語言學家要求符號必須是約定成俗的武斷(arbitrary)而不是視象性的(iconic)(意指如上所述的形式表徵,例如一個物體的圖畫叫一個 icon)。一個約定成俗的符號無法被不熟悉這種語言的某人所了解,但一個 icon 符號可以被別人理解。我們對語言的定義不會觸及此點,但當我們討論手語時,我們會談到這一點。

在定義中我們並沒有包括語言的動態學——當語言在傳輸時,他們通常以可預測的方式,傾向某種的改變。例如以前我們指運送乘客的飛行機器叫 aeroplane,現在 plane 也同樣指飛機。縮減和刪除是大多

數語言（包括手語）的一種可預測特質。我們會在第二章講手語結構時提及。

我們已經說過，光靠指物、比手畫腳、圖畫和其他非語言的手段來溝通是很有限的。為了達到廣大範圍的溝通，特別是討論共同不存在的事物以及尚未經驗的事情時，溝通就顯得很重要了。我們的結論指出你溝通時可以不使用語言，但你用這些粗淺的方式溝通，和用真正的語言溝通，二者間的差距，有如同稀飯對比於豐富的燉煮物。

語言一定要用說或寫嗎？有沒有其他的語言形式呢？答案是有——手語。如同所有的語言，手語包含依據規則（句法）的符號連結，以便傳達思想和情感。手語的符號是什麼？手語不是聲音或印刷字，而是由手指、手、手臂所形成的意象——此意象在語言上以打手語者的姿勢與其眼睛、眉毛、嘴唇、兩頰及肩膀的轉動等動作所形成。美國手語名稱簡稱 ASL（American Sign Language 的縮寫）譯註1。

言語和語言

這個字「語言」（language）的來源是 lingua，是「舌頭」（tongue）的意思；這就突顯一般人對於言語（speech）和語言二者之間關係的混淆。對於很多早期的語言學家來說，言語和語言這兩個字是同義字。[3] 語言的理念，如果不是來自於口頭溝通的話，不會受到語言發

譯註1　在台灣的手語名稱簡稱 TSL（台灣手語 Taiwan Sign Language 的縮寫）。

展研究領導者很大的注意；隨之而來，他們的看法，深深影響了對聾童的教育者。

由於手語無法口述，因此至今教育家不承認聾社區所普遍使用的手語。教師儘可能禁止學生在校打手語。言語無法與語言分開的失敗，對聾童教育產生重大的影響。為避免重蹈覆轍，請考慮我們對言語的定義：「言語包含聲音的呈現，它對別人可能賦有意義，也可能毫無意義。」言語與語言之間的關鍵差別是：言語不一定需要有意義，但語言卻是帶有意義的。

言語與語言彼此獨立嗎？如果是的話，我們應該找到沒有語言的言語，以及沒有言語的語言。要描述沒有語言的言語，我們可以用會說話的鳥為例。鸚鵡的聲音缺乏意義，而且並未有意地傳達思想與情感。當鸚鵡說：「我想吃餅乾！」時，牠並不一定想吃東西；牠只是重複說出別人教牠的辭彙。

沒有語言的言語，我們可以用人來舉例。考慮說方言（glossolalia, speaking in tongues）^{譯註2}，有時我們會在五旬節的教會中發現案例。方言是無法辨識其意義的話語。同樣地，伴有失語症的聾童被發現他們會產生一連串的手勢，但對他人而言，毫無意義。[4]

那沒有言語的語言呢？有人天生是anarthria（發聲器官無法發揮功能）以及其他狀況，例如腦性麻痹者，他們無法說話，但卻能理解語

譯註2　指某些基督徒被聖靈充滿後，說出別人無法聽懂的話語。

言並發展語言。他們可以透過手語、溝通板或其他輔具來表達自己。言語治療師（speech pathologists）注意到某些聽力正常的兒童無法說話，卻能理解語言。

接受言語與語言的獨立性，是承認美國手語（ASL）為一個發展完全的語言（而不是英語的手語版）的重要關鍵。ASL及其他手語都是自然語言的事實，可以解釋人們對其擴增興趣的部分原因；此興趣對聾童教育與聾成人的復健，產生很大的影響力。而且，將言語和語言區分，可鼓勵我們用更寬廣的方法來研究兩者，增進我們溝通的支配力。

聽與看

我們兩個有距離的感覺器官（receptors）——視力與聽力，一起搭配得很好，以至於我們很少想到它們之間的配合情形。但當有一個感覺器官嚴重缺損時，我們就會強烈地意識到它們在執行上的差異。

聽和看之間的重要差異是我們依序地聽，但我們同時地看。那個空間關係的差異，解開了口頭和手部語言的區分；那是我們想要記住的。如果兩個字同時說出來，其中一個字會干擾另一個字。語言的聲音必須順序說出，我們才能聽到且理解它們。但在看一幕戲時，我們能抓住它的眾多特質。我們將發現出這個特質幫助我們將手語溝通分類，且了解它對視覺－手勢動作語言發展的影響。

對語言的態度

語言是非常個人化的特質。我們如何使用語言，被視為一種代表智力的指標，並清晰地標記我們的社會地位。蕭伯納（George Bernard xii Shaw）在他有關語言的經典戲劇《賣花女》（*Pygmalion*）中，提出了那一點。戲劇開始不久，希根斯（Higgins）教授指著站在修道院花園裡，穿著破舊賣花衣服的依莉沙‧杜來特（Eliza Doolittle）說：

> 你看看這位帶著 Kerbstone 腔調英語的人兒，這種英語會讓她一天都只能站在貧民窟中。嗯，先生，在三個月內，我可以把這女孩放在一個大使的花園宴會中，冒充成一位女公爵。我甚至可以把她安置成為一位貴婦人的女佣或一位店員助理；這些都需要較好的英語。[5]

蕭伯納在劇本的序言中評論：「最後，為了鼓勵那些因為說話有濃重腔調以致被排拒於高薪工作之外的人士，我可以補充，希根斯教授對賣花女花了一番工夫之後所得的改變，不僅不是不可能，也不是不尋常的事情。」[6] 蕭無法抗拒他所額外支持的論點，也沒有很多的有識之士會反對他的基本宣告，如果不是誇張，有關語言關鍵性地決定了社交地位的說法。

在 1866 年時，巴黎的語言學社群（Linguistic Society of Paris）不允許論文發表者提及任何有關語言來源的事情。如果提起這事，就是

褻瀆冒犯。語言是人類獨有的資產，是顯示我們獨特的根本。如果提出其起源的論調，是在暗示說前者並沒有留傳下來。即使現在，有些理論家對語言存在於其他動物形式的議題會有過度的情緒回應。他們認為，這樣一個如此複雜功能的特有屬性，居然下達更低等的生命，好像是在貶抑我們人類自己。如果讀者也是抱持類似對語言誇大觀點的話，下面所說的可能會讓你勃然大怒。

我們是不是有時會對語言有些沙文主義（愛國主義）？目前人們接受英語，認為如果要研究大部分的科學，英語是很重要的。此論點強化這個態度。然而，廣泛性對英語的接納卻是最近開始的。從前德文被認為是科學的語言，法語是外交的語言，直到第二次世界大戰。我們應該提醒自己，在莎士比亞的時代裡，英語被視為一種野蠻、粗俗以及粗魯無邏輯的語言。[7]它被認為不適合用來作為科學語言，更別提用於有禮的對話之中。四百年前，湯姆士‧磨爾爵士（Sir Thomas More）對英語語言的這個主題提出評論：

> 說我們的語言野蠻未開化，只是一種空想。因為這樣說，如同每位學者所知道的，對其他語言而言，它是種外來語。還有，雖然他們說它字彙貧瘠，但無疑地，它用來表達我們有關一個人慣常對另一人說話以表達對任何事物的想法，是勝任有餘的。[8]

福羅拉‧魯易斯（Flora Lewis）是《紐約時報》的專欄作家（1982年5月7日，33頁）。他以譏諷的格調，述說一個有關語言偏狹觀點的笑話。

　　　拒絕去接受別人的語言，認為它是值得知道的；這種人反映了頭腦相同狹隘的容量，相同的固執無知，就如同我聽過有正統派基督教徒譴責別人說方言。他們說：「如果耶穌基督都能充分使用英語，則對他們那些人而言，英語夠好用了。」

　　　這個故事是偽造的。

　　政府控制語言，作為控制市民的優勢。如果所有的政府部門都使用和你不同的語言，那你就沒有和政府打交道的管道。如果你在法院中不了解所說的一切，你就無法針對別人對你的控告提出適當的回答。在一個你不懂其語言的國家中，你無法提升你的地位。萬一有某種語言成為交往的基礎，你的生活，甚至可能你的人生都處於危險之中。此外，想想看當至尊的語言，不管它是不是，被強求以之作為思考的優勢工具。我們會看到這個想法將持續地被擁護某些文化的人士所提倡，以詆毀那些想加上自己意願的人士。

　　更有甚者是記憶中為語言而戰的故事。例如，在 1980 年時，加拿大的魁北克居民以些微差距擊敗將其從加拿大分離的提議案，這個重

要的運動，讓一些魁北克人民相信需要去保護他們自己的語言——法語。然而，決定不要分離並沒有阻止他們害怕魁北克的法語文化會分裂。為了協助保護法語為其主要語言，省政府制定一個法律，要求所有的符號只能用法文印製。即使是雙語的符號都是違法的。加拿大的高等法院裁示這個法律破壞了言論的自由，包括使用各種語言的自由，^{xiv}這才暫時平息紛爭。儘管魁北克的態度如此，加拿大仍然維持一個雙語的國家，每份聯邦文件都以法文和英文兩種字體呈現。

因此，不管在國家層次或是個人層次，有關語言的決定引發爭議。難怪在那時候談論它會激起強烈的情緒——有時是違反常理的情緒。從我們的世界觀點修正後所得到的結論，對你而言，將是更多采多姿的，超過它們所代表的任何觀點。而且，即使你沒有經過理念上的重新建構，你很可能會享受和你的失聰鄰居相聚——用他們的語言。

^{xiv}

傾倒心靈的垃圾

有位語言學家強烈抨擊早期對語言在文化中的角色觀念，特別是把語言當作殖民地開拓者的壓制工具。他的說法如下：

根據十九世紀種族主義者的說法，語言和人民一樣，其存在的範圍沿著一個尺度，從最原始帶著（某些非洲語言的）吸氣音和咕嚕聲，人工製品短缺，居住於南非的布西曼族，一直到現代化白膚高額，配戴過多小巧玩意的西方歐洲人。那

時候的每個人，不管是種族主義者或是非種族主義者，都確信西方男士是更優越的；唯一的爭辯是有關這種優越竟令人作嘔地讓他接近「較次要」的動物品種。既然我們已快速自我覺察到這類的心靈垃圾，就可以將語言從「達到文化的層次」中鬆綁，改以發展的觀點來看它，不帶任何貶抑的言外之意。9

介紹這本書

這本書不是一本用專業術語來探討手語的書。 本書的對象是為那些遇到聾朋友，和他們一起住，和他們一起工作，有聾學生、聾病人、聾朋友或聾顧客的讀者而寫的。隨著你遇見聾人的機會日益漸增，你成為聾或重聽的機率也會增加。而且，以下所說的將會讓學語言和文化的學生感到興趣。無論如何，我們所有的人，在溝通時都會使用到我們的雙手。

我們的重點放在聾人的溝通，特別是指那些住在美國和加拿大的聾人，雖然我們認為手語幾乎存在於世界上的每個國家。今日，很多人都看過打手語的聾人——在公車上、商店中、公共會議裡、電視上。自從吉米·卡特在 1976 年競選美國總統成功的得標後，很多政客在公眾演說時都會雇用手語翻譯員來表示他們重視聾人的福祉。在暢銷影

片「悲憐上帝的女兒」（*Children of a Lesser God*）中，女主角是聾人並以手語來詮釋她的角色。有一代的兒童在成長階段都會看電視「芝麻街」（*Sesame Street*）裡的琳達‧波爾打手語。而數以萬計民眾收看的電視連續劇「啞女神探」（*Reasonable Doubt*），其中有位聾人法官使用 ASL 在法院辦案。

手語如何成為流行？為什麼突然有人對手語有興趣？手語是何時，何處起源的？它們的發展如何？學手語容易還是困難？誰教手語？在哪裡教手語？手語如何應用在聾人日常生活的互動中或聾人與聽人的互動中？有沒有國際手語？有沒有其他形式的手勢語溝通，或其他僅只用手來表達訊息的方式？

要回答這些問題，讓我們由藝術轉為科學的角度，再轉回來，尋求揭開手語的神祕面紗。一些有關手語的問題至今還沒有確切的答案。很多手語諸多觀點的研究最近才剛開始；但是很多有關手語和聾人，以及語言的資訊，已經被前人觀察、研究、證實及分類。這個手語的調查將帶領我們到劇院、工廠、法院、教室，以及最令人著迷的，進入聾人的生活中。

這本書談到很多東西，但它不是一本手語詞彙書。它有談到很多如何讓個人了解手語的方法；它提供有關在何處得到手語教學的資訊以及如何找到好老師的建議；它也協助讀者將最近出版過的手語字典分類。但是，這本書不是手語字典，也不是一本教科書。它介紹你一種有魅力的語言和使用這種語言的人士，它開啟你對可能性的想法；

這個語言可能是古代溝通的一種形式，但一直沒有被發現，直到最近，學者才將它賦予在語言學範圍中正確的位置。

學門訓練（Disciplines）

手語的研究不是只有單傳語言學的範疇。人類學家、教育家、腦神經學家、心理學家、社會學家以及其他的領域人士已經開始檢視手語以提供語言和人類互動的啟蒙教化。自從物理學的革命之後，科學家已經體認到語言對他們活動的向心性。主要的貢獻者之一愛因斯坦（Einstein）和翻譯他有關物理學革命性思考的哲學家，都解釋我們對研究名詞的定義會影響其結果。[10] 因此，最近引發對手語的興趣很自然地傳遞到教育者、科學家與一般社會大眾。他們都已體認到語言對我們思考的向心性。

我們對手語處理，將試圖避免現下已經擁抱手語的一些學門，包括：語言學、心理語言學、社會語言學、教育、復健、心理學、人類學等領域的專業術語，並且試著去找出穿梭於這些學術迷陣的共通道路。當我們檢視一些所使用的技術名詞，我們假設讀者並不熟悉它們，因此我們會在介紹這些術語時，加以詮釋。此外，我們將試著找出手語各層面的綜合觀點。為了彌補像上課一樣的細節，我們從成長的學術文獻中，找出相當多的參考書目，涵蓋在書末的附錄，以供對此有興趣且想要在未來做進一步探索的讀者們參考。[11]

有關作者

由於現代對於手語的研究起始於 1960 年代，也由於很多寫下的東西是依靠獲得的訊息意見而非系統的研究，因此讀者有權利要求比本書所談手語更多的知識。兩位作者合併對手語的經驗和研究年資已超過七十五年，但我們是從不同的角度切入。

我們之中有一位是聾人，手語是他生活的方式；ASL 是他的語言。另一位作者在成人期習得手語；他能正常的聽，英語是他的語言。我們兩人都擁有心理學的博士學位，也都有幸被選為加拿大亞伯達（Alberta）大學聾人研究的主任；世界上只有兩所大學具有這種特色。

註 解

1 我們對聾（deaf）的定義，見第七章。在這裡，我們只注意，我們所說的「聾」並不是指完全無法聽到任何聲音——這是很少見的稀有比率。相反地，「聾」指的是嚴重減少的聽和理解言語的能力。在溝通上，聾人依靠視覺。他們可能可以聽到一些聲音，但是他們所聽到的訊息不夠清晰到能讓他們做有效的口語溝通。

2 Schein 1984.

3 指的是 1980 年以前字典中對「語言」的定義；例如，「思考和情感的表達或溝通，透過聲道聲音和聲音結合來引出所歸因意義的方法；人類的言語」（*Webster's New Twentieth Century Dictionary,* 2d ed., 1970. New York: Simon & Schuster）。

4 失語症（aphasia）是一個由於腦部病變或受傷所導致表達語言能力喪失的狀況。

5 Shaw 1912, 6.

6 Shaw 1912, p.vi.

7 Brennan & Hayhurst 1980, 234.

8 同上。

9 Bickerton 1981, 299.

10 討論此觀點，開始於 Feigl 和 Brodbeck 在 1953 年。這些哲學家繼續進行愛因斯坦的理論，他們習慣定期在首都的咖啡屋進行辯論以後的結果，就是我們所知的 "the Wiener Kreis"〔"the Vienna Circle"（維也

納圓環）〕。

11　如果我們必須選擇一個專門研究手語的學門名字，它的名字是記號學（semiology）。《牛津英語字典》和《韋氏新編世界字典》，這兩本著名的辭彙字典，並不同意這個有用但很少被使用的字；他們也不同意這個拼法（以前的拼法是 semeiology，之後的拼法是 semiology）。《牛津字典》對此字的首先定義是「手語」。《韋氏字典》則僅定義為「一般研究手語的科學」。它們倒同意希臘字根 semeion（手勢語 sign）。似乎記號學可以包容我們同時對手語和手勢符碼的興趣。這個區分，如果我們現在搞不清楚，在以後接下來的幾章會跟著糊裡糊塗。記號學似乎也適合我們關切手語的科學和文化的觀點。我們提供術語於此不是在做預言，而是希望能引起小小的爭議。如果爭議產生，那將是個好爭議，因為這種有特色的辯論將有助於增加人們對此主題的注意。

譯者序

．．．．．．．．．．．．．．．．．．．．．．

　　手語是很優美的語言。很多人想學習手語。原因很多：想幫助聾人，想當手語翻譯員，想增加第二種語言或才藝專長，讓自己教學更活潑生動，雙方密語傳情，協助嬰幼兒表達溝通，提升幼兒創造力和精細動作發展，增加聾人客戶的商機，通往各種手語相關學術研究領域等，不一而足。

　　感謝聾人界的領袖——顧玉山老師夫婦（顧爸、顧媽）多年來協助我開課，使得「手語」課成為特殊教育學系的熱門選修；本校甚至已開放此課為通識課程，供外系選修。可惜台灣尚未有本土化的大學手語教科書出現。為了教學所需，筆者在民國八十六年時即已開始陸續翻譯本書，以供學生參考。由於手語翻譯員的證照制度最近在台灣已被列為正式的國家考試職種，因此有關探討手語或手語教學乃至手語翻譯的中文書籍，是眾所企盼之事。

　　美國讀者對本書原著的評價很高。本書以深入淺出的筆調，探討手語的相關問題，很適合作為大學生選修手語課的輔助教材。本書的第二位作者 Dr. David Stewart，其實多年前就已經以電子郵件的方式允許我翻譯此書了。沒想到今年暑假我驚聞他過世的消息，心中很是感傷。他是位優秀的聾人學者。記得當我寫博士論文向他索求資料時，他寄給我很多著作供我參考；他諄諄勉勵後學的風範，長留我心。

　　本書的某些資料雖顯老舊，但由於國內手語的發展較為遲緩，因此仍可供特殊教育長官、參加高中或大學選修手語課或參加手語社團學生、啟聰教育的教師、聾成人、聾童的家長、親友是聾人的聽人朋

友，以及一些對手語有興趣的社會大眾參考使用。為補充台灣的現狀，本人也以當頁註方式簡單地加註若干本土化的資訊。但本人的資訊可能有所不足；如有誤謬之處，尚祈方家不吝指正。

有關台灣手語的研究，之前以美籍的史文漢先生之博士論文最為嚴謹。目前則有中正大學語言學研究所接續從事台灣手語的參考語法研究。近年來有更多聽人和聾人研究者投入手語的研究，可喜可賀。本書旨在拋磚引玉，期望國內有更多人能參與手語的研究與推廣工作，更願日後有本土化的手語研究專書出現。

本人具有從事啟聰教育多年的經驗，目前也是教會的手語翻譯義工，深刻體認到手語對聾人同胞是很重要且需求殷切的溝通管道，國內各處也都有需要手語翻譯的呼聲。期勉讀者讀完本書以後，還要去實行——如有機會，盡量去學手語，以便更加了解聾人朋友的想法，彼此並肩合作，共勉之。最後，感謝心理出版社林敬堯總編的仁慈，慨允讓本書付梓，也感謝李晶編輯的細心協助，及顧玉山老師與其子顧芳碩先生費心設計封面。

國立台南大學特殊教育學系

邢敏華　謹誌於啟明苑

民國九十四年一月

第一章　手語的簡史

　　我們永遠不知道手語從什麼時候開始傳到人類，也不知道第一個使用手語的是聽人或聾人。有證據顯示手語的歷史和人類的遺址（species）一樣久，且可能更久遠。人種學家現在有一個理論說在人類的溝通中，手勢動作在發聲之前。[1]這是為什麼動物的溝通對語言學家產生重大影響力。他們懷疑我們的祖先在以聲帶發聲之前，老早就使用手來溝通了。

　　這個觀點對抗語言的進化論，說語言完全是從史前人類開始，靠口述來傳承。這些理論家甚至漠視語言的源起，有關伴隨最早遠古人類出現的「變種」（mutation）問題。相反地，我們假定語言，不管手勢語言或口頭語言，都遵守一個秩序的發展。甚至也有可能人類和其他生物之間的語言連結，是採「在他們手裡」的形式。

手語的證據

　　有幾個領域的專家——人種學家、生物學家及物理學家，對溝通的早期形式的重新建構很有貢獻。將不同領域的研究組合在一

起，他們個別的研究，都支持了在人類的溝通中，手勢出現在言語之前。

一化石的證據一

古生物學家研究早期人類的解剖學和他們直接的祖先；他們使用特定日期紀元的骨頭做研究。他們的檢驗建議：早期人類的發聲處（例如：南方古猿）無法容納我們今日擁有的複雜語音器官。同時，從骨骼的結構發現，這和他們擁有靈巧的手是一致的。[2]

人種學家已經解釋一些洞穴圖畫以及早期寫作為描述人們在打手勢的訊息。[3]石壁畫，像埃及象形文字指出他們試圖翻譯手勢，可能加在說話之外，或是又說話又比手勢。雖然很難在他們當中有結論，但是這些圖畫及文字的證明都有助於形成一個有關最早語言根源的理論。[4]

一動物的溝通一

目前的心理學家所做的動物研究，提供另一個人類始祖與我們之間的連結。如果猩猩能以手勢動作溝通，那就顯示我們祖先具有相似能力的可能性，也強化了他們使用手語的論點。然而動物溝通的問題，尚未完全被解決。就某種程度而言，實驗的結果會受到實驗者使用方法的影響。有些人已經發現他們所認為的重大證據，就是黑猩猩能夠學習和使用手語；他們將成功歸因於他們安排的情境：「真的，似乎我們愈讓實驗樣本有更多的自由，結果就會愈有趣，也證明黑猩猩明顯具有高層次的認知運作。」[5]

由黑猩猩使用手語的示範，雖然令人感到振奮，卻也是充滿爭

論的；最主要的是此實驗的主持人拒絕接受他的資料所呈現的解釋。寧姆‧欽斯基（Nim Chimpsky）一出生不久就接觸了手語，且持續學習四年之久。但是賀伯‧鐵瑞斯（Herbert Terrace），此計畫的主任，推論寧姆的手勢是模仿的，無法顯示牠理解語言的原則。[6] 格瑞革里‧高斯塔（Gregory Gaustad）看完鐵瑞斯的書後，反駁鐵瑞斯當初的偏見，指出他反對動物溝通的想法，使其看不見寧姆的成就。[7] 鐵瑞斯反駁說：「要尋找寧姆使用手語的證據，高斯塔明顯地無法理解會說話和打手語的兒童，而不是黑猩猩，都能提供豐富的自發性語料素材，讓人確定兒童語料中依循語法規則的程度。」[8] *003* 高斯塔回應說：「那是一個奇蹟，寧姆每次所呈現的，都是自發性的。然而，當人猿被養育的情境愈像人類兒童的養育情境時，他們的話語就成為自發的。」[9] 科學家之間的辯論仍持續著。

　　珍‧希爾（Jane Hill）是位人種學家。她鼓勵說我們要用一種

對動物溝通的挑戰 *003*

　　有位十九世紀的語言學家武斷地表示：「人和禽獸之間最大的障礙是語言。人類可以說話，但禽獸無法言語。語言是我們的盧比孔（Rubicon）河，沒有禽獸敢跨越過它。」[10] 但是，相對地，有位現代的語言學家，在回顧黑猩猩試圖學手語的研究以後，雖然所有的證據還未齊全，他卻下了一個結論說：「人類和其他動物物種之間的關係本質觀點，已經產生很大的改變了。」[11] 當然，在今日，一位哲學家很難宣稱說，動物「不敢跨越」語言的障礙！

進化的觀點來看語言的發展。「似乎很清楚，人類的語言，像其他的行為系統一樣，是進化過程的產物。」[12] 而要做此種描述，並不是將人類的語言降級；我們更不能說蝴蝶的美麗色彩是為了防禦或增加兩性間的吸引力功能。接受動物能使用語言的能力並不是將人類的語言降級。

蜜蜂的語言

對動物溝通所激起的爭論不只是針對長得很像我們的動物。雅各‧高德（James Gould）指出，雖然有令人印象深刻的證據顯示蜜蜂是有語言的，有些科學家無法接受那個想法。高德可能同樣也已說到靈長類動物。他說：

> 有些人抗拒蜜蜂擁有符號語言的看法，可能因為他們的信念是「低等」動物，尤其是昆蟲，體積太小，同時在動植物種類史也很遙遠，很難有能力從事「複雜」的行為。可能是一種感覺上的不協調──要他們認為蜜蜂的語言是符號的、抽象的。……特別是在動物行為學上，很難避免這種極端盲目的猜疑主義和無益的浪漫主義空想。[13]

這個觀察已經得到其他人的迴響；他們質疑這個問題特有的本質：「實際上讓我們停止的只是一個堅定的信念──認為只有人類才有語言，那是我們的獨特之處。但我們如何知道那一點？」[14] 鑑於很多快速來到手邊的證據，我們對此論點存疑。

一個生物學的方法

　　語言起源的問題也可以用生物學（個體發生概述種族發生史）的原則來看。由進化論發展的觀念來看，個體發展是一個有力的研究工具，將不能恢復的過去放在目前審視。從胎兒階段到嬰兒到幼兒直到成人的研究發展過程，科學家可以測試有關人類在史前時代的可能行為。語言學者現在專注於極年幼的幼童最早的語言行為；他們注意到一些吸引人的規則。這些規則也同樣在聾童的手語發展中顯現過。[15] 這種語言的成人形式，就我們那時所知，由很多社交衝擊（social buffeting）產生。這種像小孩般的語言形式，似乎與個體連結。

　　語言學家同意在語言的獲得中，有一種「普世發展的順序」。這普世性的程度，引起一位語言學家挖苦地下評論：「結果是直到今日令人訝異程度對這個洞見的支持，已經鼓舞了研究者，當他有點厭倦於寫下獅子座、薩摩牙人或『那隻小狗狗』和『不要再來牛奶了』等同的芬蘭語時。」[16] 研究也顯示手勢動作（gestures）在所有兒童的語言發展中，扮演了一個角色：「字詞和手勢動作都顯示類似的發展路線，從上下文意一連結（context-bound）的慣例到類化的使用，來表達愈來愈寬廣的一系列對象和情境。」[17] 研究者也發現普世性的特質可能存在，且橫跨多種的手語；它也顯示在有標記和沒有標記的手形中，此點暗示可能有一種「所有手語的聲韻學自然理論」。[18]

　　研究聾童的手語獲得以及聽童的口語獲得，可能可以勾畫語言普世性的橫跨型態（modalities）（也就是，言語和手語）。[19] 因

004

005

此，聾童手勢行為的發展，和聽童口語行為的發展的相似性，指出手勢動作的表達，在聾童和聽童早期和成人溝通的過程中，扮演了一個角色。[20]

—自然界的實驗—

研究者有時會在他們不會，也不能設立的自然實驗中犯錯。羅夫・庫薛爾（Rolf Kushel）發現一位聾男人，居住在崙奈爾（Rennell）偏遠的玻里尼西亞島上，而據當地居民口述的二十四代歷史中，並沒有哪個人是一出生就聾的紀錄。這位聾男士，康格白（Kangobai），已經發展出足以用來教導聽人同事的一套有系統的手勢語。康格白的手語和當地的口頭語言平行。崙奈爾人（Rennellese）並沒有釣魚的術語，因為它是一個對他們經濟生活重要到不可或缺的活動，以致不用特別指出，除非，如庫薛爾所指出的，當一位崙奈爾人談到「一位無知的人類學家」時。康格白，類似地，也沒有釣魚的一般手勢，但他確實擁有至少十個獨特的手勢，從「用魚叉來抓住魚」到「利用火炬，來網獲飛魚」。[21] 研究這位離群索居的聾人所自然發展的手語詞彙，刺激了語言學家，就好像研究兒童的第一個手勢一樣。這兩種方法都提供了強烈的證據，那就是人類的本質具有獲得語言的內在能力。

—文化的人種學—

我們也可以從探究之前從未溝通過，來自不同文化者之間的第一次接觸，來學習語言的起源。戈登・何威斯（Gordon Hewes）回顧早期探索家有關他們和所接觸到的本土人民互動情形的文獻。他

很有興趣想了解土著如何管理以建立一個有意義的交往，雖然他們彼此不熟悉對方的語言。他發現透過手語，土著之間發展了高度準確性的溝通：「因此，當愛斯基摩人用手語指出三天後他們會回到一個特定的地方，而三天後他們也依約抵達；雙方似乎都能用同樣的方式來理解這個訊息。航海家如哥倫布（Christopher Columbus），透過手勢的訊息，發現這個方向的島嶼，如同所指示的距離。」[22] 何威斯將研究這兩類沒有共享語言人類交往的研究，視之為了解語言起源的重要參考點。你自己也可能會認同這個觀念，例如當你旅遊到一個講外語的國家，若缺乏共同語言的管道，或缺乏翻譯員的服務，你很可能就會靠著手勢動作（比手畫腳）的方式來獲取訊息。

─腦神經學─

語言的位置在大腦的何處？布洛卡（Pierre Paul Broca）認為對那些以右手為主手的人而言，大腦的左側主司口語。最近的實驗顯示善用右手為主手的人，其主要的語言功能區在左半腦，次要的語言功能區則在右半側。[23] 左半腦被認為更受有意義聽覺刺激的影響，而右半腦則與圖畫材料有關。[24]

這與手語有何關係呢？由於 ASL 是種視覺－空間的媒介，而空間的執行似在右半腦，因此一個合理的假設是右半腦的損傷會影響打手語的能力。然而事實並非如此。右半腦損傷的打手語者顯示「嚴重的空間組織失常、忽視空間的左側」；[25] 但這些打手語者並非失語症者，因為他們的語言能力並未受損。但左半腦損傷的聾人，反而其語言功能嚴重受損。[26] 右腦損傷打手語的聾人，他們任

何語言或打手語的能力均未受損，但左半腦受傷的聾人，他們的語言功能卻嚴重受損。[27] 此研究提供宣稱手語是真正語言的進一步證據。就如同一群著名的研究群所推論的：「左半腦……是手語的主要區域，雖然手語的運作也包含了語言各層次的空間關係運作。」[28]

007

為什麼要研究語言的起源？

在打開 ASL 和其他手語的謎團時，我們可以貢獻我們所了解的，就是語言如何成為我們生存中無價的一部分；它如何取得目前的狀態；以及我們如何貢獻於修飾語言，使其在未來更有效。人種學家戈登‧何威斯已經摘述這些爭辯，以供後人對此主題作更密集的探究。

語言的起源問題，是研究人類進化中最重要的，不只因為語言的使用是人類和其他動物之間最尖銳的行為差異，此外，也因為語言是構成如此多人類的文化成就，包括人類努力了解這個世界的基礎。[29]

史前溝通

在解剖學上有一個重要的觀點是體態（posture）。一直到一個生物體是直立的之前，牠們必須使用牠四肢來行動；因此黑猩猩被認為是學習手語的好樣本，但是其他的人猿不行，因為牠們無法用四肢推進。當人科動物（人類）變成直立時，他們的雙手可以自由拿工具，他們也可以用手來溝通。因此之故，人種學家將直立人的

發生視為手語開始使用的可能時期。

　　圍繞早期人類的狀況，也影響了他們對語言模式的選擇。當他們在相對較開闊的平原打獵時，一個很安全的假設是他們能夠而且會使用手語。他們可以看到彼此，而且這種沈默的溝通不會讓他們的獵物有所警覺。但是當他們進入森林或高原草地時，口頭的信號可能會變得更為重要。如要以手勢溝通，勢必要有很好的眼力，適當的燈光，才能彼此了解。

　　當然，沒有令人信服的理由來讓人相信使用手勢動作先於使用口語；但相反的情況也難以證明。能讓人們喜好和形成語言發展的因素傾向於複雜：行動、反應和彼此互動。在史前時期，人們可能也使用口語，也使用手勢動作。不管他們使用手勢動作是否達到正式語言的階段，允許不用口語的完全溝通，是一個未被回答，也極可能是無法回答的問題。雖然有些證據支持這個理念，就是手語在人類很早的時期就存在了，但是這個關鍵性的資料、毫不含糊的發現，卻仍未出現。

 ## 手語：由西元前到中世紀

　　亞里斯多德對聾的結果評估已經詛咒了聾人兩千年。他推論口語和語言是一體的；同樣地，亞里斯多德下結論說：那些無法說話者是無法受教的。兒童若出生就聾，常受這些原理的影響，被古希臘人放任至死；其他一些受亞里斯多德哲學理念影響的國家中的聾童，其心智也無法被人探索。[30]

　　亞里斯多德對聾人態度的影響，延伸到希臘的文化。例如，羅

馬拒絕給予出生即聾者公民權。古代的希伯來人拒絕讓不會說話的
聾人擁有宗教地位。此種剝奪公權是很權威的，一種企圖要維持肆
無忌憚者，讓他們從他們假定在心智上無法管理自己的聾人身上獲
取利益。因此，在塔木得經（Talmud，猶太教的法典）中，那些一
出生就聾的猶太人，和智能障礙者同樣被歸於一類，在法律上無法
有簽訂合約的自由。想想這些法律是在兩千年前：它們發布於聾童
尚未受到教育的時代。今日，大部分的猶太宗教自由主義者忽視或
將此類傳統重新詮釋。以色列聾人如今受到極良好設備的教育，也
享有公民權；其他希臘和義大利的聾人也受到類似的待遇。

　　手語的益處在此階段不明。亞里斯多德（西元前384-322）的思
考，很多源自於希臘哲學家柏拉圖（西元前428-348）——他又是蘇
格拉底（西元前470-399）的學生。蘇格拉底在思量沒有言語的語
言，敘述：「如果我們既沒有聲音也沒有舌頭，但希望顯示某些東
西給別人，我們不也應該像那些啞巴一樣，努力用手和身體的其他
部位來表示我們的意思？」[31]不管亞里斯多德有無察覺這個觀點，
很不幸地，經由很多的書面歷史，有關手語和聾人的正面觀察，若
和對手語的負面觀察權衡相比，傾向於被拖入不引人注意之處。

　　即使對無法口說和聽的聾人之態度，在那個時代是很無情的，
然而手語已經獲得（或再獲得）一般人能接納的程度。劉其‧羅密
歐（Luigi Romeo）指出，有文獻記錄，在十二世紀甚至更早時代的
宗教教團或神職人員曾使用過手語。體認到獲得和翻譯古文的困難
之處，羅密歐卻相信：「到目前為止零星的研究，還沒有開啟在希
臘羅馬時代甚至中世紀時對手勢動作語言（gesture language）的隱
而未現論文專著。一個系統的調查，將解開一個文字金鑛，至少對

009

西方文化而言，部分可以貢獻於理解手勢的本質和它們的『普世性』和『歷時的』一般性。」[32]

文藝復興時代

　　一直到十六世紀時，才有教育家質疑亞里斯多德的智慧。義大利的醫生基洛拉磨‧卡達諾（Girolamo Cardano）曾醫治一位聾病人，此事不為人所熟知。但是在他的文章中他反對亞里斯多德的教義中對聾人的態度。他的影響力，相對於有利的希臘哲學家，是不重要的；因此西妥會只是在表彰他在歷史上的勇氣，而不是他本人有多大的成就。然而，他曾提出對聾人好像是大憲章一樣的宣言；他說：「啞巴可以用閱讀來聽以及用寫字來說。」[33] 有兩位西班牙的神職人員朱安‧帕波羅‧伯納特（Juan Pablo Bonet）和皮卓‧龐氏‧德‧李昂（Pedro Ponce de León），將他創新的意見融入實務之中。

　　無聲的宗教神職使用某種形式的手勢語溝通已經有很多世紀了。剛開始手語只用於某些特定的場合，但經過一段時間以後，這些手勢就開始具有正式語言的雛形。羅伯‧巴瑞卡特（Robert Barakat）在西妥會修道院研究溝通，在那裡，無聲／沈默是生活中的部分要求，而手勢已經在西元 328 年時開始被允許。[34] 其結果所產生的手語是一個奇特的混合體，包含自然和專制的特質，有些像是一般的手語，有的像國內一個特別修道院的口語。在宗教內靜修所存在的手語，最終導致他們為聾童提供現代化的教育。一個沈默的環境，例如古時西妥會僧侶院提供的靜修場所，成為聾童居住之處。然

010

西妥會僧侶的手勢

西妥會（Cistercian）僧侶仍然採用無聲的沈默宣誓；而且，像世界上的每種手語一樣，他們的手勢也接受改變和擴增，以加速他們之間的會話，來討論和過去不同的世界以及去包容已經緩緩進入口頭語言的新名詞。西妥會僧侶將「紅」（RED）和「馬」（HORSE）合在一起，形成牽引機／拖拉機；以「公牛」（BULL）加上「拉」（PUSH），形成「堆土機」（BULLDOZER）——這兩件事是他們在一千年前不必憂慮，甚至兩百年前也不必憂慮的東西。西妥會僧侶的手勢也能複雜化，就好像他們爲了產生「星星」（STAR）的手勢時，用下列順序的手勢達成目標手勢：小（LITTLE）＋晚上（NIGHT）＋時間（TIME）＋燈（LIGHT）＋上面（UP）。還有，可能爲了表示幽默，西妥會僧侶對「唉呀！天哪！」（Oh dear）的手勢打法是採用複合手勢，先打出字母O，再打出「鹿」（DEER）的手勢。[35]

而，雖然手中的文獻記載有此歷史證據，但是這些特質的聯合，直到十六世紀中期，對於聾童的教育並沒有產生所知的成果。

皮卓‧龐氏‧德‧李昂於 1526 年進入聖‧薩維得‧狄‧歐拿（San Salvador de Oña）修道院。1545 年，這個修道院逐漸成爲歷史記載的第一所聾童學校。在那一年，一個卡斯提爾家庭與權力的頭頭，馬奎士‧璜‧佛南得‧狄‧維拉斯果（Marquis Juan Fernández de Valasco）帶了他的兩位聾兒住進這所修道院。唐‧皮卓（Don Pedro）大概八歲大，他的兄弟唐‧法蘭西斯果（Don

12

Francisco）大約十二歲。他們的父母養育八個小孩；其中有五位是聾的。其他三個聾女兒全都送入修女院。將聾小孩安置在這些宗教修道院的目的，一方面是預防他們生育，一方面也是將他們安置在人煙稀少之處。當他們的父母將皮卓和法蘭西斯果放在這所修道院中時，很可能對聾子女的教育既沒有計畫，也沒有盼望。但是仁慈的教士龐氏‧德‧李昂幾乎立刻且直覺地接管了他們，並開始教育他們。

　　龐氏‧德‧李昂寫了一本書，描寫他的教學法，但此書的原稿（從未出版過）已經遺失，極可能被燒毀或被誤置於古老文件的倉庫中。我們所知的（透過很多支持性的證據）是他成功了。這兩位聾童都學到如何閱讀和說話——法蘭西斯果較早去世，會說一點點話；皮卓，活了超過三十歲，不但會說話，紀錄顯示，他甚至還在修道院的詩班中唱歌！他能讀也能寫，不但會西班牙文，也會拉丁文及一點點希臘文。在聽聞龐氏‧德‧李昂的成功後，很多貴族家庭帶著他們的聾兒來此修道院。

　　二手的報導（有一處是摘自醫生寫給西班牙國王菲力浦二世）證實龐氏‧德‧李昂用指拼開始對他學生的閱讀教育。一個用手指拼出的字母，在龐氏‧德‧李昂的宗教團中已經有人在使用。在建立語言的觀念後，他企圖教導他的學生說話。不是每位學生都能說，但是每位向他學習的學生都至少獲得某些西班牙語的熟練度。我們幾乎可以確定龐氏‧德‧李昂使用手語，就如同手語是修道院環境中的一部分一樣。一個革命性的文件〔威爾漢（Wilhelm）的 Hirsaugienses 規章〕，給予超過四百個手勢的指導。在其中碩果僅存的文件中，有一個文件據悉是他寫的，龐氏‧德‧李昂不談他如

何教，而是談他教什麼內容給聾受託者（「那些貴族和達官的子女」）：

> 我教他們如何讀和寫，計算，禱告，做彌撒，了解基督教教義，用口語認罪，還有教某些聾童拉丁文，其他人教拉丁和希臘文，有的更加上義大利文的教導。……此外，他們熟知西班牙和其他島嶼的歷史；他們也使用宗教教義、政治學以及其他學科知識；那些是亞里斯多德拒絕他們學習的知識。[36]

「亞里斯多德拒絕他們學習的知識」這句話，指出龐氏‧德‧李昂對其偶像破除的察覺。他挑戰已建立的智慧。在當了五十八年的修道士以後，當他過世時，他被贈予通常只保留給修道院領導者的榮譽。在他的石碑上刻著墓誌銘：「這兒躺著的是令人尊敬的福瑞‧皮卓‧龐氏，他值得永世的懷念，因為上帝賜給他天賦才智，讓啞巴能夠說話。」

龐氏‧德‧李昂的先鋒工作若不是有其他的西班牙教士——朱安‧帕波羅‧伯納特（Juan Pablo Bonet）的協助，可能要功虧一簣。伯納特出版了他的教學法，這本書流傳至今。就像前人一樣，伯納特從一些西班牙的貴族和有錢人的家庭中拉攏聾生來學習。他教他們閱讀、讀話和說話。為達到目的，他使用指拼法和手語法。事實上，他使用的指拼字母修正了一些後，沿用到今日（見第三章）。雖然龐氏‧德‧李昂是聾教育的先導人物，但是伯納特的作品更被廣泛認知，因為他的著作都有出版。[37]

教學方法在過去三個世紀裡已經被改變了。所能存留的——這

012

個遺產——是卡達諾・龐氏・德・李昂以及伯納特的信念，他們認為聾人具有獲得語言的能力；不一定是指口語，但一定是語言。這些文藝復興人物的才智勇氣如堡壘般堅立，來對抗亞里斯多德對於聾人能力的觀點。他們為了聾人的利益所做的努力，產生了令人鼓舞的結果，這個結果是我們直到如今都想要仿效的。他們的信息就是：聽力損失本身並不會妨礙語言的發展；這個信息的傳播，由義大利和西班牙傳到法國、德國和英國，最後再傳到美國。

 ## 從十八世紀到西元一八八〇年

　　這個照亮聾人教育黑暗環境的人士是一位神父雷斐（Charles Michel de l'Epée）。他對聾人教育的興趣始於去訪問一位教區人士。當他到達時，這位女士不在家，但她的兩位雙胞胎女兒指出要他在會客室等候。在試圖和她們談話時，雷斐發現他無法聽到任何姊妹的聲音。當母親回到家時，她解開了謎題——她的女兒是聾人。看到雷斐的好奇，窮困的母親懇求雷斐來教育她的女兒。他做到了，且改變了聾人教育的歷史。[38]

　　雷斐的傳統教育帶有創新的思想。他質疑當時聾童無法受教的看法。他並下結論：「聾人的自然語言是手語；本質和他們不同的需求就是他們僅有的老師；他們沒有其他的語言，因為他們沒有其他的老師來教他們。」[39]

　　但是雷斐不會手語。他怎麼辦？——創造一個嗎？一個普遍的說法是，他的確創造了一套手語。有一位作者聲明：

雷斐,「聾人之父」,將他的一生奉獻於滿足聾童的需要,但是他僅偶發地想到要用一個字母系統和手語的主意。……他創造一個手勢語言,並且用他的一生來教育聾童如何透過這個媒介來表達自己的意見。當他於1789年過世時,他的工作繼續由席卡神父來傳承。後者改進了他的想法,並發展了新的手勢來使這套符號系統更臻完美。[40]

相反地,沒有語言的聾人並不會等待某些人來為他們發明手語。就我們所知的事實是雷斐研究已經使用於巴黎聾人之間的手語。那是他的才華——他體認到聾人不是用口語來溝通。他召集了一群聾人,包括他兩個年幼的被照顧者。在他們的協助之下,雷斐發展了一套口頭法語的手語版。他的這套方法,今日某些學者稱之為手語式的法文(Manual French)。[41]

他對溝通的洞見使他能了解思想可以用一個約定俗成的手語來代表,就像口頭詞彙一般,但他無法了解巴黎聾人擁有的比手勢更多,他們擁有的是一種語言。遺忘了這一點,雷斐反將法國文法加諸於他選過的一套手勢上。即使他體認到法國手語有其獨特的文法,可能也不會改變自己的方法。我們都是積極支持自己的語言者,包括語言之美、表達度,以及內在固有的正確性。這樣的態度僅反映了人的狀況,我們沒有理由去懷疑此舉使雷斐苦惱。

不管我們對雷斐的教育策略的想法如何,由歷史文獻中得知,當看到雷斐所教育出來的聾生表現時,他的成就使國人與全歐洲的知識份子震驚。他的學生示範他們能讀法語;雷斐解釋,類似情形是他們也能學習任何語言,只要採用他的教學技術。歷史記錄這個

示範曾引起很大的興奮和騷動。

　　雷斐的名聲傳遍歐洲，各國都派出很多學者來學習他的方法。雷斐的學生也周遊列國，在別的國家開辦學校。他們在荷蘭、波蘭、瑞典、愛爾蘭等國家創辦學校，但他們沒有去英國或蘇格蘭。他們繞過英國的路線是另外一個故事，此舉給我們一個解答，我們會了解一個看來外表自相矛盾的事（也就是來自美國的聾人發現比較容易和法國聾人溝通，比較難和英國聾人溝通）。但是讓我們再追蹤一點法國的後裔，然後我們再來看其他的國家以及之後我們會談到自己的國家──美國。

雷裴

014

　　藍恩（Lane，1984），一位語言心理學的研究者，稱頌雷斐如下：

　　為什麼我們要尊敬他？因為他做了兩件非常重要的事情：首先，因為他是神職人員，他關心貧困者，他看到他必須帶領聾童來一起教育他們。……還有，他創造了一個副產品──聾人社區。他創造主要的情境，在那兒可以發展一個語言。不是因為他了解到這個需要，而是為了一個偶然的理由。……如果雷斐首先的成就是一個聾人社區的形成，那麼他的第二個成就即為讓人們注意那個社區。……他主持公開的示範，在那兒聾生將他手述的手語轉錄成法文、義大利文、西班牙文，以及教會的語言──拉丁文。這些示範，帶來為聾人努力的風潮；這時正是智能障礙者被視為無可教育的時期。

人們對聾以及對聾人的無知，在當時被認為無法克服。而現在，卻有一位男士，將聾童教育成可以用世界的語言來談話，吸引了偶發的觀察者。這些偶發的觀察者包括從世界各國來考察的國王、王子和特使們。

然而，我們必須澄清藍恩對雷斐影響力的評估：聾人社區早就存在，而法國手語是雷斐可以有管道學的，因為它在巴黎以及法國別處的聾人社區中已經進化。如果雷斐把聾人帶在一起，他並沒有創造出聾人社區；他只是創造了已經存在的聾人社區的擴增機會。類似的方法，一個科技公司雇用了一百名聾人在一家又大又嶄新的工廠工作，此公司地處偏僻之處，也無法創造出聾人的社區。

雷斐開始教育聾生的工作以後，他多年來都有很好的表現。很快地，他必須再找一位繼承者。在國立聾啞學校中，他找到一位聾老師羅契—諳布魯意斯‧科克容‧席卡（Roche-Ambroise Cucurron Sicard）。席卡來自伯丟克（Bordeaux），進到聾校以後他很快贏得才華橫溢教師的名聲。他最優秀的聾生名為馬修（Jean Massieu）。席卡寫到當他教導馬修由雷斐所發展的正式手勢時，馬修就教席卡法國手語。席卡將雷斐的過程做進一步重要的延伸：他讓學生學的手語，不是配合法國口語的一套手勢系統，他教學生學習的是手語——採用聾人社區使用的詞彙和文法。

所有他對聾人教育的改革是在一個政治造反中進行。在1782年，法國國立議會已經宣示雷斐的學校是一個國立學校。席卡卻很快從恩典中跌落谷底。大約在1796年，在恐怖統治時期，他被暴民捉拿，並被拖到法庭受審。席卡對於他的罪名——反革命份子，沒

014
015

有多大的辯解。他被關進監牢，等待斷頭台處決。然後馬修出現了，他以一篇動人的請願書來請願。下面的譯文保留了馬修的雄辯；他出生就聾，且從未接受教育，直到十二歲。

> 總統先生：聾啞人自己已有的老師、守護天使和父親，被帶走了。他一直被關在監獄中，好像是個賊或罪犯，但他並沒有殺過任何一個人，他不是一個壞公民。他所有的時間都花在教導我們，教我們要愛美德和愛我們的國家。他很好、正直而且純正，我們要求他得自由，將他還給他的孩子，我們就是他的孩子。他愛我們如同父親。他已教導我們所有我們知道的事物。如果沒有他，我們會像動物一樣。從他離去以後，我們悲哀沮喪，請把他歸還給我們；您會讓我們快樂。[42]

在聽到知識階層讀出這篇請願信後，國立議會額手稱慶。釋放席卡的投票是形式上的。但是，不像舞台劇本，這還不是故事的結尾。在那混亂的時代，最高立法團體被忽視。雖然席卡被免於斬首，但他在被釋放一禮拜以後，遇到一些災禍。最後，他現身於一個革命委員會面前；那些委員視他為聾生的教師，並安排他安全回到他的學生身旁。上述這個經歷讓席卡害怕，這是可理解的。因此，當拿破崙從愛爾巴（Elba）返國時，席卡帶著他最好的兩名學生遠走法國海外。當遠從美國康乃迪克州的一位年輕牧師來聽他演講時，席卡正在倫敦。這次的會面，加速推進法國聾教育和美國聾教育之間的連結。

湯姆斯・高立德（Thomas Hopkins Gallaudet）是美國康乃迪克

州的牧師。他應美國哈特福德（Hartford）地區一位著名醫師哥格史威爾（Mason Fitch Cogswell）之邀，搭船到歐洲教育醫生的聾女兒。高立德雖未受過教師的訓練，不過在他的教導下，醫生的女兒有些進步。這位醫生決定要開辦學校。他出錢派高立德牧師去英國取經學習。在當時，英國有位名人伯瑞伍德（Braidwood）在愛丁堡開辦學校，以教學生說話和讀話（speechreading）等口語法聞名。高立德卻對伯瑞伍德失望，因為對方對他很不友善——他不准高立德觀察他的教學方法，除非高立德同意簽訂一個三年的教師合同，或同意將來與高立德合夥在美國開辦類似的學校。在高立德準備空手返回美國時，他在倫敦看到了席卡演講的廣告。

　　不像伯瑞伍德的做法，席卡對高立德很友善。他邀請高立德參加他在巴黎的事業，因為拿破崙已被擊敗，君主政體再次恢復。高立德讀過席卡的方法，因此當席卡指出高立德可以免費學習這種教法時，就接受了邀請。當他如此做時，他把美國和法國以及愛爾蘭結合起來（這些國家也採用以手語法作為教學的目的）；相反地，英國和蘇格蘭選擇伯瑞伍德的口語法。

　　高立德在巴黎待了五個月。當他學成要返回美國時，他邀請席卡的得意門生勞倫特·科雷克（Laurent Clerc）（一位席卡的最佳聾教師之一）一起回美國創校。席卡同意這個計畫，但堅持需要高立德給科雷克一份書面合同，載明科雷克預計要做的事情。

　　科雷克將席卡的教學法帶給美國，他們成功可見的證據，還有就是手勢語溝通應該在聾童教育上扮演一個重要的角色。[43]科雷克本身是聾人。他身為一位學者的顯著發展，無疑地對新英格蘭地區來見他或聽過他名聲的人，產生一股很強的正面影響力。科雷克和

016

高立德康州立法委員的拜會產生的結果是，此組織團體條例成為美國第一個支持特殊教育的團體——他們付出五千美金的款項來協助哈特福特學校。除了私人捐贈以外，這些款項使得高立德能在1817年在哈特福德成立美國啟聰學校。此校目前還存在著，現在的名稱是美國啟聰學校。

　　高立德和科雷克在美國聾人教育的歷史地位，是將手語傳入了美國。歷史將某些用文字記錄的文件保留下來。一般人靠文字傳承歷史，但手語缺乏書寫的成分，使聾人無法記錄他們在歷史上的地位。就像那些依賴口頭歷史傳承的文化一樣，聾人透過手語的代代相傳，傳承他們自己的遺產、民俗和文化。因此，科雷克和高立德帶入的手語並沒有填滿空虛。美國的聾人早已使用美國手語（ASL）了。由歐洲移民到美國的聾人，帶入他們本國的手語，可能再加上美國當地聾人的手語，形成早期的ASL版本。

瑪莎的葡萄園

　　有一個這樣的ASL版本在麻州海岸外的一個島嶼——瑪莎的葡萄園（Martha's Vineyard）被發現。瑪莎的葡萄園是1640年由一小群的英國移民者安頓於此。他們移民後，和當地的瓦婆濃族（Wampanoag）印第安土著彼此通婚。在此後一百五十年內的出生率異常的高，因此常有一家生下高達二十位小孩的紀錄。他們的後裔有些是聾人。事實上，聾人的數目已經多到聽力損失本身再也不是很顯著的事情了。娜拉・格羅斯（Nora Groce）研究這個島嶼上的人民並報導如下：

葡萄園當地人民曾經擁有不小的聾人人口；他們不覺得耳聾有何大驚小怪的；很多人也假設所有的社區都有一小群的聾人成員。幾乎沒有可存的文件指出誰是聾人，誰不是聾人；的確，只有一個流傳的參考是由一位年長的島民所製作的；它指引我注意到曾經有聾人存在於此地的事實。[44]

當地大約每二十五人之中就有一位聾人，那島民如何適應此現象呢？當格羅斯訪問調查時，答案重點優美地從一位八十歲的島民口中說出：「喔，一點問題也沒有！你看，這裡的每一個人都在用手語說話呢！」

已經有人在著手重建瑪莎葡萄園居民所使用的手語，但此工程浩大，可能永遠無法完全達成。截至目前為止的手語重建，很清楚指出它既不像法國手語，也不像本土的 ASL。看來，瑪莎葡萄園的手語，就像島民的文化，已經發展出自己的特色，創造出獨特的手語要素來。這種現象在其他無數聾人群居的國家的其他無數社區中重複出現。很清楚地，在法國手語引入美國以前，美國的聾人早就已經使用手語有很長的一段時間了。

018　　美國的聾人，在哈特福德學校創立以前就已經使用手語的事實，並不會減低這所聾校進一步發展手語的影響力。此校創造了一個環境，在那裡，手語被使用於社交和教育的目的。該校鼓勵聘用熟練 ASL 的聾教師。它讓新一代的聾童接觸手語及聾人文化。所有這些因素，都是為了讓 ASL 標準化，提升它的使用，以及讓聾童的教育普及。以前，哈特福德只是偶爾想到要開創聾校，但在哈特福德聾校創立以後，啟聰學校很快就在鄰近各州紛紛出現了：紐約州

的聾校於 1820 年創立，麻州 1821 年；賓州 1822 年；俄州和肯州 1823 年。今天，聾童的教育被聯邦法律所明定，並延伸到美國各州，以公立或私立學校的形式，使超過六萬以上的聾童受惠。[45]

　　在哈特福德聾校創立不久，高立德也在和董事科雷克爭論後離開了；但後者繼續留在聾校達四十年之久。他不僅教育聾生，也負責教新老師手語，還有其他想學手語的人士。透過他，雷斐和席卡對 ASL 發展的影響力想必更大了。就某種程度而言，反過來描述應該也是真實的：科雷克透過他在美國認識的聾人學習到 ASL。因此，今日的 ASL 顯示出法國的根源，但是這普及的結構可能超越巴黎的引入，更多是由本土手語長大成熟形成的。科雷克很早就揚棄雷斐所創對 ASL 文法的有條不紊教學法。他決定專注於 ASL 的教育用途，早於我們今日聾人教師的覺醒，就是身為教師的力量存在於他們在教學上使用手語。如同下面所要談到的，聾校內手語的使用已經面臨很多的障礙，但是 ASL 在聾人社區的地位，卻是一直保持穩定的。[46]

高立德大學

　　手語的歷史，如果不提及高立德大學（Gallaudet University）就不夠完整。此校仍然是世界上唯一為聾生所設立的文理大學。此大學的創校者是愛德華・高立德（Edward Miner Gallaudet），他是父親湯姆斯・高立德和聾母親蘇菲亞・福樂（Sophia Fowler）所生的兒子。愛德華在二十歲時就來到華府（Washington, D.C.）去當聾校的領導人；此校是由一位政治家轉為慈善家的肯德爾（Amos

Kendall）所設立的。在 1857 年的 5 月，肯德爾帶著愛德華・高立德和他的母親來到了華盛頓州。愛德華的母親是這個事件的主要安排者，因為肯德爾並不認為要把男女都有的聾童生活管理權委託給一個未婚的青年來接管是適當的。蘇菲亞・福樂・高立德是美國聾校的學生；她一畢業就和湯姆斯結婚。蘇菲亞在歷史學家的眼中，並不受重視。但是她很可能是開始創立肯德爾學校的角色，並且激勵她的兒子奮力為聾人開創高等學府，還有加上她所需求的美國手語技能以及聾人文化的知識，作為她兒子首要的教育努力。如果沒有她，其結果是早期的國小部無法存活，也因此之故，它也無法成為播下日後為大學鋪路的種子。

阿摩斯・肯德爾（Amos Kendall）

　　在一個偶然的場合，碰到一位靠聾童表演來募款的男士，這個機緣引介阿摩斯・肯德爾進入了聾童的教育。根據肯德爾的說法：

> 有位投機者在 1856 年時帶了五位他在紐約州撿到，並接受過一些教育的聾啞兒童來到這個城市。他開始在住家或商業場所展示他們給市民，並宣示他有意願要設立一個為這些不幸者提供教育的機構於華盛頓特區。結果他募款獲得為數不小的款項，設立了一所由他召集的學校；裡面收容十六位學生。

> 但很明顯為讓辦學有聲望且永續經營，他尋求並獲得領導階層的一些市民首肯，同意擔任學校的董事。然而這些人很快就發現他並沒有責任心，而且他只是希望利用他們的名氣來

> 協助他募款並任意處置錢財。當他被董事們通知說他這種不
> 負責任的系統不被允許時，他就聲明和他們斷絕關係。同一
> 時刻，傳說他虐待聾童的這個印象已經遠播海外，而且此舉
> 讓法院開始調查此事；結果是聾童被帶離回歸親生父母身
> 旁，最後只剩下五位遠從海外來的聾童，他們沒有父母或是
> 無人願意照顧他們。孤兒法院判決他們歸我教育，形成我們
> 學校的起點。[47]

1864年，當美國仍受內戰之苦時，愛德華·高立德說服國會發 *020*
給他國立聾啞學院（National Deaf Mute College）的執照；此學院
後來更名為高立德學院（Gallaudet College），以紀念尊榮湯姆士·
高立德。[48]在1864年的4月8日，林肯總統簽署了這個法案。從那
一天開始直到今日，高立德大學在美國已成為ASL的精神堡壘。愛
德華·高立德相信，此大學及其畢業生清楚的證明手語對聾生教育
的價值。此後他繼續當校長，直到1910年3月，一段五十三年之久
的輝煌生涯（更詳細有關高立德大學的討論，見本書第七章）。

一八八〇年：手語的天災

在聾教育史上，手語的使用一直受到挑戰。對某些教育家來
說，例如對十六世紀的伯納特，他教聾童手語和指拼字母，伴隨著
口語與讀話教學。自十七世紀至二十世紀中期，德國與英國擁有強
大的口語教育方案，也就是以口語為主要的溝通工具。口語派的支
持者，也支持聾童的可受教性；但是他們對於如何著手最好的方法

來教育聾童，卻和手語派的倡導者爭論不休。雷斐曾以信函方式，和德國著名的教育家海尼克（Samuel Heinecke）長期的辯論口語與手語在教育上的角色。[49] 不管聾童在哪裡受教，所談的爭論問題是相同的：用口語還是用手語。反對的意見在 1880 年的國際聾人教育會議（International Congress）達到高峰。當時出席者均為聽障教育的領袖。他們通過了一個解決方案，宣稱「口語構音對恢復聾啞者進入社會，具有無可比擬的優勢性，且能給聾童在語言上更充實的知識」。[50] 在投票結果支持口語法之後，一位委員站起來並宣布：「口語萬歲（Vive la parole）！」

米蘭會議之後，教聾生說話便成為教育的目標；教語言反而成為次要的，而言語和語言的區別，在當時並未被體認到。不只在歐洲，美國也是如此。從前使用 ASL 的學校向米蘭會議的智慧低頭，手語由一個領導的教學工具轉為式微。在世紀轉換時，另一個於巴黎舉行的世界聽障教育會議——愛德華·高立德再次尋求妥協，如同他在米蘭會議一樣。他提議將教學法修飾為適應聾父母的需要和能力，因此同時支持口語和手語的方法。他努力來解決這個衝突，但結果是七票贊成，一百票反對。

美國的聾人很快回應米蘭會議的挑戰。1880 年 8 月，國立聾人協會（National Association of the Deaf, NAD）成立。聾人社群的領袖召集第一次集會，他認為應該繼續 ASL 的教學，此外同等重要的，是持續保留聾師在聾校教育聾生。如果口語成為主要的目標，他們感覺聾師的工作就會遭受風險。而自 1900 年以後聾師的數目減少，悲哀地證明這個預測是正確的。

國立聾人協會站穩在肯定 ASL 的立場上，這是一個聾人的組

織，不是只為聾生的。在它超過一百年的存在中，NAD已經為聾人而戰，不只為聾人教育，也是為了聾人所有生活的層面而奮鬥。在如此長的時間證明它已成功地達到目標。例如他們為ASL辯護，並鼓勵手語的發展，作為美國聾人社區溝通的主要語言。[51]

國立聾人協會所面臨反對手語論點的中心圍繞在無法證明的假定，就是如果重度和極重度的聾童學習用手語溝通，他們就無法學會說話，因為打手語對他們而言，比學說話還容易學習。但是研究顯示手語對聾童而言，似乎能輔助他們習得語言——不管是口語或手語的技巧。[52]

總之，手語在聾人教育上的使用，一直面臨反對聲浪。米蘭會議的觀點僅同意讓口語成為教育聾童的主要目標。時間並未沖淡這些衝突；不幸的是，聾童反成為兩派所謂「專家」們手中的一個棋子（工具）。

為聾童設立的聾校和和聾人社區

022

將萌芽的聾人組織和他們學校的建立視為彼此相關，是很有啓發的想法。在美國，沒有任何有關1817年以前的聾成人組織記載。新英格蘭的聾人協會在1837年創立，已經是第一所在康乃迪克州的哈特福德（首府）為聾生成立的永久學校二十年後的事情了。1864年，美國國會特許設立國立聾啞學院（後更名為高立德學院；之後再改名為高立德大學）。正好十六年後，出現在此校鄰近區域又有國立聾人協會的成立。

這兩個實例，說明聾人組織萌芽的一般類型。一所為聾童而設的啟聰學校建造完成了。學校會吸引從州內或某區各方而來的聾生入學；[53] 其他想尋求當老師、宿舍職員或廚工等工作的聾人，也會前去應徵。愈來愈多聾人的出現，就導致某些機轉，促使組織資訊的蒐集或交換。在十九世紀時期和大部分的二十世紀階段裡，聾人缺乏公平的權利，更增加了這些組織成立的急迫感。每個組織群體有它萌芽的領袖；而且，對於新成立者而言，為什麼不善用學校的設施作為開會、打球，和其他社交聚集的場所呢？增加一個姓名和一個官員的提名名單，你就擁有了：一個新聾人社區的家園。一旦設立好，聾人組織會吸引更多的聾人來到這個區域尋找就業機會，好讓他們可以享受和其他同類聾人的同伴生活。

一九六〇年：手語的回復

從 1880 年至 1960 年間，在學校內打手語一般而言是被壓抑的。由教育者的角度來體會這個壓制，細想 1980 年 4 月在英國舉行

022

的英國手語學術研討會中，開幕時演講者的致詞：「我們現在至少，或是可能再一次的，在英國史上能合理安全地和教育家討論手語的使用。」[54] 選擇用這個「合理安全的討論」詞彙傳達了對手語立場的歡迎，對立於已經發展的一個立場（口語），特別是在二十世紀的大英帝國民主國家內的干擾。然而口語法的倡導已經不多不少的用於聾童教育，更甚於手語法的倡導。他們的影響是：使用口

023

語作為教育方法的基礎。甚至使用手語的學校也強調他們教學生說

與讀話的努力。多年來聾童和他們的父母變成自覺使用手語是不好的事情。但是，欣賞 ASL，視其為真正語言，不僅是使用一種表達英文的一套手勢系統，而且是使聾人發展以自己的本相和自己的語言為榮的重要關鍵步驟。如果這一步尚未完成，聾人的羞辱，將與其自身的語言，以及「聾人有時可以（在口語法中）過關，直到他開始打手語」有關。[55]

　　對手語態度的改變始於 1960 年。這一年發生了兩件大事。第一件事是在 1960 年時，威廉‧史多基（William Stokoe）出了一本名書《手語結構學》（*Sign Language Structure*），這一本專書，呈現當時很新的論文，指出手語的確是一種語言，而不是將口頭語言以手語呈現的譯碼系統。在 1964 年時，史多基和他的同事們又出版了現在看來古老的《ASL 字典》（*Dictionary of American Sign Language*）。此第二個作品則灌輸 ASL 的立場，安全免於邏輯的語彙攻擊。此兩件作品對聾人社區的影響是很深遠的。他們以全新的方法來研究手語。ASL 地位的提升，有助於聾人社區的自我形象：他們的手語和口語的地位平等；聾人社區成員所喜好的語言是合法的，因此他們自己也是合法正當的（legitimate）。史多基的作品對手語語言的獨特性有很重要的貢獻，但起初聾人自己也沒有看到這一點。

　　回憶他早期的經驗，史多基對他的同事吐露祕密，提及他的研究在高立德大學如何被對待；他是英語系的教授，當時他發表了對未來有重大影響的作品。

　　這個，當然只是喜劇的第一幕。在 1960 年出版的《手語結

構學》，帶來了好奇的地方反應。除了系主任德特摩（Dean Detmold）和一到兩位我的好同事以外，全部高立德學院的教職員都粗魯的攻擊我這個語言學家，和我把手語視為語言的研究。他們在一個會議中告訴我，我的功能是教英語；在那個會議中我獲邀去講我的研究。如果我第一個聾人社區手語的語言學研究之回應是國內的冷漠以對，那它就是特殊教育裡的低溫——在那時，一個緊密合作對手語的仇恨，就如同對語言學的無知一般。當國科會第一次給我經費來研究手語時，他們收到兩封黑函。這兩個人是貝爾（A. G. Bell）的後代，他們反對手語的基礎，是宣稱他們的祖父已經再次證明：手語不但是無用的，而且對聾教育有害。56

語言學家，相反地，卻尊敬史多基已經做的——並非照單全收，但支持他的人數已足以鼓勵他持續做手語研究。

在國立聾人協會成立一百週年紀念會上，聾人社區正式修改他們早期的對立立場。史多基當場被贈與一個最適合他的成就以及適合他的人格特質的禮物——《手語和聾人社區》（*Sign Language and the Deaf Community*）；這是一本由他的學生和朋友祕密準備的紀念專輯，其中收錄很多篇尊榮他的論文。這些論文的作者一開始都會描述他們認識這位偉大教師和研究者的經驗，這真是一本很適合這位先鋒語言學家的禮物。

手語語言學研究之父

在一個給威廉・史多基的禮物中，第一個成爲手語語言分析家的基爾伯特・伊斯曼（Gilbert Eastman）（1980，32），也是聾人劇作家，寫出下列心聲。

> 史多基博士教我了解手語和欣賞它的美麗。我發展了基本手語課程，寫劇本，還到國內各處去執行視覺－手勢動作溝通的研討會，也在演講中談我的工作。是比爾・史多基（Bill Stokoe）協助我來發展對自己語言和活動的驕傲；也是他鼓勵我要說出事實。史多基博士不是一個流暢的打手語者，但他從未停止學習我們的手語。史多基博士是第一個研究美國手語的人，他也成為一個國際知名支持聾人及手語的學者，我們所有的人都應該尊他為手語語言學之父。

註 解

1　重新建構未被記錄的歷史事件，易於導向一團分歧的想法與生動的辯論。但是，從這些深思熟慮所引發的理論是很值得的，不但是有關他們對於我們遠古祖先如何溝通，同時也因為深刻在他們腦中的推論，顯示很多有關人們溝通的事情。不久以前，語言的起源僅專注於口頭語言；今日，手勢（gesture）的產生是比口語還早的論點，正獲得支持中。討論有關語言的起源和手勢所扮演的角色，參見Caselli（1990）；Hewes（1974a）；Stokoe（1987, 1991）；Volterra（1983）；Volterra, Beronsei 和 Massoni（1990）；Volterra 和 Caselli（1985）以及 Wescott（1974）等文獻。

2　Hewes（1974b, 14）推論說：「正式手部的手勢溝通，可能必須等到我們的祖先大部分成為兩足動物時才開始。」此點解釋了為什麼有些研究者喜歡選擇黑猩猩（chimpanzees）而不是大猩猩（gorillas）作為研究動物溝通的對象，因為後者傾向於將牠們的手部和地面接觸以便保持動作的平衡。要得到早期人類及祖先和語言有關的解剖學，參見Hill（1974）的文獻。

3　其他額外的文獻可以在 Wescott（1974）文末所附的參考書目中獲得。

4　DeFrancis 1989.

5　參見 Fouts 和 Mellgren（1976, 342）。由 Van Cantfort 和 Rimpau（1982）這些作者從他們比較心理學家的角度，得出共同的結論，他們鼓勵對動物溝通研究更嚴謹的實驗設計和分析。

6　Terrace 1979.

7　Gaustad 1981.

8　Terrace 1982, 179-180.

9　Gaustad 1982, 181.

10　M. Muller 1861. *Lectures on the Science of Language*. 引自 Bonvillian（1982）。

11　Bonvillian 1982, 13.

12　Hill 1977, 48.

13　Gould 1975, 692.

14　Sarles（1976, 167）。對於另一個充滿爭議的動物溝通實驗，一位語言學家寫出他的看法：「一個進一步的說法，如果偏斜，來自於Gill和 Rumbaugh（1974）的證據；他們報導說拉娜（Lena）花了一千六百次的嘗試去學習香蕉和M&M巧克力的名字，但是之後的五次，卻只要少於五次的嘗試就獲得了──有兩次甚至只嘗試兩次就成功了。這個令人震驚與瞬間的增加量，對於拉娜已經在一千六百次的嘗試中『學習到要如何學習』而言，是無法解釋的；學習曲線不會大幅跳躍。而更合理讓人驚訝的解釋是：長久以來，拉娜就是猜不透到底訓練師想要她做什麼；然後忽然間她豁然明白：『我的天，原來他們是在餵養我概念名詞──為什麼他們不早告訴我呢？這些笨蛋！』這些概念早就在那兒了，只是在概念和這些人們想要教她的神祕新事物之間需要被鑄造冶煉。」（Bickerton 1981, 236）

15　參考第二章兒童的手語獲得。Bonvillian, Orlansky, Novack 和 Folven（1983）；Newport 和 Meier（1986）；Schlesinger 和 Meadow（1972）報導年幼聾童溝通行為的延伸資料。也可參見 Siple 和 Akamatsu（1991）有關一對雙胞胎兄弟（一聾一聽）的語言獲得研

究。

16 Brown 1937, 97.

17 Shore et al. 1990, 82.

18 Woodward 1987, 383.

19 Volterra and Erting 1990.

20 Caselli and Volterra 1990.

21 Kushel 1973.

22 Hewes 1974a, 28.

23 Kinsbourne, 1981.

24 Lambert 1981,19.

25 Bellugi et al. 1990, 297.

26 同上，298。

27 Poizner, Klima, and Bellugi 1987.

28 Bellugi et al., 298.

29 Hewes 1977, 97.

30 Bender（1981）翻譯亞里斯多德的觀點：「那些一出生就聾者也同時無法說話，聲音當然不缺，但是就是沒有話語說出來。」（20頁）她注意到後期的翻譯，將希臘字 eneos（無言語）翻譯為「啞口或愚笨」，導致這句註解讀成：「那些一出生就聾者都變成沒有感官也不會推理的人。」（21頁）因此之故，亞里斯多德壓倒性的影響力可能就已被他的翻譯所扭曲；此舉帶給聾人世代悲慘的後果。

31 Hodgson 1954, 72-73.

32 Romeo 1978, 356.

33 Flint 1979, 22, and Silverman 1978, 423.

34　Barakat 1975.

35　所有在此顯示的西妥會僧侶之手勢是取自顧里斯基 Gryski（1990）的資料。

36　很多我們注意到有關龐氏‧德‧李昂在這些頁的歷史摘自這個資料：Chaves 和 Soler（1975）。

37　有些歷史學家現在提出讓 Manuel Ramírez de Carrión（而不是 Bonet）作為龐氏‧德‧李昂的繼承者。Chaves 和 Soler 在 1975 年描繪西妥會僧侶的特性：他藏匿教育聾童的方法周延到很少能直接找到他的教學法；但是很明顯的是他的確享受某些成功。還有「當 Juan Pablo Bonet 觀察到 Don Luis（一位來自高尚家庭的聾童）的進步時，拿到任何可獲得的資訊，寫下其教學法，並於 1620 年出版；此後他的方法無疑融入了西方文化的歷史」（Chaves and soler 1975, 244）。

38　有關 Abbe 的參考資料可在 Bender（1981）；Flint（1979）；Lane（1976, 1977, 1984）；以及 Silverman（1978）等文獻中找到。

39　引自 Lane（1976, 79）。

40　Neal 1960, 16-17.

41　Lane 1984.

42　Lane 1977, 4。稍微不同的版本，見 Bender（1981, 78）。

43　我們可能永遠不知道科雷克所使用的手語特色，因為他用的是法國手語；還有我們也不清楚他和使用傳統手勢的教師之間的關係。但很可能科雷克就和大部分今日的聾人一樣，依靠身處的溝通情境脈絡來使用一系列的語言技巧。

44　Groce 1980, 12。目前人類學家正在調查手語在貝里（Bali）村莊的使用情形；在那兒，聾人和聽人都使用手語。

45　就像聾人人口的大小，聾童就學的數目依據所使用的定義；這個估計是計算美國政府 1992 到 1993 學年教育部所發布的聽障學生數目。

46　Lane 在 1980 年已經編纂一部詳細逐步記錄法國和美國壓制手勢的史實。它是令人沮喪的紀錄，偶有輕鬆的時刻：企圖勇敢的提升美國手語的使用，相對於書中普遍的情緒化字眼。在致謝詞的結尾，他以尖酸的語調表達自己的某些不滿：「我要謝謝個人和聯邦機構，特別是國家醫學圖書館和國家人文學科捐贈機構。由於他們一貫立場認為聾人既沒有社群（社會）也沒有語言，有的是身心障礙和手勢。這讓我更加倍努力要來尋找聾人美國手語的社會歷史。」（Lane 1980, 159）

47　參見 Atwood（1964）。這個引言和很多有關高立德大學的事實，摘自其官方歷史資料，由當時的學校董事長 Albert W. Atwood 為創校一百週年特刊而寫。

48　高立德學院在 1986 年時達到改制大學的標準，因而改名為高立德大學。

49　Garnett, 1968。這個作者已經取得翻譯海尼克和雷裴之間的信件。這些信函提供兩位著名人士相對才華出眾的迷人紀錄，但我們不應誤解兩人各自的意圖，他們都是真誠想提供聾童最好的教育。

50　引自 Pahz 和 Pahz（1978, 30）。

51　國立聾人協會和其他由聾人創立的機構參見第七章。

52　Dee, Rapin 和 Ruben（1982）這些作者們追蹤十一位聾童兩年；聾童年齡由兩歲到十八個月大，當時他們的父母開始學習手語。這些幼童的口語發展不但沒有妨礙，手語反而提升了口語。此外，這些兒童的語言發展不但沒有遲緩（通常聽父母所生的遺傳性聾小孩會有這種現象），調查結果發現這些兒童的語言相當接近他們同年齡層的常模。其後的發現也是相同一致的信念，就是一個人如果語言知道的更多，

他就更容易獲得更多的語言。

53　從以前到現在，並不是每個州或省都有設立聾童學校。那些未設聾校的地方，家長就會把他們送到別處，然後收帳單支付交通、住宿、餐飲費用和學費。這些其他的學校不一定位於聾童可到達之處。在1955年設立艾伯特啟聰學校以前，住在艾伯特的聾童必須搭乘火車到達蒙特婁，大概有三百公里之遠的蒙特里啟聰學校就讀。當然也有比較近的聾校，例如威尼裴（Winnipeg）的曼尼托巴（Manitoba）啟聰學校和溫哥華的耶利哥山丘啟聰學校就比較近。

54　Conrad 1981, 13.

55　此引用見 Kannapell（1975）。她個人的回憶錄見 Kannapell（1980，106-107）。實例：為了成功於「聽人的世界，我必須說得好或者至少英文要寫得好。我知道我在那些人的眼中是個『口語的失敗者』。我對自己的口語和英語技巧自認不佳，但是我努力嘗試要去和聽人用他們的術語溝通。我限制自己的臉部表情和肢體的動作，憂慮我的英文使用是否正確，嘗試使用我的聲音，和聽人講話時急著要結束對話。聽人通常總是對我的說、聽和寫的能力有興趣，但對於和我交朋友一事卻沒興趣。老師總是矯正我說和寫的錯誤……他們從來沒有坐下來一會兒，和我或其他的學生像朋友一樣地聊聊。」

56　Stokoe 1980, 266-67.

第二章　手語的結構

　　描述以手部來系統化地表達思想與情感的一般名詞稱為手勢語 *029*
溝通（signed communication）。手語是手勢語溝通的一種。指拼[譯註1]
或以手指來代表全套字母的每一個字母又是另一種溝通方法。世
界上大多數的手語，包含指拼，我們會在第三章談此主題。在學校
內為口頭語言而存在的手語符碼也屬於溝通的一種。我們會在第四
章述及。本章的重點放在 ASL 上。

　　ASL 是世界上最被廣泛研究的手語。這就是為什麼我們在談手
語的詞彙與文法時以 ASL 為例。研究者已發現的 ASL 的詞彙與句
法，已在聾教育的雙語教育上，扮演了一個重要的角色。我們以下
會選擇一些 ASL 的結構，以彰顯 ASL 的美麗以及 ASL 和其他手語
如何以其獨創性來解決所有語言都會面臨到的問題。

手勢是什麼？

　　在英文的口語中，語意的基本單位是字；然而，手語的基本語
意單位是手勢（sign）。若有人說手勢等於口語中字所對應的手語

譯註1　或譯為指語。台灣的國語口手語是一種注音符號指拼。

部分，那就錯了。手勢可能代表更多一般的概念，從手語的前後文意脈絡與非手語部分的信號所產生更精緻本質的概念。事實上，手語的調查者常把手勢看作字，這是他們的解釋；但手語裡並非如此，因為手語裡面沒有文字。這可能沒有立即令人滿意的答案，但是我們應該提醒自己小心種族優越感，在我們專注於手語時，特別是在 ASL 上面。

一個手勢是一個帶有意義的手部動作結構。它由打手勢者身體不同部位的各種手形所組成，並拋擲出廣泛的動作。當這些參數（parameters）改變時，手勢的意義也隨之改變。一個手勢的組成可以包含為四個基本的部分：㈠手部的形狀（handshape）：手形；㈡與身體相對應的手部方向（orientation）；㈢手部的動作；㈣打手語者身體相對應的手部位置。[1] 除了手勢生理的產生外，從非手語信號所傳達的前後文意脈絡及訊息也決定了一個手勢的意義。在非手語的信號（nonmanual signals）中，臉部表情和身體的姿態（posture），是我們以下要討論的。

─手形的特質─

我們先提手形，大部分的手形是 ASL 字母（American Manual Alphabet）的字母拼寫（指拼）。如果你已經知道這套字母，你就理解下面所描述的字母和數字所對應的參考手形圖。如果你不懂，你可以看第三章的圖 3.1 和圖 3.4。

當手形相同而位置、動作或方向不同時，就會創造出不同的手勢。例如圖 2.1 與 2.2 就是手形相同但動作不同。兩手都有相同的形狀，H 狀手形。[2] 圖 2.1 顯示名字（NAME）的手勢。兩手的方向是

NAME（姓名）　　　　　　　　EGG（蛋）

030

對稱的，將右手伸出的兩指對角垂直左手伸出的兩指，這個位置是身體前方，腰的上面一點。這個動作是一個溫和的右手在左手上的敲擊動作。改變這個動作為：以快速的向下向外的方向，分開兩手，但保持相同的手形、方向和位置，就形成了完全不同的概念——「蛋」的手勢（圖2.2）。

　　有兩個不同的概念，但是這兩個概念的手勢唯一差別是兩手的動作，例如：「想」和「一毛錢」。每一個手的手形都是用數字1的手形來打出手勢。兩個手勢都具有相同的位置——在額頭的地方。要打出「想」的手勢，食指向前移動，然後碰觸額頭邊緣（圖2.3）。開始用食指放在額頭上，就像做「想」的手形，然後移動指示的手（將食指緊握延伸）從額頭出去，就成為「一分錢」或「一毛錢」的手勢（圖2.4）。使用1的手形，但改變為：將手指指著所

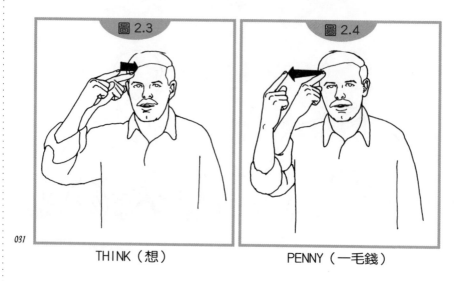

| THINK（想） | PENNY（一毛錢） |

提及的某人對方，就是「你」；或指著打手語者的胸部就是「我」
的手勢。這個相同的手形旋轉六十到九十度弧度到打手勢者的邊邊
就是「他們」。這個 1 的手形也可以被用來指出其他的方位——例
如，「上」和「下」。

在 ASL 中，某些手形具有額外的言外之意。用食指來指物，我
們剛剛已經描述過了。將手指彎曲，通常帶有負面的意義。這個 X
手形（一個彎曲的指頭）或一彎曲的 V 手形，和騷擾、負面的想法
聯合。用 X 手形而成的手勢，帶有負面言外之意的是「巫婆」（圖
2.5）和「懷疑」（圖 2.6）、「偷竊」（圖 2.7）和「嚴格」（圖
2.8）；這些手勢都是使用彎曲的 V 手形。

在某些手形和某些認知－情緒類別的概念性連結，也出現在口
語和認知－情緒的口頭語言概念中。想想英文的 gr，它本身是一種

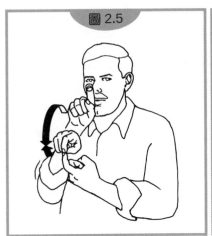

WITCH（巫婆）

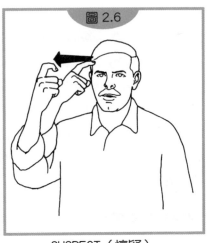

SUSPECT（懷疑）

032

STEAL（偷竊）

STRICT（嚴格）

032

描述，漫畫家喜歡用它來表達生氣：「Gr-r-r!」它的聲音開始於一些陰鬱的字，如：灰暗（gray）、悲傷（grief）、污穢（grime）、骯髒的（grubby）和累垮了（grueling）等。[3] 這些連結可能是擬聲的，如同 buzz 和 hum；或可能有其他的字根。要說這個狀聲詞在英

033 文中有發生過，並非貶損這個語言。這種情感和聲音二者同時發生的巧合，提供了學生線索，了解語言的起源。ASL 對手形和意義之間的連結，也有同樣的情形。這種現象是很明顯的，但並不一定是絕對的。

方向的特質

手部的方向或方位——也就是手心（palm）朝向的方向——是另一個手勢的重要特質。在 ASL 中，方向的改變，常以指出主詞和受詞的方法，來反映動詞。這樣的改變，常伴隨著動作方向的改變。例如我問你（I-ASK-YOU）（圖 2.9），以我的手形開始，放在身體前面，手心朝外。當手往前動來完成此片語時，食指彎曲。當手心朝向你自己的身體時，你是在打你問我（YOU-ASK-ME）的手勢。其他分享

圖 2.9

I-ASK-YOU（我問你）

033
「我問你」是解釋意義如何和手勢的方位連結的例子。

此特質的 ASL 手勢是：打擾（BOTHER）、責怪（BLAME）、靠近（APPROACH）、指責（PICK-ON）、可憐（PITY）、召喚（SUMMON）、恨（HATE）和揶揄（TEASE）等。[4]

　　學手語的學生較常犯方向的錯誤。有些學習者發現二度空間的圖畫與照片很難模仿。有些人則認為當面對教師時，很難模仿教師的手語。當老師發現此問題時，他／她可以令學生在旁，面對相同的方向，使學生打出正確的方向。

─位置的特質─

相對於打手語者身體的手勢之位置，似乎帶有語意。認知的手語通常會接觸額頭。圖 2.10 顯示手語知道（KNOW）。它的形成，是以 B 的手形，方向朝向額頭。接近心臟或腹部的手語與情緒有關。愛（LOVE）的手勢是把交叉的拳頭放於胸前（圖 2.11）。恨

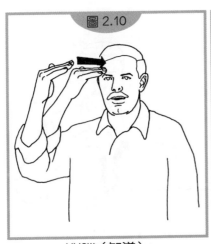

KNOW（知道）

LOVE（愛）

（HATE）的手勢是，中指輕彈大拇指，手部同時在胸前做出拋出
035 去的動作（圖2.12）。憤怒（ANGER）的手勢是兩手在腰際周圍同
時做出攫取的動作，然後快速往上（圖2.13）。[5]

禁忌（*TABOOS*）　ASL有一些位置的禁忌。手勢幾乎不會低
於腰部以下。若要如此做，需花更多的力氣，且手勢可能較難被人
看到。鼻部在ASL目前可以自由使用，但以前鼻部是保留給方言和
模糊手勢的地區。很多ASL的手勢位置在鼻部是輕蔑的，但中國手
語（Chinese Sign Language）並沒有類似的連結。但是在中國手語
裡，打在中央部分的手勢，有排除性方面聯想的含義。我們會在第
三章看到文化的暗示如何移植到手勢的打法，甚至在指拼上面。某
些手形在一些文化中屬於被禁止的不雅手勢，在禮貌性場合中被禁
止使用，但在別國則無此禁忌。

開始與結束（*INITIAL VERSUS FINAL*）　有時學生對於一個

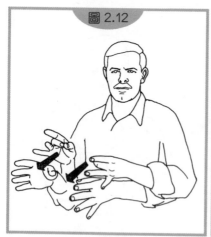

HATE（恨）

ANGER（憤怒）

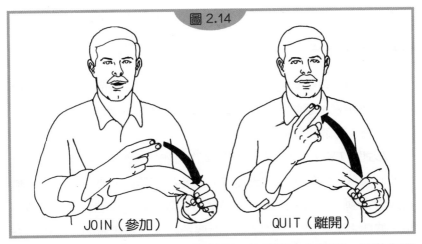

JOIN（參加）　　　　QUIT（離開）

參加（JOIN）和離開（QUIT）是手形、位置和方向相同，但動作不 036
同的例子。

手勢動作的開始與結束狀況，感到混淆。手勢的方向如果相反，可
能甚至代表不同的意義。如參加（JOIN）與離開（QUIT）（圖
2.14）的手勢就是手勢的構造相同，但動作相反；結果意義相反[譯註2]。
其他結構相似但只有結束和結尾位置相反的手勢為：開／關
（OPEN/CLOSE）、什麼／一旦（WHAT/ONCE）和感覺／失望
（FEEL/DISAPPOINTED）。[6]

　　輪流（*TURN-TAKING*）　說話者停止聲音，來做出他們結束
說話的信號。對打手語者而言，手的位置也扮演類似輪流的角色。 036
當手升起時，打手語者意圖繼續打手語下去。當他們將手放在身邊

譯註2　台灣的手勢例如：結婚與離婚；手勢的方向相反。

或將手移至腰部的休息狀態時，表示他們邀請他人回應。

—動 作 的 特 質—

手的動作是手勢組成的第四個成分，它和其他的三種成分一樣重要，都在表示手勢的意義。動作可以分類為五個觀點：形式、方向、重複、力氣與程度。

形式（TYPE） 一個手勢的動作可能是直線、參差不齊、平順的波狀起伏、內轉、蠕動或捏等。只要手部能做的動作，手語中都可以看得到。當兩手形成一個手勢時，兩隻手可以互相摩擦、敲、拍、彼此畫圓、聚合、分離等。而要把這些特質用畫的或照相的方式表現時，非常困難，這也是為什麼光看手語書無法學會 ASL 的原因。

方向（DIRECTION） 手的移動方向通常取代英文字詞順序的功能。有方向性的動詞，例如：幫助（HELP）、送（SEND）、付錢（PAY）等譯註3。圖2.15 顯示幫助（HELP）的手勢可以被用來創造出「我（將）幫助你」（I-HELP-YOU）的片語。幫助（HELP）的手勢先在打手語者的前方，然後稍微向上移動，再向外移動到被指的對方。如果動作是相反的，意思就變成「你（將）幫助我」。

重複（REPETITION） 在某些手勢中，重複的動作代表複數；因此，重複打幾次年（YEAR）的手勢強調很多年（years）。重複一個手勢的部分在其他場合中則代表複數。例如教師（TEACHER）包含兩部分：教（TEACH）的手勢和代理人（AGENT）的手勢。

037

譯註3 台灣手語的動詞有：幫助、買賣、送等。

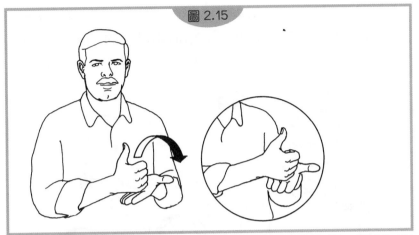

I-HELP-YOU〔「我幫助你」（I will help you）〕是一個 ASL 方位的例子。

當兩者加在一起時指一個執行動作（教）的人。如果要打複數的教師，只要重複代理人（AGENT）的手勢部分。重複一個動詞手勢也會改變其成為分詞；如「教」（TEACH）若重複時會變成「正在教」（TEACHING）。

　　力氣（*VIGOR*）　　一個人打手勢的力道（force）所強調的地方，以及身體所伴隨的緊張度，會影響手勢的意義。一個有力的動作，加上適當的臉部表情，可以改變一個手勢由卑鄙的（MEAN）到邪惡的（VICIOUS）^{譯註4}。就如同聲音的曲折變化，手語打出時的精力與速度會改變其意義。

譯註4　台灣手語如：火、小火、中火、大火。

程度（*EXTENT*）　圖 2.16 顯示小、大、巨大間手勢的差異，

038　主要在打手語者兩手間的距離。手勢所做出動作的程度，會加重其

意義。讀者可以思考，當動作的尺度改變，配合其他四個手勢的成

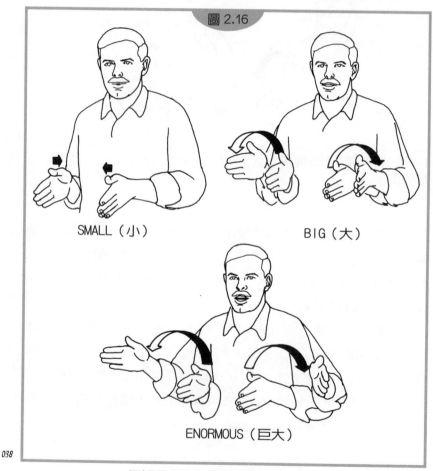

圖 2.16

SMALL（小）　　　　　　　BIG（大）

ENORMOUS（巨大）

038

一個解釋動作如何影響意義的例子。

分，細微的差別會增加。

─慣用手的習慣─

要打出由雙手產生的 ASL 手勢，是有一套規則管理的。ASL 將對稱（symmetry）和主控（dominance）加諸於雙手的手勢。對稱性的狀況是指，若兩隻手在形成一個手勢時都是獨立的移動，那麼他們的形狀與動作一定是相同的（雖然動作可能是同時或轉換的）。[7] 蛋（EGG）的手勢就是遵循對稱性的原則。

ASL 尊重慣用手的習慣（handedness）。主導手（active hand）（大多數人是指右手）是主手。當左手和右手的手形是相同時，如果不是非主打手（nondominant hand）迴響（重複）主打手的動作，就是非主打手不動。因此，圖2.1中，右手敲左手，左手保持靜止不動。如果某人是左撇子，那麼這個動作是相反的：左手做敲擊的動作。在蛋（圖2.2）手勢中，兩手都以不同的方向，做相同的動作。如果左手和右手的手形不同，那麼非主打手就會保持不動，而右手移動。墜入愛河（FALL-IN-LOVE）的手勢就遵守這個規則（圖2.17）。

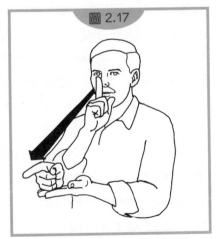

FALL-IN-LOVE（墜入愛河）

慣用左手的人也能在慣用右手的世界中適應，他們通常很快就從中學到手語；但是，

039

039

51

如果你是慣用右手，卻向慣用左手的手語老師學手語，你可能會有一段搞不清楚的階段。我們建議你要經常觀察打手語的人士，注意對方使用右手或左手的情況。

省力的原則

大部分的手勢在產生時，不是在擴大效率，就是減少打手語的力氣。這些特質就導向了省力的原則（principle of least effort）：

> 當二或更多群的手勢動作可以產生相同的效果時，花較少力氣的手勢會流行。

040　　一般而言，和身體相聯的手勢，是用手掌面對身體，或以鬆弛的位置來做出手勢。享受（ENJOY）的手勢是用一個張開的手以畫圓圈的動作移動，手掌對著胸部。試著用手背在胸前做出畫圓動作來做出手勢，這是很不順暢的，而且你會覺得你的手腕和前臂有股壓迫感。這個省力的原則對你來說應該是熟悉的；你了解口頭語言也有這個特性。以 Barbara 的發音來舉例，它的拼音指出有三個音節，Bar-bar-a。但是，這個重複的 bar-bar 很難發音，因此這個名字我們通常發音成 Bar-bra。聲音是相似的，但是第二個構音是採取省力的原則。

有一個對這個原則所做的測試。有人研究早期打手語者的電影，比較他們打的手語和現在使用的手語，有何不同。[8] 我們預期的朝向肌肉方面簡化手勢的傾向，可以清楚看出；將早期的手語字典和現代的手語字典比較，也能證實這個原則。但是我們注意到另外一個圖畫：在肩膀以上，用雙手都打出的手勢，經過一段時間，這

些手勢有簡化為單手打出的趨勢，例如：鹿（DEER）、魔鬼（DE-VIL）、牛（COW）、馬（HORSE）等。[9]

─合在一起的要素─

　　手勢的差異——手形、方向、位置、動作等，都可小可大。就如同口語也有區分一樣，打手語者也會配合細微的變化，快速偵察到每個手勢要素中，相對性較微小的差異。

　　從手勢四個要素變化而來的手勢數目，其潛在數量驚人。手勢結構的豐富常被忽略，有一部分原因是由於手勢很難以書籍的方式來呈現。雖然一個手勢的特質可以經由畫圖或照片，加上語文的解釋來闡明，但是經常會遺漏意義的細微差別（nuances）。這些細微差別對了解手勢的意義很重要；但當這些差別所包含的，不只一個，而是一系列的手勢時，就更難顯出來了。

　　就如同說話時的字一樣，手語的構音會隨著在前或在後的手勢而改變。這幾頁所介紹手勢的界線，將隨著上下文意脈絡而改變。看看這些片語「討厭作夢」（hate to dream）和「討厭蛋」（hate eggs）；在ASL每個片語包含兩個手勢：夢─討厭，和蛋─討厭（圖2.18和2.19）。在前一個片語中，「討厭」的手勢是在頭部的位置打出。在後一個片語中，「討厭」的手勢位置和「蛋」的手勢結束後的位置相同（腰部）。因此，手勢單獨被學習者打出，和在連續幾個手勢中被打出時不同，因為手勢會隨著前面的手勢而做修正（更多討論有關學手語的事情，見第五章）。 *041*

　　很多ASL的詩由手勢叉合中產生。一個手勢到下一個手勢間順暢流動的轉換可以娛人眼目，彷彿生動演出的芭蕾舞舞步一樣。如 *042*

DREAM-HATE（討厭作夢）

EGG-HATE（不喜歡蛋）

能順暢打出，手語的舞動能引誘觀賞者目不轉睛，就如同聽一場很棒的演講一樣。很可惜，由於印刷體的限制，無法將 ASL 的空間—順序之美，發揮得淋漓盡致。

 變化、重音、怪癖

一個共同的語言，因說話者有差別，常在表達時有所差異。同理，打手語者也有差別。

－風 格－

每個人打手語的方式，都會和別人稍有不同。有些變化源自於個人的生理差異：手／手臂的長或短、手指靈活度的大小等。這個人在何處學手語，以及學手語時的年齡，也是決定他／她如何表達手語的因素。這些不同風格（idiosyncrasies）的出現是可以預期的。學習手語的學生，必須尋找打出手勢時強調個別差異的規則。若他們只學到手語的詞彙，以後看到持續打出的手語對談會話時，將會感到挫折。

－手 指 的 滑 動－

你甚歡讀 bird 這個英文字嗎？手指的滑動（slips）是很常見的，就像口語中舌頭會滑動一樣。[10] 鳥（BIRD）的手勢，和新聞（NEWSPAPER）的手勢，除了位置不同以外，其他的手勢要素相同。ASL 中，鳥的手勢，是將拳頭關起，以大拇指與食指在嘴邊彼此輕拍。而新聞的手勢，與鳥的手勢，在手形、方向和動作都相

同，只是位置不同──在任一
手心上做出手勢（圖 2.20 與
2.21）。

―手 語 的 地 區 變 化―

　在收音機和電視還沒有發
明以前，英語的發音與現代英
語發音的差異很大。電信溝通
的普及，已經散播標準美式英
語到國內的每個角落，大量減
少了口頭英語的變異。ASL 的

043 BIRD（鳥）

043 NEWSPAPER（新聞）

普及性不及英語。事實上，教授 ASL 是個比較新的現象。一直到最近 ASL 是透過個人傳承給個人，一種無法傳導語言完整性的傳輸方式。更有甚者，沒有一種手語的書寫系統得到普遍的認同，因此可用的手語字典，是以英文解釋，來讓海外的聽人使用；他們的主要溝通工具並不是手語。

043

舊式的手語專門字典傳播一種錯誤的觀念，就是每個被給予的英文字，就只有一個手勢對應；相反地，每個手勢也只有一個術語來對應。我們察覺到，要執行一個特定的手勢，不止一種方式；不一定是一個觀念對應一個手勢。[11]

> 幾乎所有有關 ASL 的印刷物，有意或無意，給人一種感覺，就是手勢一定是只有一種標準，不能有變異存在；凡事不能超越真理。事實上，個人、當地、各地區，還有其他方面的差異，都存在於所有語言的所有層面中。[12]

044

那麼，ASL 各地方言的持續，就反映了它在過去兩百年中所受到的忽視。電視節目很少談到或示範手語的方言，因此無法將手語均質化。由於缺乏書寫的形式，手語語言在由個人傳到個人時，無可避免的，就必須忍受不規則的特性。可能有一天，會有某個電視台廣播 ASL 的節目和電影，那麼 ASL 的地區方言差異，將會減少。

非手部信號

很多人學習手語的阻礙是，他們的手並未說出一切。非手部信號由臉部和身體發出，能修飾手勢訊息所欲表達的意義。升起的眉

毛，鼓鼓的雙頰，下垂的肩膀，和凝視側面的眼神，這些都是帶有語言的訊息。ASL 的非手部特質（nonmanual features）是，它們本身就可以扮演信號的角色（不須伴隨手部動作），或成為句法的元素；也就是可以轉變一連串手勢意義的正式成分。

在英文中下列的句子可以是描述句或疑問句，看詞序而定：你是這位嗎？（Are you the one?）和就是你！（You are the one!）。此外，加上適當的語調與重音，你是這一位（You are the one）可以變成問句你是這位嗎？（You are the one?）ASL 也一樣，有改變一群手勢意義的規則。

ASL 的非手勢信號，絕不能和伴隨口語的面部表情與身體姿態相混淆。二者雖有相似性，但 ASL 中的非手勢信號，「擁有文法的功能，與口頭語言中可有可無的方式有別」。[13]

一眼與眉一

眼被使用的方式——例如視線的方向，或斜視，在手語的片語中具有重要的意義。打手語者有規律地以指派空間的方式，首先看以及／或指向被指明的對方的位置（spots）。當打手語者繼續談論此人時，他／她會以注視那位置的方式來指明。有時也會以手指指向特定的區域來達成目的。被提及的人在此情境下就像英文中的代名詞。

在手語中，眼神的接觸是另一個重要的元素。聾人若不看訊息的來源，就無法溝通。因此，打手語者必須注視著對方來打手語，即使對方是聽人也是如此。將視線遠離，是種對打手語者的干擾。因此，在雙方都以手語溝通時，一定要有眼神接觸，這是聾人文化

045

的一部分。此點和在我們聽人的文化中，直接看人是不禮貌的行為之觀念，恰好相反；聾人必須維持視線的接觸，以表達禮貌。

　　眼的另一項功能，是強調重點。這個做法是，打手語者將視線離開所談的人，直到打手語者預備要打出一個特定的手勢時，他會在一邊打出那個手勢時，一邊將眼神固定在對方身上。在這個例子裡，打手語者已經衝破了眼神的接觸；這不但是可接受的，也是有意義的：它在強調所要打出的手勢。將眼睛閉上，一樣有相同的功效：打出手語「愛」時，同時將眼睛縮小，是在強調「很愛」。

　　眉毛在 ASL 裡，也扮演了一個角色。在適當的時機，將眉毛拉高，可增加問號的訊息，也可以代表同情，或和憤怒相連，也可以強調所打的手語內容。抬起眉毛，可代表驚奇，而當皺眉時，將眉毛下降，就代表反對或猜疑。就如同我們所呈現的手勢其他要素，眉毛也是臉部表情的要素之一。

─臉部表情─

　　閱讀臉部表情，可以理解 ASL 的一部分。打手語時的皺眉動作，不一定代表對某事不悅。例如臉部表情可提供標點符號、指出問號。例如：一個捏皺的（pinched）臉，代表對所打出的形容詞手語，加上「很、非常」（very）的副詞。臉部表情也可以提供強調，如同將停止（HALT）的手勢轉變為「立刻停止」的意思。而當把舌頭伸出時，也可以改變手勢的意思。此點顯示了「遲、慢」（LATE）的手勢和「尚未」（NOT YET）手勢的差別（圖2.22）。這個 ASL 的觀點，在欣賞 ASL 時，是很重要的。例如，臉部表情提供發音，指出一個問題。當然，前面討論的眼與眉是臉部

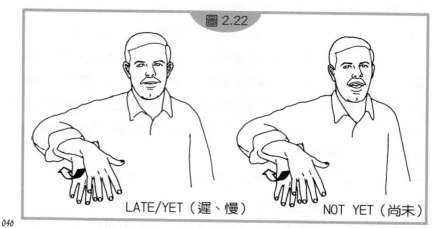

LATE/YET（遲、慢）　　NOT YET（尚未）

046

臉部表情增加一個手勢的重要文法訊息。

046 表情的要素之一；因此，臉部表情大大增進手語溝通的意義，使其更寬廣、敏銳。

　　這個 ASL 的要素，對一些不像本土聾人慣打手語的聽人而言，是很不利的。如果沒有經過特別的教導，他們可能就忽略了手勢所伴隨的臉部表情；或者更糟的是，他們可能將想要表達的意思詮釋錯誤。臉部表情的功能，很像口語中的腔調或抑揚頓挫。聾人看待那些打手語時面無表情的人，就好比聽人看待一個說話單調的人講話一樣。因此，ASL 的臉部表情就可對比於口頭語言的聲音轉變或轉調，而且還不止於此。

姿態

　　打手語者的身體增加了所打手勢訊息的意義。就如同我們注意到的，當我們要用 ASL 來問問題時，我們的身體會向前傾。這個期

待的姿態表示希望得到一個反應。同理,當打手語者身體向後傾時,可能代表反感或否定。要指出主詞的改變,一個人可向左或向右轉。打手語者可能轉向左邊時,說(他)提供我五百美金,然後,再轉向右邊,說(她)出價六百美金。打手語者在姿態上的轉變讓人看得很清楚,知道誰在做什麼事情;不必刻意打出他和她的代名詞。就好比打一個手勢如果沒有伴隨相關的表情,會令人覺得索然無味,更可能的是,打手語溝通時如果姿態一直保持僵直,就好像我們講話時單調平板一樣,雙方無法達到充分的溝通。

―將它們併在一起談―

047

為了需要,我們已經同時討論了手勢的各種層面。但是它們的真正影響,大多數發生於當各種不同的觀點都合併在一起時,最為有力。就以單一手勢現在(NOW)所延伸的可能性(圖2.23)為

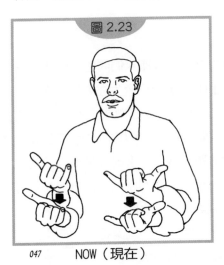

圖2.23

047　　NOW(現在)

例。這個手勢,如果以疑問的臉色來問,就成為:「你現在就要完成嗎?」如果這個手勢加上臉部表情——拱起的眉毛和直接的視線接觸,做出此手勢的雙手維持較久的時間,就成為一個得到回答或是一個命令。如果打手語者將頭微微向前傾向所指的對方,這個問話就改為:「你是說就是現在嗎?」如果這個問句是令人疑

心的（「你真的要現在嗎？」），打手語者就會加上懷疑的臉色，並把手語打得更慢一些。如果要指出一個直接的指令，打手語者要顯示更嚴格的表情，用穩定向下的手勢靠近胸部敲擊，配合噘起的嘴巴，皺起的眉頭，以及微縮的眼睛。這個手勢就成為：「現在立刻去做！」

—摘 要—

為了要完全了解手勢語信息的意圖，要理解對方手語的接受者必須專注看手勢的手形、方向、動作和方位；還有手勢所伴隨的臉部表情和身體姿態。此外，不管是口語或手語溝通，溝通的前後文意脈絡也增加了正確轉譯所涵蓋的信息。這些特質，都會影響和促成人們了解打 ASL 者想要打出的信息。

手語的緣起

在第一章裡，我們談到手語的歷史。這裡我們問些有關手語詞源學不同的歷史問題：一個特定手勢的起源是發生在哪裡？何時？它如何決定其手部動作的結構或型態？這些是激起人好奇心的問題，且缺乏正確的資訊就鼓勵謎題的產生。人類的本性不喜歡空白，有些人無法忍受無法解決的謎題。當然，事實就是很多手勢語都沒有書面的紀錄可考據其原始由來。它們的原始，被裹埋在無可考據的黑暗中。然而，當學生修手語課時，他們常會問到手語詞彙的來龍去脈。有一本手語字典幾乎為每個手語詞彙提供一個由來，字典的編纂者並未顯示他們所引用來源的出處；這些手語詞彙的呈

048

現，缺乏解釋或辯護；這些手勢通常是用畫的來表示。[14]

　　即使是本土打手語者，他們在講某個手語詞彙的由來時，也會說錯，但是只要是無害的練習，倒也無傷大雅。解釋手勢或字詞來源的詞源學，可作為一個記憶的輔助，而且這樣做，可能是有幫助的。但是如果每個手語詞彙都要找出畫的元素，就會使人混淆糊塗，在適當時機，反而無法將手勢的解釋類化。就以「仁慈」（KIND）的手勢來說，它的打法，是將左手手掌面朝前胸，然後打開的右手，一起畫圈。某人示意這個由來是：「就好像繞著手腕纏繞緞帶。」[15]對於一個今日的觀察者來說，描寫這個手勢動作的敘述好像還好，但是用此來解釋這個手語詞彙的來源，則幾乎是無法被接受的事。根本沒有紀錄支持這樣的術語。為什麼緞帶要綁手腕不綁頭部？為什麼不說這個手勢代表揉麵的動作？如此的猜疑，可能會干擾學生欣賞此手勢的完整意義：代表優雅、溫和，以及好心的意思。後者的概念和緞帶有相關嗎？並非如此。

　　找出任何語言字詞的起源，也出現很多困難。艾瑞克・帕崔局（Eric Partridge）深謀遠慮地注意到：「詞源學是一種科學，沒有人會反對這一點；但它也是一種藝術，很多人就無法認同此點了。」[16]一定要找到某個字的拉丁字根才說某人找到此字的起源，這樣只會拖延語言學的起源問題。那拉丁字又是從哪裡來的呢？在上述引言的同篇講稿裡，帕崔局做出一個適切的結論：

> 詞源學是一個危險的學科：因為等你達到一個知識的範圍以後，會發現另外一個如果不是更遠，就是相同遠的範圍。一個線索導向另一個線索；另一個線索又產生一個線

049

63

索；這個線索隨後再產生其他線索；這種無限的增加，從日到月到年；我們常須追溯他人的腳蹤。[17]

既然口頭語言千年記錄下來，但在呈現起源由來時，都有其困難，我們就可以理解，手語只在某段時間被粗糙記錄下來，因此，在探討其來源時，有其更大的困難度。

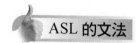 ASL 的文法

ASL，像所有的語言一樣，是有規則管理（rule governed）的。特別的規則支配手語與非手勢特質的連結，以便產生有意義的溝通。這些規則允許打手語者來傳達時態、複數、複合詞、否定與各種不同的句型（例如：敘述句、疑問句等）。

─ＡＳＬ空間的使用─

打手語者的手臂長度，決定了視覺空間或手語框框的界限。打手語者可用此空間來傳達不同的意義。例如，一個屬於私人訊息的手勢，可能打在小框框內，但若打手語者欲對觀眾強調某項事實，他會使用最大的框框。此外，空間可被用來指出所描述物體的相對尺寸（圖2.16）。

─分類詞─

在 ASL 中，分類詞（classifiers）代表特殊的位置及（或）某人、某事物的動作。打手語者使用分類詞來指出被描述的人或事的

動作。例如，一位青少年
描述他的車如何撞上樹
時，首先他拼出 CAR 來，
然後使用分類詞的手形車
（VEHICLE）來顯示車如
何行進，直到導致車禍的
動作（圖 2.24）。這個分
類詞車（VEHICLE）可以
被用來表示「車」（car）、
「公車」（bus）、「卡車」
（truck）、「船」（boat）
或其他任何形式的交通工

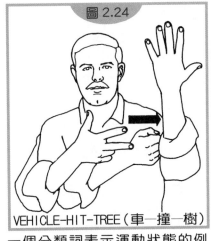

VEHICLE-HIT-TREE（車—撞—樹）

一個分類詞表示運動狀態的例
子：「車撞到了樹」。

050

具。[18]它也可以被移到任何方向，來指出上述討論那部車的動作。 050
分類詞也代表形狀、尺寸，以及其他人或物的特質。

代名詞

打手語者使用圍繞他們的空間來指明特定的人或事物。一旦此
人或物被命名時，打手語者指派他／它們一個特定的空間；例如，
在打手語者的右方或左方。然後，打手語者使用指物（pointing）的
手形來表示此人或此物。這相似於英語中的代名詞（pronouns）用
法。在打手語者的前方，是常被用來指你或我的地方。打手語者的
右方或左方常被用來指他、她或它。脈絡或前後文意會顯明此姿勢
的意義。[19]因此，當打手語者以眼注視著或用手指出一個位置時，
他／她是在指那個人或那個物。[20]

手語空間被用來指出主詞－動詞的關係。手語的方向指出行動的方向。「我給你」和「你給我」的差別，可以由「給」的手勢來區分。在前一句中，給的手勢，由打手語者的胸前出發，移動至被談及的對方。這個單一的給的手形與動作，涵蓋了整個片語。代名詞被融入「給」的手勢中。如果打手語者要表達「你給他」時，給的動作就由打手語者的前方（你）到打手語者的旁邊（表第三者，他）。這是代名詞化的高效率使用法[譯註5]。21

時 態

打手語者如何指出時間呢？在 ASL 中，空間也扮演了文法的功能。打手語者前方的空間代表未來；立即沿著打手語者的前方代表現在；在打手語者的後面代表過去。打手語者將手的動作推向前代表未來（圖2.23）。將此動作推得更遠，就代表更遠的未來[譯註6]。

過去式，由主手朝向打手語者背後的方向移動來表示過去的時態。如要顯示有段距離的過去，配合手向後的動作，加上適當的臉部表情，或是在手部移到後面時，同時擺動手指。圖 2.25 示範過去（PAST）、以前（AGO），以及很久以前（LONG-AGO）的一般手勢。在很久以前（LONG-AGO）的手勢中，要表示有距離的過去時，打手語者將嘴張開，打出弧狀的手勢，再加上手指的擺動。

ASL 的動詞通常不一定有曲折變化來代表時態（tense）。去的現在式（GO）、去的過去式（WENT）、去的未來式（WILL GO）在手語中，都是相同的一個手勢。如要指出時間，打手語者會

譯註5　台灣手語的動詞亦有如此現象，如：你問他、我幫你、他告訴我。
譯註6　台灣手語亦如此，如：現在、過去、未來。

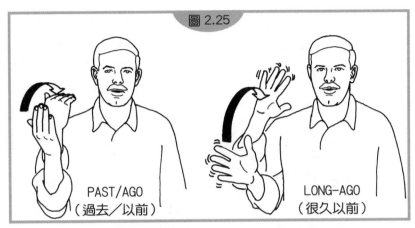

圖 2.25

PAST/AGO
（過去／以前）

LONG-AGO
（很久以前）

在 ASL，過去式是將手部往打手語者的背後移動
再加上適當的臉部表情。

051

在溝通一開始時，就提供一個信號。因此，時態只有在時間參考點 *052*
改變時，才被指出。這個安排，引起接受者注意和記憶，這點和英
語不同；在英語中，經常標示出動詞的時態。

　　時間也可以用完畢（FINISH）的手勢指出，表示一個動作的完
成。依靠上下文意脈絡，這個手勢片語吃完〔EAT FINISH
（ME）〕可以被翻譯為英語的「我吃過了」（I ate）、「我已經吃
了」（I have eaten），或「結束吃飯」（I finished eating）等。相
同地，情態（modals）也可以用來指出時間。ASL 片語：五點／我
們／吃／將（5:00 WE EAT WILL）應該被翻譯為：「我們將在五
點吃飯。」

　　一個活動或狀況的持續，可以用手語表示，不需要像英語一
樣，要求加上副詞組。打出飛／用／飛機（FLY-BY-PLANE）的手

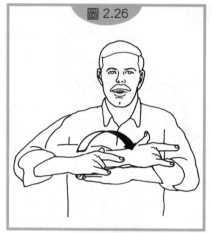

圖 2.26

052

FLY-BY-PLANE 的手語：
小弧形指出短短的飛行旅程。

語，用一個很慢、延長的動作，告訴觀察者，這個飛行是漫長的。如果這個手勢是短暫的一個弧形，配合鼓起的臉頰，就可以表示飛機橫跨大西洋或搭超音速噴射客機（圖2.26）。在一個州內的短途旅行，可簡短快速打出搭飛機（FLY-BY-PLANE）的手語，配合嘴部的可見口型 pop 或 pah 來表示。

─複 合 詞─

諸多語言聯合存在的語言要素，來創造新詞。複合詞（compounds）是一個擴大語言詞彙的有效方法。[22]當兩個獨特的詞或手勢結合在一起時，就形成了複合詞，帶有完全不同的意義。在英文的例子有：家庭作業（homework）與手冊（handbook）。ASL 的例子有：父母（MOTHER^FATHER）與丈夫（MAN^MARRY）與姊妹（GIRL^SAME）[譯註7]。

053

─表 達 數 目─

如前所述，ASL 的複數形式可以用手語來表達。將「男」

[譯註7] 台灣手語亦有此例，如：先生＝結婚＋男、導師＝老師＋負責等。

（MAN）的手勢打兩次，就變成「男」的複數（MEN）。另外一個區分單數與複數的方式是手語的程度。第三人稱單數手語是以手指出一個單一的點（spot）為代表。另一個指出複數的手段是將此名詞加上「很多」（MANY）的手勢。在此法的使用下，MANY 應被視為量化詞，不需要被譯為「很多」，而是有將一個單數名詞轉化為複數形式的功能。因此，手語片語 MANY PLANE 的正確意思是飛機（的複數）（planes）^{譯註8}。

─否定與肯定─

　　就像其他的語言一樣，ASL 有很多種方式來表示肯定或否定敘述。ASL 提供幾種機會來區分二者。打手語者可以用手語的方法加上伴隨的臉部表情與身體姿態，來表達思想的變化──由簡單的默認到有力的肯定（assertion）。前後點頭是普世性的肯定反應。ASL 也使用手勢，如：是（YES），好（OK），當　然（SURE），真的（TRUE），以及情態如：一定、將（WILL），能（CAN），將（SHALL）等來作正面的肯定。

圖 2.27

REFUSE（拒絕）

054

譯註8　台灣手語亦有此例，如：「處」的手語，重複打出，則表「處處」，很多地方的意思。

　　要表達否定時，是以搖頭的方式來表示。當你打手語「我幫助你」時，若同時搖頭，表示你並不想幫助對方。圖2.27是一個拒絕的手勢。雖然此詞代表「拒絕」（REFUSE）或「不要」（WON'T），但這是一種比較一般性的拒絕用法。它可以再加上其他的手勢來指出它們的對立面。例如，打手語者可以先用手語打出一個修辭性疑問句：我要去游泳嗎？（Will I go for a swim?）然後用不會（WON'T）的手勢來回答。上述的任何手勢，如果放在ASL句子的尾端時，就將這個表達否定了。

054 ―表 達 疑 問―

　　我們已經指出，眉、臉部表情及姿態如何能傳達疑問的方法。在英文中我們常使用以 what、where、why、how 等起頭的疑問句，或運用語調（intonation）來表示疑問。在ASL的疑問詞可出現在疑問句的開頭或結束。圖2.28的例子顯示此疑問詞放在疑問句的句尾處。這些手勢是：「女孩／那／住／哪裡」（GIRL THERE LIVE WHERE），翻成文字是：「那位女孩住哪裡？」（Where does that girl live?）我們要注意，當打手語者以視線指出「那」（that）時，就不應再打出「那」的手勢。

　　ASL的另一個特質是：有些疑問詞帶有更常見的意義。當打手語者打出句子「學校／哪裡」（SCHOOL WHERE）時，眼神注視被提及的對方，臉部表情與姿態指出疑問，意思就是「你在哪裡就學？」（Where do you go to school?）請再次注意，疑問詞出現在疑問句的末尾[譯註9]。

譯註9　台灣手語也有如此情形。

圖 2.28

GIRL（女孩） THERE（那裡） LIVE（住） WHERE（哪裡）

GIRL THERE LIVE WHERE 翻譯後成為：「那位小姐住在哪裡？」

055

－條件敘述－

偶發事件敘述（contingency statement）的用法，ASL與英語相同，都是將條件詞先放，再放結果。手語的次序見圖2.29。雖然只有一個手勢「雨」（RAIN），但臉部表情與打手語者的姿態表達緊張，在效果上說明更多的事將要來臨。接下來的手勢「留下」（STAY）以及打手語者提升的眉，指出這是個疑問句。這兩個手勢合在一起是在問：「如果下雨，你要留下來嗎？」（If it rains, will you stay?）這兩個手勢組成的手語句子，翻成英語卻要說六個字。此手語句的完整性，來自手勢本身提供的語言訊息、手勢的句法或次序，與非手部的信號所聯合組成的。

056

圖2.29

RAIN（雨）　　　STAY（留下）

056　　RAIN STAY 是個假設陳述的例子：「如果下雨，你要留下嗎？」

─手勢次序─

　　ASL 有很多有關字詞順序的規則，[23] 包括主詞－動詞－受詞（SVO）結構，如：我－給－你（I-GIVE-YOU）；或主詞－受詞－動詞（SOV）句型，如：男人－書－讀（MAN BOOK READ）（指：這個人在讀書）；甚或受詞－主詞－動詞（OSV）句型，如：車－狗－跳上它 （CAR DOG JUMP-ON-IT）（指：狗跳上車）。所選的句子結構，依賴不同的語言特質。受詞－主詞－動詞（OSV）句型的結構只見於曲折變化的動詞（inflected verbs）。在含有指出位置的分類詞的句子中，常見到受詞－主詞－動詞（OSV）的句型。

　　在「我喜歡不加糖的咖啡」（I like my coffee black）（圖 2.30）的敘述中，若依照手勢的詞序，是「咖啡／黑／喜歡／我」（COFFEE BLACK LIKE ME）。對初學 ASL 的人來說，如此的結構令人混淆，且心生挫折感。如此的反應，可經由下列方式避免──強調所有的語言都有自己的句法；而且，如果將一個語言文法正確的句子逐字轉譯（transliteration）為第二語言的時候，常會產生第二語言句型令人無法理解的現象[譯註10]。

　　過去有些作者提出精進的想法，就是：ASL 假設句法的規則僅只是為了方便，這些類型對意義而言不重要。[24] Carol Padden 就以一篇令人印象深刻的分析，來答覆說：ASL 的句型無疑地有其句法上

⁰⁵⁸

譯註10 我們的手語也有類似的情形：中文口語與台灣手語的對照如下：中文口語：他很小氣，不能借我錢。台灣手語：他／一毛不拔／錢→給我／不能。

057

圖 2.30

COFFEE（咖啡）　　　BLACK（黑）　　　LIKE（喜歡）　　　ME（我）

咖啡／黑／喜歡／我（「I like my coffee black」）（「我喜歡我的咖啡（我的咖啡不加糖和奶精）」）是個有關受詞─動詞─主詞（OVS）的詞序例子。

的必要性。[25] 她論文呈現的觀點是，如果要在 ASL 中尋找像英文的規則，那就是誤解 ASL 文法的錯誤認知重點。

一有關 ＡＳＬ 文法特質的結論一

ASL 是一個互動的語言，依賴打手語者與接受者的位置、他們的視線接觸、手勢空間的使用，以及由臉部表情與身體所傳送出的語言信號。這些特質加上其他如手勢的次序等，就產生了 ASL 的構音動力學（articulation dynamics）。努力希望學會流暢打出 ASL 的學生們，必須由英語中以聽覺－順序（auditory-sequential）為主的口語想法中，轉為發展以視覺－空間（visual-spatial）為主，以表達兩個或更多思考的想法。

在前面章節中，我們已經努力地描述 ASL 的文法，沒有完整的解釋它的細微差別，但提供充分的例子，來說明它是一種語言，和英語或其他的口頭語言不同。[26] 我們已經強調：一個 ASL 的適當描述，要注意手部以外的文法要素，包含於臉部表情、身體姿態，以及手勢的次序。

雖然 ASL 獨立於英語之外，但它的確分享英語的特質，例如共通的字母。經歷一段時間，ASL 可能要承受因為受到英語的影響而產生進一步的改變；就如同英語的姿勢也借自 ASL 的手勢，且將繼續借用 ASL 的手勢一樣。[27]

美國聾人社區的一個普遍打手語的形式，既非 ASL，也不是英語的手勢碼，它名叫「洋涇濱手勢英語」（Pidgin Sign English, PSE）。它使用 ASL 的手勢在詞序上，但不完全遵守英文的文法。在美國和加拿大，這種手語類型大多出現在聾人打手語給不是聾人

的聽人看時。由於洋涇濱手語發生在 ASL 的使用者和熟悉英語人士溝通時，因此又稱為「接觸手語」（contact signing），較少人用洋涇濱手語的名稱。其他的語言學家提醒：它可能是一種 ASL 的變種。有些研究者已經將各種不同類型的 PSE 和口頭英語的相似性來作比較。[28] 它們的設計，在連續線上，一端是 ASL，另一端是英語。手語的詞序愈像英語詞序，在連續線上就愈接近英語。在兩極之間的落點，端賴接觸手語或洋涇濱手語所涵蓋的手語詞彙的形式。

有關何者構成 ASL 的新思維，挑戰著連續線的論點。從 1950 年代第一個 ASL 的研究開始，一直到現在，語言學家很少認為，聾人所打的手語一定是 ASL。相反地，當聾人的手語打法很像英語的文法類型時，他們就爭論說，那不是真正的 ASL。他們認為，「真正的」ASL 的定義，是和英文不同的東西。有位聾人老師注意到：

> 有一個有關手語的不幸邊緣看法是，語言學家的分析焦點是不平衡的；雖然他們在其他方面給予很多令人驚異有關 ASL 的新資訊。所有蒐集到的語言學資料協助創造 ASL 傾斜的圖畫。這印象進一步的貢獻是引起了語言學者所描述對 ASL 的觀感和某些聾人自身對手語的看法間的對立分裂。語言學家已經把 ASL 的觀點放在一邊——ASL 看來好像是受到英語影響的。[29]

今天，一般已有共識：ASL 裡面，有很大範圍的句法變化；這就好像同樣一個概念，也有很多種手語的打法一樣。有些先前看來像英語的手語打法，如今已經被檢驗，被視為手語的另一種文法建

構。將 ASL 的語言學結構寬宏地加寬，使得今日的接觸手語在有朝一日，也能被視為 ASL 的一部分。這些持續的發展，有助於了解 ASL，也呼籲有更多相關的研究，來呈現它是什麼的完整圖畫。

　　已經有一些聾人建議，ASL 的術語，要用一個一般的觀念來含括聾人所用的各種手語類型。這個立場的理由是：「ASL 是一個縱括所有，能適應的語言；它依據所接觸的對方，也依據某人想要溝通的主題而定。」30 換句話說，溝通的需求，比某人固守於單一類型的手語打法還要重要。在一個視覺—空間媒介下的溝通選擇，的確是很大的。

　　我們知道，手語（sign languages）與口語（spoken languages）是有區別的，且各有不同的溝通領域。但它們不是完全不會互相影響的，它們的確一起來；當兩群人各自帶著不同的語言背景相遇時，兩種語言之一或二者，會產生自己語言的變化性。此現象在聾人與聽人聚在一起時可明顯看出。聽人傾向於將手語的行為配合其口語的詞序。而某些聾人要與聽人溝通時，會將其手語配合口語的文法次序。口語或手語對溝通所產生的影響有多大，端賴諸多的因素，如打手語的流利程度、使用口語或手語的慾望，以及聾人是否有意願對聽人打手語等。31

　　我們所提及的 ASL 的特質，也可在英國、丹麥、法國、愛爾蘭、瑞典、泰國及其他國家中，發現這些國家對手語進行語言的分析譯註11。32 由這些研究顯示，所有的手語都面臨相同的基本溝通關切點——傳達時間、數字、性別等概念——而且他們使用不同的策

譯註11 台灣也是如此。

略。它們都有文法，但文法並非完全相同[譯註12]。

[譯註12] 有關台灣手語的助動詞構詞結構，可參閱史文漢博士的論文：Smith, W. (1990). Evidence for auxiliaries in Taiwan Sign Language. In Susan Fischer & Patricia Siple (Eds.), *Theoretical Issues in Sign Language Research*. pp. 211-228. University of Chicago Press. 另外，可參閱國立中正大學的語言學研究所從事的台灣手語語言學之國科會研究專案。

註　解

1　威廉・史多基，他是第一個提供ASL語言分析的人，已提供手勢的三
　　種特質：dez（手形；指手部形狀）、sig（和手一起的動作）和tab
　　（手部相對於身體其餘部位的手部位置）。

2　為了解未來的細節，參見Fischer和Siple（1990），Klima和Bellugi
　　（1979），Lucas（1990），Sandler（1990），Stokoe（1978）和
　　Wilbur（1979）。

3　然而，英文在首音（initial sound）和全字的意義之間並沒有一致的連
　　結。例如，懂禮貌的（graceful）和優雅的（gracious）也帶有g-r的
　　音。

4　Baker and Cokely 1980。作者們提供一個曲折變化動詞的延伸清單。

5　如同手形一樣，帶有特別意義的位置辨識有很多的例外。然而，這個
　　基本的道理有助於學習打手語和欣賞手語的結構。

6　截至目前為止，我們專注於手語的手部產品，還沒有考慮到非手部的
　　信號。然而，舉例來說，失望（DISAPPOINTED）的手勢，會依據位
　　置（和動作）以及和身體的部位（肩膀下滑）和臉部表情描繪與失望
　　有關的上下文意而有不同的差異，例如自我表白（像：我很失望；我
　　可能失望）、詢問它（像：你失望嗎？）以及評論它（如：你將會失
　　望的）。

7　Battison 1978.

8　Frishberg 1976.

9　Woodward and DeSantis 1977.

10 Bellugi, Klima, and Siple 1975。這些作者發現在一個短期記憶實驗中，本身打ASL的聾人會在手勢產品相似的類型上產生錯誤，和本身說英語的使用者在口語產品相似的類型上產生錯誤一樣。聽人受試會在混淆字上產生音韻編碼的錯誤，例如投票／船（vote/boat）和茶／樹（tea/tree）。聾人受試會產生有關手形，如星期／很好（WEEK/NICE）、位置，如鳥／新聞（BIRD/NEWSPAPER）以及動作，如選舉／茶（VOTE/TEA）等方面聲韻的錯誤。

11 如要深入討論手語的地區性差異，參見Shroyer和Shroyer（1984）。例如，他們闡述二十個欺騙（CHEAT）這個手勢的變化，雖然他們冗長的列表並不完整。

12 Stokoe, Casterline, and Croneberg 1965, xxxi.

13 Sandler 1989, 198.

14 Riekehof 1978.

15 同上，73。

16 引自Crystal（1980, 81）。

17 Crystal 1980, 100.

18 Baker and Cokely 1980.

19 同上，287。

20 Lillo-Martin and Klima 1990.

21 Stokoe 1972。作者體認到「手語不像英語，通常包含主詞或受詞關係，或更少見的是兩者都有，隱藏在動詞手勢中」（71）。見Bake和Cokely（1980）；Humphries和Padden（1992）以及Wilbur（1979）。

22 Dyer 1976.

23 如要分析手勢語排序的爭議分析，參見Wilbur（1979）和Liddell

（1980）。

24　Crystal and Craig 1978.

25　Padden 1981.

26　這句話應該不要被解讀為拒絕任何 ASL 和英語之間的相似性。在 Stokoe, Casterline 和 Croneberg（1965）著作中，作者們指出：「手語和英語句法相像的一個方式在於助動詞的使用。」（283 頁）句法的差異——有些是極大的差異——然而仍存留這一點。ASL 是和英語有區隔的語言。

27　一位聾人棒球手，「笨蛋」霍依（"Dummy" Hoy），在十九世紀末，教導裁判員將右手揮棒敲擊左方球命名的協定；此相同的手勢用來代表「安全上壘」和「出局」。另外快速獲得聽人接受的手勢是我愛你（I-LOVE-YOU），它在 1976 年被吉米‧卡特用於競選總統期間；現在這個手勢很自然地被政客在公開場合中使用，不但是為了獲得選票，也是一種感謝支持者的標記。

28　Bornstein and Hamilton 1972, Stokoe, Casterline, and Croneberg 1965; Wilbur 1979.

29　Kuntze 1990, 76.

30　Bragg 1990, 9-10.

31　聾人通常和圈外人打手語時不使用 ASL，有部分原因是因為他們不相信非聾者能理解 ASL，另一方面也是因為和另一個人使用 ASL 就代表對那個人的接納，接納他為聾人社區的圈內人。因此之故，使用 ASL 是認同聾人文化的一種工具。隨著 ASL 課程在國內快速的擴增，有些聾人講師靠此擴增得以謀生；對非聾者使用 ASL 的態度可能將會受到挑戰。

32 Brito 1990, Corraza 1990, Deuchar 1981, Hanson 1980, Jepson 1991, Serpell and Mbewe 1990, Smith 1990, Veinberg 1993, and Yau 1990.

第三章　讓你的手指說話

使用手語字母，一個人可以用手指拼出任何英文字，不管這個 063
字多長或多複雜。手語字母就是一種編譯口頭語言的方式。每個英
文字母，都有一個對應的 ASL 手部結構。二十六個字母的手語圖參
見圖 3.1，這個圖看來是靜態的，但是讀者要看手形和動作，有些手
形用圖畫的方法表達，有些困難。注意有兩個字母是按字母寫法畫
的：字母 j 用小指描出；還有字母 z 用食指標出。

有關指拼的一些歷史注釋

指拼並不是近代的發明。有系統的使用手部來溝通的歷史，最
早可追溯至埃及人、希伯來人、希臘人與羅馬人。[1] 我們不是指使用
姿勢或手的信號。例如，羅馬人將拇指向上代表快樂，將拇指向下
表示不快樂，來表達對競技場內鬥爭者的感受。然而，我們更指以
手來做有系統又仔細的溝通。已經有位早期的作家，對此主題做出
解釋：前希臘時期各種不同的手形狀態，是用每個希臘字母標示，
或來自於其先驅。[2] 如果這種解釋看來充滿想像，想想偉大的雕刻家
丹尼爾‧雀斯得‧法蘭區（Daniel Chester French）可能已經使用了

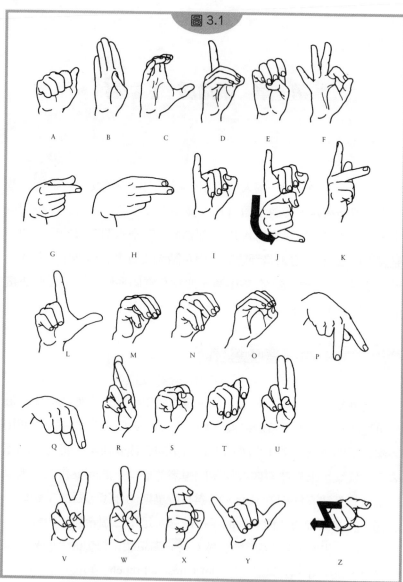

圖 3.1

ASL 字母（The American Manual Alphabet）

064

手語字母在他著名的亞伯拉罕・林肯的雕像上。如果你仔細的檢視林肯的手部，你會看到它的右手象徵手語字母 A，他的左手象徵手語字母 L。[3]法蘭區所雕塑的湯姆斯・高立德教愛麗斯・哥格史威爾手語字母 A 的雕像，得到很大的讚譽；看來他對手語字母有些了解。千年以來，有些歷史學家猜測林肯手的位置描繪出古代的手語，可能是正確的。難道猜測古希臘的雕刻不也是如此嗎？

065

　　毫無疑問有關手語溝通的證據，可在十七世紀的歷史學家凡尼瑞伯・貝德（Venerable Bede）的寫作中發現。[4]他描寫他所熟知的三種不同系統。從那天到現在，很多證據豐富了手語字母的使用。中世紀的僧侶們在做了沈默誓約以後，就學習用這些手語字母來溝通，他們也可能使用這些手語字母來讓他們的職位調動保密。

　　偶爾，有些古代的字母，從今日現代字母的指拼眼光來看，似乎很遙遠。在早期義大利手語字母的形式來說，字母是以指向身體各部的方式來表示（A—大拇指，E—戴戒指的無名指等等）。英國使用兩手打出的手語字母仍然使用手指尖來代表母音字母，現在用右手放在左手的掌心來打出子音字母。其他的變化是，使用左手的部位來顯示每個字母來。

　　第一位使用指拼來教育聾生的人身分不詳。通常可考的第一位是西班牙的牧師朱安・帕波羅・伯納特，因為他寫了第一本教育聾童的書 *Reducción de las Letras y arte para Enseñar a Hablar los Mudos*。這本書包含單手的字母圖表。雷斐將它改編為法國語言，然後經由科雷克和高立德的傳遞，傳至美國。這些字母手勢是伯納特發明的嗎？他並沒有說；反而討論其他的溝通變通法，包括使用身體部位的拉丁命名：a—auris（ears，耳朵），b—barba（beard

or chin，鬍子／下巴），c—caput（head，頭）。看來伯納特並未
發明指拼。他只是將當時已存在的單手字母改良，以符合自己的目
的。聾人長久以來使用手來標示英文字母（letters）；雖然他們並沒
有記錄自己的手勢語，但不能因此減損這個假定。

　　由於出版了手勢字母，伯納特的確影響全世界的手語指拼。很
多的指拼和伯納特所畫的指拼圖類似。例如，希伯來人與日本人的
指拼，就和伯納特的指拼圖示相似。

066　　為什麼英國人選擇雙手而不是單手來指拼，我們並不清楚。西
元 1644 年，英國的物理學家約翰・波爾（John Bulwer）出版了一
本描述一對聾夫婦所使用的溝通方法——以雙手形成字母的書。波
爾後期的書，在 1648 年出版，敘述六個其他的手語字母，所以英國
人有充分的選擇。蘇格蘭的教育家和哲學家喬治・達加諾（George
Dalgarno），在 1661 年寫了一本書 *Ars Signorum, Vulgo Character
Universalis philosophica et Lingua*。在那本專著中，一個雙手的字母
顯示，在右手的食指指出母音，右手的大拇指指出子音。達加諾之
後建議用一個印上字母位置的手套來教字母系統。[5]這個手套用來加
速指拼發展，其在時間上早於德克斯特（Dexter）之前三個世紀；
德克斯特是一種電腦化的手套，可以對輸入的字做出指拼的反應。
這種電子設備，被設計來讓盲啞人之間和不懂手語人之間的溝通。

　　英格蘭後來的書籍，也有雙手字母的特色。《手指語言》（*Dig-
iti Lingua*）這本書在 1698 年出版，提供「有關無聲會話的最簡明、
翔實豐富、清楚易懂和祕密的方法，這是人們還不曾發現的。它顯示
兩個人之間如何能在半小時內，一起用他們的手指來對談，不管在白
天，或是在晚上」。因為這個匿名作者表示他／她的身分是「一個沒

有其他智慧、單以手指溝通了九年的人」；無疑地，這位作者是位聾人。在那兒所推薦的字母，和今天英文的手語字母是很像的。

在空中指拼

看到手語字母在書頁上的靜態位置，可能會引起嚴重的誤解：你總是一次讀一個字母。在實務上，並非如此。通常你不會傾聽一個口語字的單獨音素；例如，當你聽時，你聽到的是 "cat" 而不是 "k/æ/t"。同樣一個標記，當你觀察指拼時，你看到的是字或思考單位。如果你真的看到指拼是一系列的獨立字母，你的記憶將會負荷過重。想像你試著去用指拼來打出下列的一句話（請把糖和奶油遞給我）：

"p-l-e-a-s-e-p-a-s-s-t-h-e-s-u-g-a-r-a-n-d-c-r-e-a-m!"

當要連續指拼出幾個字詞時，有經驗的指拼者會在每一個字詞間停頓一下。此停頓是很細微的，就像言語中的停頓般，但對溝通而言，卻是很重要的。有經驗的指拼者也會將字母組成有意義的單位或類型。這些單位被體認出，也因此加速讀指拼者的速度。例如，在指拼者快速打出 translation 的/t-i-o-n/單位時，每個字母不能很清楚地被識別，但是，讀指拼者可以藉由前後文意／脈絡，來看出整體的意義。

在指拼時，最先和最後的字母要稍微比內部的字母長一些。這樣可大大協助讀指拼者了解字詞何時開始，何時結束。很重要的是，打指拼的人，要以一致的速率來打指拼，好讓讀者了解何時停

067

頓，並區辨字首與字尾。如果指拼者有個不平穩的風格，閱讀就顯得很困難，就好像我們要聽節奏不規則的口語一樣。大部分的人會變換他們指拼的速度，來配合他們所要表達的重點。強調、情感、諷刺等因素，可以被融入指拼之中。

對打大部分的 ASL 字母而言，指拼者的手掌會以輕微的角度面對讀者。指拼者的手臂不可以放任地到處移動，逼使讀者尋找下個字母。指拼的動作範圍，只局限於手與腕部，不包括手臂。為了穩定手部，有經驗的指拼者的手部空間相對性的較窄小。指拼不像印刷體由空間移至空間，指拼會停留在一個地方，但也有例外。有些聾人在打大寫字母指拼時，會在大寫字母間停留水平的短距，一個個拼出。當一個詞以雙重字母結束時，通常會將最後的字母拉至邊邊。當要打出縮寫時，常維持相同字母的手形，同時手部會做一個小小的圓圈。

指拼可以用任一手為之。大部分的人以主導手來指拼，有時人們會為了要換花樣，或因長時指拼疲累而換至另一隻手指拼。如果要強調某一個重點，我們可以用雙手指拼出相同的字母，但只有很少使用之下才有效。

指拼者不能忘記手語的其他觀點。指拼像手語一樣，要伴隨配合信息的臉部表情與適當的身體姿勢。如果要拼出問句，就要善用臉部表情與身體姿勢。其他的表情和姿態，都可以用來增加形容詞或副詞的修飾意義，而不是用手指拼出這些特質[譯註1]。6

068

譯註1　台灣的指拼，可分為空中書寫出的中國字形指拼，或是指注音符號指拼，即陳彩屏女士所創的國語口手語。空書的中國字，只限於簡單的字形；而國語口手語只要會三十七個音素及聲調的打法，即可打出。但國語口手語的注音符號指拼，在使用時鼓勵使用者同時說出對應的音，類似英文的羅徹斯特法。

─個 別 差 異─

我們要了解每個人的手形不同。就像說話一樣，一個人打出字母方式的差異，依據其手的大小、靈敏度、如何習得指拼等因素有關。就像口語的重音差異會造成他人理解的問題，有些人的指拼和他人不同，也會使學生迷惑，就好像口語中不同的腔調會產生理解的困難一樣。但只要慢慢累積經驗，學生就會忽略指拼的個別差異，正確地辨識字母了。

─何 時 指 拼─

要繼續討論指拼之前，討論何時指拼的注意事項，按順序說出。聾人通常限制指拼，只用它來指適當的名字。即使那時，當你讀到第七章時，聾人指派手語名字給人、事物，以及他們常常提到的事件。雖然所指拼的字詞被分裂為單位，以加速讀者對指拼的理解，但讀者讀幾個字詞後就會疲累。因此，雖然指拼是很有價值（invaluable）的工具，但是聾人只是偶爾使用指拼而已[譯註2]（前述的例外，可看下面有關羅徹斯特法的討論）。

譯註2　台灣的國語口手語，幾乎鮮少聾人使用，大部分聾人採空書字形，但也是偶爾為之。據邢敏華（1995）的研究，啟聰學校中只有國小低年級的教師與學生使用此法，少數國中部教師在打不出某些尚未發明的手語詞彙時，也會以國語口手語來代替變通，但最好再板書一次，以免學生猜測許久（因為國語中有很多同音異義字）。而英文的指拼，在啟聰學校中學部卻是師生必備的工具。由於英文老師不會美國手語，所以在教英語生詞時，師生用英文字母指拼法拼出英文字。

─學習指拼─

　　有些手語老師認為學生要在學會一些基本詞彙以後，才能學習指拼。有些老師甚至認為不用教學生指拼，學生在學手勢時，自己學指拼就可以了。由於手語融合很多指拼字母的手形，此過程看似合理。而在大學的初級手語課中，教師可能發現有些學生已經會一些指拼了。他們可能是在男童子軍或女童子軍訓練中，或是在高中時的手語課或手語社中學會，或是向聽障的同班同學習得。但也有的手語教師認為指拼應該及早被學生學會，這樣一來，聽人至少會使用指拼，就可以和聾人之間有更多的會話機會。[7]很明顯地，這種事情要靠在某個安置下相關聽障學生的老師來解決處理。

　　要記住二十六個英文字母的指拼，通常至少要花費半小時至一小時。然而要學習使用它們，卻需要更長的時間。就像任何體力活動一樣，指拼需要更多的練習，才能熟練。練習指拼的一個方法是對著鏡子練習。這樣，你可以從中觀察自己指拼給別人看的模樣，同時也可以自己讀指拼。但你也同時需要有一位教師來提供校正的回饋，因為如果指拼沒人指導而愈練習愈錯誤的話，比根本不練習的人還糟。

─讀指拼─

　　大部分的學生發現他們很快就學會了打出指拼的能力，但卻沒有讀指拼的能力。的確，有些人承認他們無法流利地閱讀指拼。他們可能是對的。就好像學習摩斯碼一樣，表達（打出指拼）可以很快，但接受（讀指拼）卻是很慢。經由教師的協助，你可以減少學

習的時間，此外，做些特殊的練習（例如：先學會看字母，再學會看音節；或看指拼的練習錄影帶或光碟），在學會看字詞指拼時會有幫助。[8]

在閱讀指拼時，就好像在傾聽說話一樣，讀指拼者藉由觀看類型及將其歸類於一系列混合字母的動作而愈來愈熟練。如果你觀看某人打出 cup（杯子）的指拼時，你幾乎看不到 u 字母，因為速度很快。如果你來指拼 cap（帽子）時，你會發現 u 和 a 的指拼是可以區辨的。當其他暗示都失敗時，就只有靠前後脈絡來提供答案。大部分人會把咖啡放在杯子裡而不是帽子裡，更不會放在他們的頭裡面。

還有另外一個因素是你要閱讀指拼的對方（指拼者）的技巧。了解對方指拼技巧笨拙時，你就不會不好意思地要求指拼者一直重複他所指拼的字直到你了解為止。虛張聲勢無法改善你的指拼閱讀能力。相反地，猜測是讓你繼續向前，理解對方指拼的重要方法；你可以評量你猜測的正確性。

━縮 短 指 拼━

若要指出單一的字母，例如在縮寫字母時，指拼者通常會在他們形成單一字母的指拼時，手部同時畫個小圈圈。例如圖 3.2 顯示五個字母形成的有趣遊戲。很多聾生喜歡這種字母－字詞遊戲。很多聾人喜歡這些字母拼字（letter-word）的遊戲；此遊戲依據字母聲音和所指的字的發音方法而定。這是為什麼你會看到有些聾生拼字時分開打出「你可愛！」（C-U）

另外一個例子是 I-L-Y 時手要同時做小圓圈的移動（圖 3.3）。

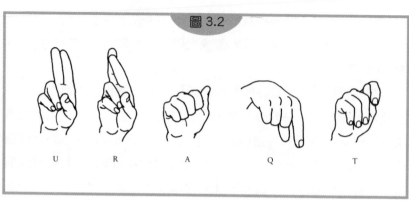

U　　R　　A　　Q　　T

070 U-R-A-Q-T（「You are a cutie.」）（指拼：「你是小可愛。」）

這個組合的原始意義是指「我愛你」（I love you），它流行於聽人與聾人間。在政治集會時，常看到政治人物使用這個手勢。經過許多年，這個手勢的意義已被改變為：「我喜歡你」（I like you），因為此意義能更實際地延伸至諸多情境中。

071 —以手指數數的指拼—

我愛你（I love you）的手勢是同時打出三個字母 I-L-Y。　*070*

用手指頭來數數目，如果你用單手數到五，或用雙手數到十，看來似乎很簡單。單手的手語字母並不限於你能表達多大的數目；你可以數到百萬、億或更高。為了便於清楚

圖 3.4

1　2　3　4　5

6　7　8　9　10

ASL 字母 1-10

與表達無限大的數目，指拼採用和你猜測的方法不同的一套稍微不同的約定俗成符號。

　　一到十　指拼使用圖3.4的形狀來表達最先的十個數字。注意三的打法與我們常見一般人的手勢不同；否則會和六的指拼混淆。打最先的五個數字，你要將手心面向自己，做出所要數字的手指形狀。之後，你將手心向外，以碰拇指的方式，依序由小指、無名指、中指、食指等指出六、七、八、九。十的指拼是將拇指舉起，並予以輕輕搖動^{譯註3}。

　　十一及以後　十一到十五的指拼，是用面對身體的手掌打出。

譯註3　中文的數字手勢與英文指拼不同。

十六到十九是手掌面對觀眾打出。十二的數字打法是將拇指與拇指下的食指同時輕彈。十三是將拇指延伸，並將食指和中指上下擺動。十四的形成是除了拇指以外，將所有的手指上下擺動。十五和十四的動作相同，但拇指向外延伸。十六到十九的數字都先由十（延伸的拇指）開始，之後立刻打出數字六、七、八或九來。此邏輯繼續其餘的數字，雖然有些變化，直到一百為止。這是高度一致的系統，因此很容易學習。

那一百如何打呢？拉丁字母 C 代表一百，M 代表一千。打出 C 的字母後，將手抽回，再打出三十五，就變成了一百三十五。在非主導手的手掌中央打出二之後再打出 M 就代表二千。從此邏輯我們可以輕易打出一百萬（重複打出 M 於對掌內），以及更大的數目。

美國和加拿大指拼數目的方式有些差異，就如同某些手語有地區性的差異一樣。[9] 其他國家也有自己獨有的數目指拼。圖 3.5 顯示巴西和紐西蘭從六到九數目的指拼，以供參考。

指拼的慣例／習俗

有些語言的規約已融入指拼中，允許較平順的傳輸，與較容易的數字理解。第一、第二到第九的數字順序顯示方法，首先是先打出數字一，再將手彎曲向內，同時輕微將它上提。

要打出金錢數字的指拼時，你先打出數字，手掌離開身體，然後手腕往下，向外轉動。如要表達幾分錢，你用食指碰觸前額後，再打出錢的數目指拼。

時間的指示法，是先以被動手／副手的食指來接觸手腕，再打

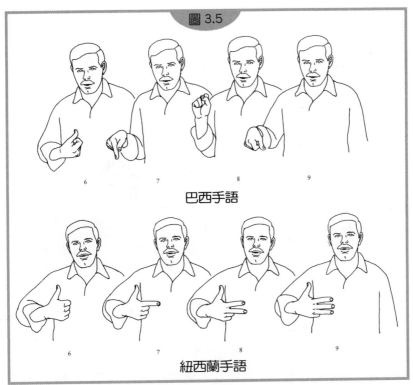

圖 3.5

6　　　　7　　　　8　　　　9

巴西手語

6　　　　7　　　　8　　　　9

紐西蘭手語

手語數字，像手語字母，各國手語間不同的打法。

出時與分。圖 3.6 指出七點鐘的時間。

　　如果要打出年齡，指拼的規約和時間打法類似。首先打出年齡，之後手離開身體，打出適當的年齡數目。其他有打電話、住址等指拼的慣例。這些都加深了我們對善用視覺－空間媒介的手語欣賞。

─保持祕密─

　　手語字母已被宗教教團使用很多世紀；他們的成員都採取沈默的宣誓。[10] 也有一些年輕人經由童子軍或聾父母中學到了指拼，他們把指拼用在不准講話的場合中。他們在操場對面，或在班級內互相使用指拼。分離兩地傳達訊息，在眾目睽睽下很有吸引力，但想保持祕密的指拼者必須確定可能看到指拼的人不了解所用字母的意義代表什麼意思。在相當的距離內，指拼是容易被辨認的。

7:00（時間＋7）

時間的表達，首先打出時間的手勢，之後再打時和分。　073

　　要保持指拼祕密性的一個方法是不讓任何人看到，只讓所欲的接受者看到所打的字母。甚至有人會再轉換為英國式的雙手指拼法，此法讓表達者使用接受者的手為被動的手。由於有經驗的接受者能經由觸摸讀到字母，雙手就能完全不被人看見。有位聾夫婦在人群中使用此法，局外人看來，只見到這對夫婦似乎只是在手牽手而已。

─詞彙之借用─

　　羅賓・巴提森（Robbin Battison）的研究指出，指拼對 ASL 的詞彙具有很大的影響力。[11] 他研究詞彙的借用（lexical borrowings），亦即一個語言對另一個語言的影響。他發現目前所使用的手勢形式中，有幾個是指拼字的縮減形態。有幾個常用的指拼字已被修正到如今代表一個手勢。有幾個常用的雙詞字，如：if、oh、OK、or，可看出它們指拼的本質。另一個例子是 job。原來的 J-O-B 現在看來像 J-B（圖 3.7）。如今的手語只帶有一點指拼的起源。

圖 3.7

J-B（「job」）的手勢，是表示詞彙借用的例子。

075

　　從指拼字，到用手語表示，有時包含的，比簡化指拼到一個手部動作的簡化版本更多。有些詞彙的借用已經改變其意義了。有個流行的手勢表達是重複打出字母 d-o，手掌方向面對打手語者，臉上帶著疑問的臉色。在 ASL 中，*075* 它的意思是：「我們現在做什麼？」（What do we do now?）可運用在一群青少年圍坐，他們的手上有大量的時間，某人可能忽然打出這個手勢，激起這個團體去行動。

　　在美國和加拿大，指拼和 ASL 在實務使用時，二者是不可分離的。很少聾人只打手語或只用指拼法。指拼和手語的結合，產生具有魅力的變化，再也不是各自使用時的表面意義。要打開他們完整的意義，需要做仔細的研究。有一位研究者發現他的 ASL 話語資料提供者有時候會不明白某些手勢是最近從指拼演化而來的起源。他們提供有關手勢的進化，貌似可信卻不正確的解釋。他採被借用的

圖 3.8

076

bread（麵包）的手勢，是另一個詞彙借用的例子。R-E-A 的字母被省掉了，只剩下 B-D。

手勢麵包（bread）（圖 3.8）來舉例說明。此手勢看來像五和八，重複兩次或多次。當問及這個手勢的來源時，有些提供資訊的年輕打手語聾人回答說，他們認為這是來自捏的動作，測試麵包的新鮮度。他們依靠圖像的解釋，和詞源變化學無法配合。[12] 仔細的分析指出，這個手勢源自將 B-R-E-A-D 去掉 R-E-A 後的指拼。這個軼事，對那些企圖揣測手語手勢來源的人，提出一個警告。這些人典型地尋求具體的解釋，是不正確的，過度強調了 ASL 的視象性本質（iconic nature）。[13]

―可讀性―

　　指拼能被投射至多遠？研究顯示指拼的可讀性（legibility）最
076 長可達三百呎遠。對熟悉讀指拼的人來說，可輕易在七十五呎的範圍內接收。[14] 顯而易見地，使用指拼，就不用向對方喊叫了。在遠距之處，需要放慢指拼的速度，以使對方依然得以理解。對聽人而言，指拼可用於吵雜的環境，或雙方距離很遠又須溝通但發聲又會疲累的狀況。兩相比較，在有距離的狀況下，手語的可讀性當然又

比指拼好多了。

　　請讀者不要被愚弄，以為只要自己會指拼，就能讓每個知道ASL的聾人看懂意思。很多聾人是又會ASL又會英語的雙語者；而英文是他們的第二語言。就好像其他的雙語人士一樣，他們對英語的熟練度有很大的差異。雖然聾人又會ASL又會指拼者中，有些人可以理解英文語詞的指拼形式，但有些人就不行了。對以指拼方式呈現的語言之知識掌握，是聾人能否理解其意義的限制因素。

　　以手操作的指拼英文字母，具有優於手語的一些獨特優點。首先就潛在性而言，它們比手語更為私密。當一個人在對方的手掌上指拼時，他人幾乎無法察覺，因此雙方可以繼續對談溝通。晚上也可以指拼，因此可以作為盲聾者的溝通工具。有些人把自己的手放入指拼者的手裡，來閱讀單手字母。有些人可以閱讀雙手指拼，方法是指拼者把盲聾朋友的手取代為自己的被動手來指拼。[15]

世界各國的指拼

　　就好像手語一樣，指拼英文字母並不是全球性的。每種手語都有自己的字母，雖然有些國家的字母似乎有共同的根源。[16] 不同國家的字母指拼請參見附錄B。讀者可以發現世界各國手勢化字母之間有相異和相似性。雖然日本語和英語各有不同的書寫體／字形，但日本手語和ASL的字母手形有些卻是很類似的。注意有些字母系統是單手的，很像ASL；有些字母系統是雙手的，較少數是混合單手和雙手的手勢。有一些手語，像是阿根廷的字母系統，他們也運用身體的部分來彰顯特定的字母，很多像是早期僧侶使用的無聲規

條案例。

　　手語化的字母經由模仿口語的字母而來。如果口語有複雜的語音，那麼相對應的字母指拼就會傾向複雜些。例如泰國的字母指拼就是個例子；其指拼企圖表達泰國聲調語言的聲韻學錯綜複雜之處。

> 泰國的手語字母系統根據美國的字母系統而來，他們儘可能用美國指拼的手形來打出相同聲音的字母。他們使用雙手來指拼。右手包含四十四個子音和七個母音；左手手掌用來作為其他的母音和四聲。右手的食指必須指向左手手掌要求的位置。如果要標出聲調，就要指在四個手指的指尖上。這些結合，形成了有特色的二十一個母音。[17]

　　學習其他國家的字母系統，當然和學習這個國家的語言（不管是口語或手語）是不同的。如要用手指拼出和了解德國的指拼，你必須知道要如何讀和寫德國語言。你對於手語字母的知識，可以協助你正確地拼出德語字，但是它不會顯示其意義讓你了解。

　　如同所證明的，德國的手語字母系統和 ASL 的手形非常近似。在愛爾蘭，聾人使用單手的字母表，很像美國人所使用的。事實上，愛爾蘭和美國的字母系統具有相同的國家來源——法國。法國的手語字母系統依次排序，是受到西班牙所影響的。俄國的手語字母系統和法國的手語字母系統分享一些相似性，但是它擴大來代表增加古斯拉夫語字母系統表的字母。相同的說法不能用於英國的指拼，因為英國聾人使用雙手的手語字母系統。澳洲、紐西蘭、蘇格蘭和南斯拉夫也使用雙手的字母系統。在使用單手拼字的國家中，

他們和 ASL 字母系統的主要差別是：有些國家使用更大或更小的字
母系統來作為他們的口頭語言，例如：波蘭、俄國、菲律賓、日本
和泰國。

　　有些國家可能也有多過一種的指拼字母系統。例如，阿根廷，
在那兒有一種字母系統須碰觸身體來表示某些字母，但是另一種字
母系統就不是這樣。早期版本的義大利手語字母系統也是指著身體
的部位來標示不同的字母。圖 3.9 顯示名字 Ruzio 的一些字母指拼。[18]
如圖所示，在老式的字母系統中，要指拼一個名字，需要碰觸身體
半打的部位。有些手語字母系統，必須伴隨對應口語的語音，但是
ASL 的手語字母並不適用這種情形。[19]

　　近年來，有些沒有書面字母的國家，像泰國和中國，已經發展
一種指拼來代表口頭語言。在台灣和香港，打手語的聾人，逐字地
「空中描出文字」（空書）。[20]

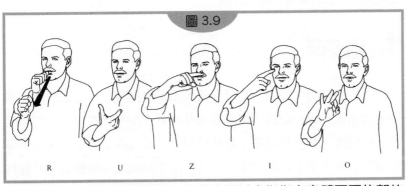

圖 3.9

R　　U　　Z　　I　　O

義大利手語字母系統的舊版，有些字母以食指指向身體不同的部位
來表達。

078

─國際手語字母─

世界聾人聯盟（World Federation of the Deaf, WFD）改編了一套國際手語字母（International Manual Alphabet, IMA）在國際會議中使用。除了 f 與 t 的指拼與 ASL 字母稍微不同外，其他都和 ASL 字母系統相同（圖 3.10）。國際手語字母的字母 t 的手形為何和美國不同的主要理由是 ASL 字母 t 的結構，在歐洲國家看來是模糊的手勢。它的意思，和在北美文化中，把中指舉起的意義相同。以這相同的標記而言，ASL 並不使用延伸的中指，但在葡萄牙的手語字母中，是用來加強 a 的字母。世界聾人聯盟也體認到其他手形和動作的禁忌。

080

澳洲、巴西、哥斯大黎加、丹麥、芬蘭、德國、香港、象牙海岸、利比亞、墨西哥、奈及利亞、新加坡、西班牙、瑞典、台灣，以及可能還有一些國家，他們的指拼手語字母和 ASL 類似的事實，促成 WFD 達到妥協，解決分歧。

使用指拼

指拼的緊密反映口頭語言，使人由邏輯推理，覺得它似應被選為手勢溝通的第一選擇。但事實並非如此。指拼有些捷徑，如縮寫等，但指拼在會話應用中，非常繁瑣。一般人說話的平均速度是每分鐘二百五十字。在此速率下，清晰度不是問題。但若要每分鐘打出兩百個字母（大約五十個字），不但指拼者產生疲累，其清晰度對接受者而言，也大為降低。雖然如此，在聾教育上，確實有人嘗

圖 3.10

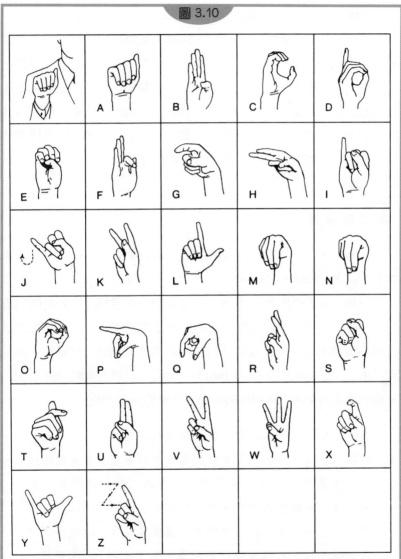

國際手語字母（The International Manual Alphabet）
摘自 S. J. Carmel (ed.), *International Hand Alphabet Charts* (1982): 87. n. p.:
Simon J. Carmel。

試以指拼溝通（見下面的羅徹斯特法討論）。

　　一個更細緻的觀點有時未被人注意。英語是口說的語言，它適應耳朵聽的需要。要用手部來表達英語，對聾人來講，不一定會更有吸引力。ASL 是源於視覺的語言──一種給眼睛看的語言。ASL 和英語之間的句法差異，和它們二者間由不同的系統來執行時有其基礎的區別有關。就如同我們第一章所討論的，更多存留在學習這兩個有距離的感官──視覺和聽覺，如何在其他感官沒有機能時，執行工作。

羅徹斯特法

　　在 1878 年時，傑納司・衛斯特威（Zenas Westervelt）引入羅徹斯特法（Rochester Method），作為一個聾童教育的兩大戰爭（「口語」對「口語加上手語」）之間的一個妥協。[21] 他是個倡導口語派的人（立場是口語應該是教導聾童的基礎），但他體認讀話含糊不清的本質，所以就尋求用指拼的方式來輔助。無疑地，他受到貝爾（Alexander Graham Bell）的影響；貝爾在當時已經是個口語派的擁護者；他支持指拼的使用。貝爾倡導下列的方法：

> 我會讓學生在一入學時，就採用口語法來教育他，直到他們離開學校；但是我不會對天生就聾的聾童，在早期階段中對他施以口語作為溝通工具，因為他們的眼睛無法看清，而且需要對語言的知識，來解開含混不清的地方。在這種情況下，我會讓老師教導聾童書寫語言。我也不認為手部語言和書寫語言有什麼差異，除了一點──它更好，

而且更迅速。[22]

　　衛斯特威當時是羅徹斯特（位於紐約州）啟聰學校的負責人（superintendent）。他將這個方法付諸於完整的實驗。他鼓吹將口語和指拼同時合併使用，並讓校內的師生使用此法於教學實務上。雖然有報導指出此法獲得莫大成功，但自從他於1912年死後，此法逐漸沒落。此法雖經時間演變，一直在修改，但它單調冗長，是此法無法流行的部分原因之一。今日在實務上，此法已無人倡導。[23]原來使用此法，因此法而命名溝通法的羅徹斯特啟聰學校，今日也不再使用這個方法[譯註4]。

譯註4　台灣的國語口手語，是一種注音符號指拼，同時邊比邊配合口語，有點類似英文的羅徹斯特法。國語口手語只被使用於啟聰學校的低年級，用來教聽障生注音符號，但並不是每個啟聰學校都使用此法。

註　解

1　Romeo 1978.

2　Kendon 1975.

3　在公正性裡，我們必須承認管理者不贊同「林肯的手的故事」，他認為那是一個吸引人的神話，將此神話轉介到派卡德（Packard 1965）的第一作者。派卡德做結論說，A 的手形是從模特兒手握著掃柄而來。但有關的 L 手形，派卡德沒有令人信服的解釋。那個法蘭區了解美國的手部字母系統是毋庸置疑的。有關的爭論必須止息，因為這個故事真相僅有的無可爭論之權威──法蘭區過世了。

4　Romeo 1978.

5　Woll, Kyle, and Deuchar 1981.

6　為了呈現的方便，我們把指拼和手語在文內加以區分。然而，手語的學生現在把手部字母系統的字母視為手勢，把指拼視為打特殊形式的手語打法。

7　Hoemann（1978）與 Baker 和 Cokely（1980）建議抑制指拼的使用，直到手語教學進行的很好時才能介入指拼。

8　Guillory 1966，作者準備了一個自習指引，來加速學習閱讀指拼。這些課文由讀字母精進到看音節，然後到理解整個字。此書如果能配合教師講授可能更有成效。

9　更複雜的事情是，加拿大是雙語的國家；由於如此，它有兩套的手語：ASL 給說英語的聾人以及魁北克手語（LSQ）給說法語的聾人市民。LSQ 有自己的字彙和文法，其觀點和 ASL 又有所不同。

10　Abernathy 1959.

11　Battison 1978.

12　Battison（1978）如何發現手勢不同的起源呢？尤其是當某些聾人的
　　打手語者本身就有不同的解釋？他的過程有點複雜，但他們主要是靠
　　著詢問提供本土語資訊者的獨立判斷。這些資料再經過仔細的分析直
　　到達成更清楚的共識。他利用歷史記錄來支持他的解釋。當大群的手
　　勢用這種方式分析完以後，就有令人印象深刻的結果，帶著規律一致
　　的形態出現。這個系統的本質，證明他們求效度的主張——他單獨的
　　解釋無法成事的一種主張。

13　如要看最近對 ASL 視象性（iconicity）的討論，參見 Stokoe（1993）
　　論文。

14　Caccamise and Blasdell 1978。一個有趣的比較是和讀話有關。對那些
　　視力正常的人來講，讀話成績持續穩定，直到大約二十到二十四英尺
　　（Berger, 1972）。因此，當距離是個操弄變項時，指拼比讀話更易
　　讀：在三倍或更多倍的距離之遠處，我們仍能清楚看到對方的指拼。

15　一個方法和工具，用來針對盲聾者溝通的精細呈現，可見 Kates 和
　　Schein（1980）。

16　Carmel 1982.

17　Carmel 1982, 74.

18　此解釋取自早期義大利的指拼化字母系統（Carmel 1982）。

19　Padden and Humphries 1998, 120。作者討論在世界不同地區的聾人使
　　用不同的方式溝通，但他們確保所呈現的信息能清楚為對方所接收：
　　「義大利聾人也使用手勢化的語言，但是他們比美國聾人更常使用唇
　　語（mouthing）和讀話。他們在提到人名、地名和其他借來的義大利

詞彙時，就會使用唇語；而美國聲人不是將英文字用手指拼出來，就是把那些字翻譯為手勢語。依據義大利的聲人觀察，美國聲人『幾乎很少移動他們的嘴唇』或是『快速地指拼』。丹麥的聲人使用能消除母音和子音唇語間含糊意義的一種手部系統來代表丹麥字詞。此系統和手語文化一起沿用。」我們觀察到紐西蘭的聲人也極依賴唇語字，但是他們使用雙手字母系統，用手指拼出字的第一個字母。

20　Padden 1990, 192.

21　Scouten 1967.

22　Scouten 1967, 52-53.

23　Padden 1981.

第四章　手語的眾多面貌

ASL 像其他的語言一樣，是一個自然的語言；它的起源無人記 *083* 錄，無從可考，但是很可能並沒有人創造它。它是經過很多世紀的發展，透過很多的使用者，將它應用於生活中，因此逐漸成形。全世界的聾人已經創造了手語的事實，證明了他們內在語言的能力以及他們需要溝通。在本章中，我們將探索手語多方面的本質，包括手語的國際觀，研究者如何分析手語，以及孩童如何獲得手語。之後，我們會看看美國的教育系統如何將 ASL 應用於英語教學法中。

國際手語

ASL 不是普世性的語言。當一位來自美國的聾人和一位來自英國、澳洲、巴西，或其他國家的聾人會話時，會面臨全新的手語詞彙與不同的文法結構。有些手勢表達的觀念可能相似，但也有些手勢看來類似，意義卻不同。例如，ASL 的聾人（deaf）手勢，在紐西蘭是聽人（hearing person）的手勢。多數的聾人仍與世界上其他國家的聾人以姿勢和肢體來自由地相互溝通。這個 ASL 的 t 字母在法國也是相同的意義；就好像美國和加拿大對豎中指的意義看法相

同。ASL 的乾渴（thirsty）在阿根廷手語是指邪惡（vice）。由於聾人善於使用手勢和他們的身體來溝通，他們更能自在地與其他世界各地類似情況的聾人溝通自如，比依賴口語慣了的聽人還好。

與其他來自各國的聾人溝通相對性的舒適自在，導致馬格麗特·米德（Margaret Mead）建議手語應該被改良，使之成為一個國際性的語言。[1] 米德博士知道每個國家有自己的本國手語，而且，同一國內，聾人的手語間也有差異，但他覺得若所有的國家能使用一種手語，將會引起更多的回應。

由於米德的建議，目前已有國際手語（Gestuno）的創立。它是在世界聾人聯盟（WFD）贊助下，一群聾人領袖組成的手語統一委員會之組織；他們組合了國際手語。這些委員包括來自俄國的約瑟夫·顧傑曼（Josif Guejlman）、英國的艾倫·海賀斯（Allan B. Hayhurst）、美國的威拉德·梅森（Willard J. Madsen）、義大利的佛朗西斯果·盧比諾（Francesco Rubino），以及過世前丹麥的歐里·普倫（Ole M. Plum）。可能由於委員會的工作只有五人在整合國際手語，所以共耗時兩年才在彼此同意下建立了一千四百七十個國際手語詞彙。他們所選用的手語不只來自他們的國家，也包括芬蘭和瑞典的手語。他們傾向選擇最像圖畫（iconic）的手語。例如，國際手語的錢（MONEY）的手語——模擬一袋的錢，委員會認為此手勢比 ASL 錢的手勢更簡明易懂（圖 4.1）[譯註1]。

那句法呢？這個委員會解決了這個問題。如同這個主席注意到

084

085

譯註1　台灣有扶輪社倡導「國際化手語」，並已成立專書和網站來倡導。只是，他們的手語和國際手語不盡相同。

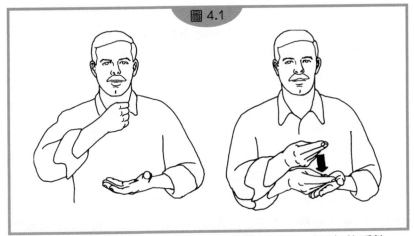

圖 4.1

084

Gestuno（國際手語）（左）和 ASL（右）MONEY（錢）的手勢。

的：「手語單獨的呈現，會成為一個問題，也是對新成員的一個挑戰。」[2]這樣的說法是對的，但是，似乎這是一個早期會遇到，但很快就可以克服的一個困難；只要你去國際聾人聯盟會議觀察在那兒國際手語的使用情形，它是 WFD 三種正式語言之一（法國和英語手語是另外兩種）。當使用國際手語時，打手語者將一個個單獨的手勢按照最適合他們的順序打出，觀看者再按他們自己的意思去解碼。在實務上，國際手語並不是很難理解，除了文法看來似乎較為雜亂，尤其對聾人而言，他們日常經驗的一部分，就是溝通的模稜兩可。

　　國際手語主要使用於國際性的聾人組織會議中，例如，由世界聾人聯盟（WFD）或國際聾人體育協會（Comité International des Sports des Sourds—International Committee of Sports for the Deaf,

CISS）所贊助的會議。國際聾人體育協會（CISS）支助每年冬季與夏季的世界聾人競賽（World Games for the Deaf, WGD）。[3]Gestuno，或被人稱之為國際手語，是在國際聾人體育活動中的執行委員會議中，唯一被允許使用的手語，雖然有很多代表並不熟悉此法的使用。然而，它仍加速提升聾人間的溝通，且增加了世界聾人競賽的獨特語言特色。許多聾人出席觀賽，都被此國際手語所吸引。[4]

而在 WFD 與 CISS 會議之外，國際手語並未被廣泛使用。因為它的目的，就是用於國際的溝通，這是所被期望的。目前我們不能下斷語：它是否最終能如 Esperanto（一種國際口語）般，成為一個崇高卻失敗的實驗，或它是否會達到真實的國際語言？即使在國際手語尚未發明以前，聾人也能成功地以綜合圖像的手勢和比手畫腳（pantomime）的方式，和別國的聾人同儕溝通。西薩爾・馬格拉托（Cesare Magarotto）是 WFD 前執行主任，他寫道：「透過練習和活潑化這種手勢動作的語言，聾人能夠在任何疆界建立和善的關係。」[5]他指出，原始的 WFD 五十四個國家會員，迅速的達成憲章章程，雖然他們缺乏一個共通的語言。馬格拉托也注意到，在這個1951 年創立的集會中，他們採用了 WFD 的憲章，「完全沒有政治問題、黨派觀點、法律的雙關語，來阻礙他們間的清楚精確的爭論。」[6]這樣和諧的聾人國際會議，和時常不和諧的聯合國會議之間，形成強烈的對比；對於看過聯合國的代表們，只為了一點芝麻小事，就無止境、徒勞地爭鬧不休的旁觀者而言，應會感到羨慕不已。

086 以世界各國手語的觀點來看，國際手語並非一真實的語言；它是經由一個委員會的成員所討論後產生的，並不是自然的語言。但是此

團隊所選擇的手勢語，包含潛在的使用者，讓習慣打手語的聾人可以決定未來在國際會議當中使用。可能這些原始的各種差異，可以解釋為什麼國際手語不像英語的手勢碼，最終能夠存活下去的原因[譯註2]。

調查的方法

　　到目前為止，讀者可能很好奇，研究者如何調查手語。他們用什麼策略來達到有關遠古溝通（見第一章）及有關現代手語（見第二和第三章）的結論。

　　對打手語的聾人表達思考和情緒的獨特慣例、習俗的發現，打開了 ASL 不同的語言分析之門，超過以往的研究。早期的手語記載者錯誤地使用英語文法作為 ASL 句法的參考語法。他們也只專注於 ASL 的手形和動作，相信描述這些就能解釋手勢信息的完整意義。有些觀察者抱怨聾人打手語的姿態太誇張。他們不了解，他們所謂的「誇張」，是非手部 （nonmanual）的發音、曲折變化 （inflection）、連接標誌（juncture markers）、形容詞和副詞的同義詞。他們所認為多餘的，現在是被視為對要完全了解手語的重要部分。這些早期的研究者，振振有詞，說聾人在學習英語的經驗是遲緩的，但是，他們無法接受這個觀念，就是他們這些語言學家，根本缺乏對 ASL 的了解。

譯註2　由台灣扶輪社所創立的國際化手語，已有專書出版，並有相關的網站，但似乎較少人使用。他們正在推廣之中。

─ＡＳＬ的書寫─

ASL 缺乏一個被廣泛接受的轉錄（transcription）系統，可能因為它最近才引起語言學家的興趣。也可能因它是一個視覺─手勢動作的語言，其符碼的後勤學／運籌（logistics）勢不可擋地大（overwhelming），註定較少實務上的應用。早期研究者依賴圖畫

當心靈關閉時

人類學家賈瑞克・馬樂里（Garrick Mallery）表達他對人們語言種族優越感的關切。在他的美國印第安手語古典專題論文中，他寫道：

> 我們對某種人的任何陳述都要小心；這種人記住或搞混了手勢的一些數目，不管多或少，已經在自己的自滿中決定他所使用的才是唯一真正的純正西蒙（Simon Pure），手勢要完全依據他的指引來使用，而其他人的手勢是偽造或錯誤的。他的詞彙已經停止給出任何印第安或很多印第安人的手勢，但是卻把一些手勢看成為他自己的；他奮戰如同自己是字母專利的所有權者。當一個手勢被本書作者之一所發明出來時，他卻立刻侮蔑地說那是很差的手勢。就如同一位美國牧師到維也納，他自己在賓州的伯克斯（Berks）小鎮──一種混雜的荷蘭語環境下長大，卻宣稱當地德國人所說的德語不道地一樣。[7]

或照片來研究手語，但沒有一種方法擅於描述動作。有些人嘗試用語文（verbal）來描述手語，像下列對兩個美國印地安手勢的描述：

> 馬匹的疾馳（GALLOP）。打出「騎」（RIDE）的手勢；　087
> 然後把手放在身體的中心前，手要朝外放，左邊靠近身
> 體，右邊同樣在前，同時移動雙手，上下移動幾次垂直的
> 曲線，來模仿馬的動作。
>
> 騎（RIDE）。如果是意指動物，打出「馬」，然後用小圓
> 圈向前移動。如果是騎車，也是打出一樣的手勢，然後在
> 左手掌上，打出「坐」（SIT）的手勢。[8]

如你所看到的，此種描述似乎又長，通常又不正確。這個GAL-LOP的手勢，用騎（RIDE）的手勢來解釋。讀者變成需要了解馬的手勢以及視需要，各種交通工具的手勢。而用語文來描述一個ASL手勢的例子，可以如下所述，非常難以理解：

> 妻子（WIFE）：先打出單一動作的「結婚」手勢（雙手在
> 前胸互相拍握），跟著打出「女」的手勢（主手的大拇指
> 敲下巴線的臉部邊緣）。

有些習俗發明用英文字來指出手勢相對應的相等意義。這個改良法，看來似乎有理，但只在當你接受一字一手勢的對應時。用這種方法來看ASL，會導致學手語的人產生一些錯誤：因為他們只找　088 尋字和手勢的對應，反而忽略了ASL的重要特質，包括：非手部的語言線索（第二章已討論過）。

照片比較能夠呈現較佳的手語圖示，當然它也不夠完美，因為

它不能清楚地描述手語的動作。圖畫由於包括太多細節，也有缺點；若加上額外的語文描述，以及用箭頭來指出動作的方向，圖畫可提供一個較正確手語的區分性特質。但它們缺乏第三度空間；若動作的順序較複雜時，它們會變得雜亂（cluttered）以致人們很難閱讀它們。圖畫的順序性有所助益，但它們笨重不方便。要畫出正確的手語圖，需要一些技巧，要找到有能力又熟悉手語的藝術家，較為困難。

那為什麼不寫下手語呢？此領域的研究者可以用速記法（shorthand）來記錄他們對手語者的觀察。解決的方法是用一些書寫形式，比我們的字母系統更敏銳但相似的簡明。有些系統已被創造了。在第一部使用語言學原則的手語字典中，史多基和他的同事們發展了一種標記系統（notational system）；他們使用特殊的符號，寫下對手語的描述。[9] 英國手語研習會採用此系統，並加以改編，加上第四個類別：方向（orientation）——擴大彼此間手的部位的敘述。[10] 其他國家的語言學家雖也改編史多基的系統，但仍保留此系統大部分的基本觀念與符號（見附錄A來看這些符號系統）。

另外一個用來代表手語的方法是手勢記錄者（Sign Writer）。[11] 此系統大量使用電腦，並依賴符號來描畫手勢的各種不同特質，包括面部表情，例如升起的眉毛和伸出的舌頭等。圖4.2示範一個使用手勢記錄者造的句子。此系統由威樂里‧瑟騰（Valerie J. Sutton）所發展；現在經過程式設計，可以在個人電腦下使用。瑟騰（Sutton）製作了一份通訊（newsletter），將英文句子全以手勢記錄者來轉錄。然而，它和史多基所設計的手語標記一樣，並未在聾教育上產生什麼影響。其中的可能原因有二，一是民族優越感（ethnoc-

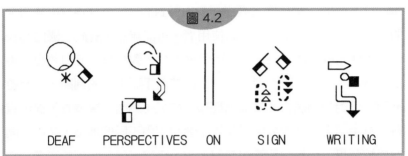

DEAF　PERSPECTIVES　ON　SIGN　WRITING

用手勢記錄者（Sign Writer）系統轉錄句子：聾人對手勢記錄者的看法。

entrism），人們會抗拒去學習使用與傳統字母無關的符號來表達語言；二是可讀性（readability）的問題。一個人要花多少時間來學習此系統？有誰會有動機來學習此系統？此二問題的答案無法令人鼓舞，這是此法無法廣傳的原因。

　　其他的標示系統已經被發展，也是一樣沒有很多人接受。Cohen、Namir 和 Schlesinger（1977）已經使用 Eshkol-Wachmann 動作標記系統（Eshkol-Wachmann Movement Notation System），原是用於記錄舞蹈的例行程序（dance routines），來呈現以色列手語。這本書，轉譯為英語，成為了解使用手語的以色列聾人的指引，也作為記錄系統。喬治・史伯林（George Sperling, 1978）提議說可以用表意文字，例如書寫日文或中文的系統，來組成 ASL。他闡述這個系統應該像什麼，但是他除了示範樣品以外，尚未發表這個想法。

　　現代科技，特別是錄影（videos）與電影（films）的使用，可以補救書寫手語的內隱困境。錄影帶可以被一群合格的訊息人員（informants）重複地收看。此方式可以決定翻譯／通譯（interpre-

tation）的信度。但研究者憂慮訊息人員對語言的偏好性會影響研究的代表性。一個國家內的手語使用者，可能無法了解同一國內另一地流行使用的手語。而且，若這訊息人員／觀察員本身口語也說得很好時，雖能減輕研究者的工作，但其對手語文法的判斷，可能會被他／她對口頭語言的知識所感染。如果（為語言學調查）提供資料的打手語者，雖然來自不同的年齡和國內不同的地區，甚或不同的學校背景，卻都一致贊同某個論點，研究者就有強烈的證據，去證明那個論點是可以類化，放諸四海皆準的。然而，倘若他們對某個論點意見不一，研究者就有線索可循，去揭露由於年齡、社會地位和其他種種因素所導致的語言差異，進而更深入地了解這個語言。由於上述的理由，現今的語言學家較喜好用記錄資料的方法，呈現此資料給幾位訊息人員／觀察員看，而不像以前的研究者只給一或兩位看。

由於錄影帶的便宜與彈性，較不要求專業的背景，攝影機已被廣泛應用於 ASL 的研究上。錄影帶或影片中手語行為的紀錄，也呈現了手語在一段時間內的改變。即使錄影帶或影片為二度空間的影像，它們對人們進一步欣賞 ASL 的發展上，具有重要的貢獻。在未來，我們希望電腦程式設計能允許三度空間的影像，投射在螢幕上，提供記錄 ASL 最正確的方法。

─有關翻譯的警戒─

任何語言的翻譯總要冒失去意義的風險甚至是誤解的可能，尤其是翻譯者只選擇具有多重意義的手語或口語的第一個解釋時。郭梅・柴可夫斯基（Kornei Chukovsky），一位著名的俄國翻譯者抱

怨：

> 翻譯者通常遭受腦部奇怪貧血之苦，這使得他們的文章貧瘠。海明威、吉卜林（英國作家）、湯姆斯·緬恩（Thomas Mann）或其他充滿熱血的作家，落入這些貧血病人之手，真是不幸！……我這裡所說的，是有關那些翻譯者。他們的詞彙貧乏得可憐：一個外國字對他們而言，只有一個孤單的小意義……對他們而言，馬永遠是馬。為什麼不是駿馬？或是可乘騎的馬？或是跳躍的馬？[12]

ASL 也不能免於這種觀察。要完全公正的體會語意，需要花費很大的努力、時間投注和大量的同理心，加上內在對兩種語言和文化的了解。良好的譯文，其本身就是一件藝術作品。

誰在做研究？

自從開始研究聾人，幾乎所有的研究者一直都是聽人。研究問題典型結構是從病理學的觀點來尋找差異，例如問：「聾童的語言和聽人的語言，有何差異？」既然聾人已經被視為一個有獨特文化和語言的團體，那麼將聾人視為病理學的研究方向，就陷入不討喜的主題。聾人站在研究的立場，要求調查者的團隊必須包含聾人成員。羅斯倫·羅森（Roslyn Rosen），一位高立德大學的聾人領袖及國立聾人協會的會長，說出了這個論點：

> 在 1970 年代，病理學的派點轉為各種人類服務領域中的聾人研究者、聾學者，以及實務工作者的來臨。聾人，擁有本

身的經驗，發展了適合聾人的研究問題、假設及爭議。聾人
研究者確保研究專案是依據聾人的真實面來建構的。這樣的
研究專案、產生適合聾人的常模。……由聾人主導，或請聾
人參與的研究者，他們所研究出來的成果，傾向更積極、人
性化，且符合其文化；也不再是對他們負面或病理學的觀
點。[13]

任何語言，其雙語的本土使用者，對他們本土語言及對這翻譯
過程的理解，都能夠有所貢獻。本土的翻譯者能夠和調查者／研究
者用他們的語言對談，也能將兩種語言對換自如。調查者可能尋求
特別表達（後退翻譯，back translation）或者是詢問如何表達一個觀
念（前進翻譯，forward translation）。二者合併，這兩個技術可以
互相檢驗，且能快速擴增文法的知識。[14]

手語，如同口語，在這個例子中，無法用精準的相等物——將
字轉為手語，來達到適當的翻譯。翻譯的目的在傳達全句的意義，
而非個別字或手語的意義。舉例來說，ASL 以重複手勢來代表複
數。一個單純的翻譯者可能錯誤地譯成「男人、男人」，但事實上
應該翻成「很多男人」。

複合字（compounding）是 ASL 的另一個特質，會讓翻譯者偏
離。ASL 的手勢「男／抱／嬰兒」（MAN-HOLD-BABY）的意思
是「父親」；若照手勢的字面要素翻譯，會令人覺得可笑。類似的
例子，將「相信」的手勢（圖 4.3）翻譯成「心思－結婚」（mind-
marry）是錯誤的，即使「相信」（BELIEVE）是這兩個手勢

（MIND 和 MARRY）的複合詞。在 ASL 中，那個手勢指的是信念。如何演變成那樣不是直接的事。英語的 *092* 複合詞也沒有一個很嚴格的音韻學分析。以不經心的（mindless）為例，在英語中此字由兩個獨立的字 mind 和 less 所組成，但是若把它翻譯成：「持有比較少的心思」就是錯失了定義：「不留心的、不注意的、不聰明的。」

BELIEVE（相信）的手勢，由 MIND（心思）和 MARRY（結婚）兩個手勢組成。 *092*

翻譯者必須了解 ASL 與英語句法之間的差異。例如前章提到的例子「我喜歡我的咖啡不加糖和奶精」（I like my coffee black）（圖 2.30 以及第二章的討論）。翻譯者的另一個問題是 ASL 的手勢可以用不只一種的方法來註解。如果一個聾的建築師打出 STRUCTURE 的手勢，我們應該翻譯成建築、房子、結構或什麼？這個相同的手勢，若由一位年幼的兒童來打，可以被翻譯為「家」（house）。很明顯的，翻譯者須視打手語者的身分地位，來選擇翻譯的詞彙。

比較語言學

比較語言學是被用來對照和比較語言如何在世界各地不同的境遇下發展。經由此方式我們可以獲得語言如何由早期發展至今的軌

跡。這不只是詞源學,而是更寬廣地去調查語言問題如何在不同的文化中獲得處理。一個特定的語言如何處理時間的觀念呢?說話者要用什麼方法來指出一個動作已經發生、正在發生,或是即將發生呢?所有的文化都有這種概念嗎?語言符合解釋性別、年齡及其他的人類屬性或特質嗎?

當它們產生並揭露特殊形式(modality)的語言特質時,觀察語言內的相似性和差異性是極重要的事。如同前面幾章已經闡述的,所有的語言必須解釋時間,但是語言要如何傳達概念,就取決於語言及其形式。最重要的是,比較語言學支持所有人都有溝通的內在能力。

語言獲得的研究

一個流行的方法,是觀察幼童如何獲得/習得手語。[15] 看到兒童如何獲得他們起始語言的句法結構提供了洞見;這個洞見並不是僅靠觀察成人就可以輕易得到的。比較聾童與聽童的語言獲得,可以導致我們揭開視覺-空間與聽覺-時間之間的關係。這樣的比較提供線索,解釋口語和手語結構不同的理由。就如同某個例子所提到的:

> 當聽小孩獲得口語時,他們由語言期前的手勢溝通轉為語言,一個形式的改變發生了。聾童獲得一個手語,在語言期前和語言期溝通,使用的都是相同的視覺-手勢動作形式。因此,比較聽人獲得口語和聾人獲得手語,可以澄清語言期前的溝通和語言二者之間關係的問題。[16]

從 1958 到 1964 年間，一位荷蘭的教育家研究荷蘭啟聰學校的學生彼此用手語互動時的動畫（motion pictures）。[17] 他的結論指出，荷蘭和美國的兒童發展出不同的手語，不只有其特殊化的詞彙，而且具有和本土口語和手語不同的句法規則。由於手語過去是，現在仍然是，很少被教授給聾校的學生（即使校內的教室是使用打手語的溝通），因此這些新的手勢和變異的文法類型（forms）的發展，就提供了當所造的詞彙是未知或不適當時，語言如何去創造新的規約和手勢的證據。

有兩位語言學家檢視六位聾童，年齡由十七到四十九個月。他們的父母都不知道也不會使用 ASL 或其他的手語溝通方法。[18] 調查者發現這些兒童發展出一個系統化的手語溝通系統，即使他們還沒有看過或學過手語。他們的結果強烈地支持這個信念：人類有一個自然的傾向要有系統的溝通；此點和兒童僅只由模仿監護者的語言中習得語言的觀念，形成強烈的對比。研究出這個證據後，文獻回顧者做出結論：「有一種人類的生物能力來形成一套內在語言常模的能力。」以及，如果「任何語言發展狀況的輸入是無管道的或是不適當的，不管什麼理由，人類就會以這些內在常模為基礎，建構他們自己的文法」。[19] 換句話說，不管採用何種形式，人們傾向去學習語言。

這些研究顯示聾童如何獲得手語，但那些聽力正常的兒女如何在聾父母身上習得語言？他們是不是同時獲得口語與英語？如果是這樣，哪一種先發展呢？一些研究者也探索到此點。有位研究者研究幾對聾父母和他們的小孩。[20] 這六位兒童，有的是聾童，有的是聽童，被觀察了一年。在一年內，所有這些兒童都發展出手語的技

巧。

在另一篇研究中，兩位研究者觀察一位年幼的聽童（其父母一位是聽人，一位是聾人）來決定她先獲得哪種語言。[21]結果在七個月內，這位聽力正常的小女孩示範了她的第一個字詞——用手勢。通常聽力正常的幼兒，在十到十四個月內會說出第一個字。[22]在下一年中，她在口語與手語的獲得之間變換自如，此研究顯示學習一個語言，並不會干擾對另一語言的學習。

上述的資料指出，兒童（不管是聽童或聾童）學習以手來溝通，比學習說話還容易。若兒童在嬰兒期起就接觸口語和手語的情境，就會先發展出手語的技巧。兒童在一年內能早期萌芽手語的主要原因，是因為他們手的腦神經控制，優於他們的言語機轉。考慮大維（Davey）的個案。大維是一個很會打手語聽人父母的聽人小孩。他的聽人父母從大維的嬰兒期開始，就對他同時又說話又打手語，結果在十五個月大時，他先習得首先的五十個手勢，在十六個月大時，他習得他的五十個口語字詞。[23]相對地，有個自然的控制組，僅接觸口語，平均男童在22.1個月大時，可習得五十個字詞。事實上，大維在十四個月大時，就已經獲得合併的五十個口語和手語字——八個月超過控制組令人訝異的表現。

這些在自然的早期語言獲得環境的觀察，顯示一些語言學的珍寶；這些珍寶可能會因為早期對手語偏見的抵制而被埋沒。很清楚地，手勢在早期的語言發展中，持續保持其優越性。

手語的更多特質

你能多適當地用手語來溝通？你能用手語發誓嗎？手語能跟上

時代，打出新的藥品和科技的名稱嗎？醫學術語嗎？上述問題的答案都是「有」的。ASL 就有一大堆罵人的手語。可能無法在英語的詛咒字詞和 ASL 版的手勢達到精確一對一的對應，但是 ASL 有很多足夠的手勢來涵蓋所有的輕蔑語和拋出每個詛咒。至於科技的術語，很多都有相對應的手勢。《電腦專業術語手語》（*Signs for Computing Terminology*）這一本書，其內描述一些術語如：電路、軟碟、電腦終端機等專有名詞的手勢。[24] 此證明當科技需要新的手語詞彙時，ASL 就會提供它們。

　　性行為也是有專門手語的，不管是男性或女性，同性戀或異性戀。《性行為手語》（*Signs of Sexual Behavior*）[25] 和《性方面的手語》（*Signs for Sexuality*）[26] 是兩本已經蒐集這方面手勢語的書。要區分各種性的手語是很重要的，如同我們在法庭案件看到的，當一位聾男士已有性攻擊的嫌疑，庭上被問到他是否想要強暴這位婦女時，翻譯員打出的手語變成：「你想和這位女士交往嗎？」如果對方答是，可能產生的後果是──由於錯誤的翻譯而被證明有罪。[27]

　　了解性的手語知識是有用的。性的手語包括身體各部位的手勢語，這對醫生要檢驗聾人時是很重要的。類似的道理，一本藥物濫用的手語字典，包括流行的行話或俚語，對輔導聾青少年的專業人員而言，是極為寶貴的。[28] 其他特殊的手語蒐集已經被發展出來，作為教導高科技的主題、醫院急診室，以及其他特殊用途等。[29]

在世界的何處？

　　在英語的語言中，大約有四十五萬個字。沒有其他的語言有如此大數目的生字。但是所有這些字是從哪裡來的呢？就如羅伯特・克雷波尼（Robert Claiborne）在他的文章〈英文根源〉（The Roots of English）中所指出的：來自各處。

　　「酒精」（alcohol）「鹼」（alkali）來自阿拉伯；「殺人狂地」（amok）來自馬來語；「異乎尋常的」（bizarre）來自神祕的北西班牙巴斯克語方言；「四輪大馬車」（coach）來自匈牙利語的一個鎮；「有頭套的毛皮外套」（parka）來自烏拉爾（Urals）北邊的薩莫耶德（居住於西伯利亞北部的蒙古人）語；「紅蕃椒」（chili）來自美國土生土長的印第安人；「禁忌」（taboo）來自大溪地語；「對、沒錯」（Okay）是從西非的奴隸帶入美國的；「畜欄」（corral）來自墨西哥的畜牧者——他們學自葡萄牙的水手；水手又是從南非何騰托（Hottentot）的牧人處學來的。[30]

　　手語也是使用來自其他手語根源的手勢。ASL已使用來自其他手語根源的手勢。ASL已經受到法國手語很重要的影響。然而，由於缺乏手勢的書面紀錄，因此要提供文件來證明二者之間的一致性，是困難的事情。

─手 語 生 字 的 擴 增─

手語的手勢增加，就如同口語的字詞擴增一樣。新的觀念需要獨特的方法來指出他們。在英語中，我們有借來的字，例如：陸軍聯合閃擊戰（blitzkrieg）源自德國；還有切腹自殺（hara-kiri）取自日本。其他的例證，請見前頁「在世界的何處」（Where in the World）。

ASL 可能從他種手語借手勢，雖然因為缺乏書面紀錄以致較難證明。如果某人發現，ASL 和葡萄牙手語都使用相同的手勢，我們怎麼去判定何者取自何者？至於植基於英語字的手勢，ASL 通常以指拼字的方式來打出新字的手勢。例如，字母 Q 在前後文意脈絡中代表 Quaaludes（毒品名稱）。這些例子證實 ASL 對英語的承認，雖然它無法直接借字。它也用修飾其指拼形式的方法來借字（參見第三章「詞彙之借用」的舉例）。

─視 象 性 的─

你如何決定哪個手勢是視象性的（iconicity）（也就是說，那些手勢企圖描繪出主題或動作）？啞劇或用手勢示意使用動作來描繪出沒有呈現的受詞或活動。模仿表演（mime）利用它對圍繞空間的反應方式來傳達一面牆的存在；或者，它可能經由吃飯的動作來表達，雖然沒有食物或工具在那兒。當打手語者表達這個思考：「我要去看電影」時，他會用啞劇的手勢來表達，還是他會使用武斷選擇過的手勢來表達？這個問題和手語的地位是否為語言有關，因為啞劇缺乏與抽象的符號一致的語言地位。

首先，如果手勢是視象性的，那麼不知情的觀察者應該可以辨識出他們來。有一些研究呈現手勢給從未研究過ASL的人來看，請他們猜猜看這些手勢代表什麼意義。這些研究結果已經一貫地顯示：大部分的手勢不是顯而易見的；他們的意義無法被本土人士正確地辨識出來。[31]

其次，研究者發現，在各種不同的手語中，相同的概念，其手勢都是不同的。[32] 例如，ASL對聾人（DEAF）的手勢打法，是將食指由嘴部移動到耳朵處，或是由耳部移動到嘴部。但是，在紐西蘭手語中，這個相同的手勢，意思卻是指「聽人」（hearing），就是能夠正常聽的人。由於這個觀念是全世界都理解的，這個事實——不同手語中，他們的表徵不同，推翻了「手勢是視象性的」說法。

第三個研究視象性的策略，轉向研究本土打手語的人士，來獲取證據。聾人在第一次接觸時，無法讀懂其他手語的手勢，但我們期待他們應該看得懂視象性的手勢。沿著這個相同的路線，研究者已經詢問本土打手語者視象性的手勢，請他們解釋所用的手勢的意義。這些想打開似圖畫手勢謎團的研究結果，顯示矛盾的理由和事後回溯（post hoc）解釋，無法和所建立的手勢源由所存知識相符合。[33]

一個同樣令人信服，反對大部分的手勢可以用視象性解釋的爭論認為：這個說法無法成為聾童習得手語的一個因素。以牛奶（MILK）來說，它的打法是以代表擠牛奶的動作；但這個視象性要素之應用，很難支持這個事實：對大多數聾童而言，他們缺乏看到牛的經驗，但他們很快就輕易學到這個手勢了。大部分這些兒童學到的牛奶概念，來自於超市買到的牛的卡通畫，而非來自於這個牛

奶的手勢。

　　甚至即使手勢不包含一些視象性的要素，那個特質也不會減損手勢的約定俗成的武斷性。對每個應該是視象性的手勢，我們可以詢問：為什麼一個物體或動作的某一部分會特別被選用來代表整體呢？那些聲明為何如此做的理由，必須顯示一致性的理由。因此，到目前為止，尚未顯示出一致的文獻。而且，手勢隨著時間的演進，似乎愈來愈傾向約定俗成的武斷（arbitrary）；當代代相傳時，手勢改變的方向，遠離輸入的視象性特質。[34]

　　有些研究者已經發現手勢的視象性，有時被聾人用於詩歌或是幽默的目的。我們可以看到在詩歌表達「慢」（SLOW）的手勢（右手輕撫左手從指尖到手腕處）時，[35] 一位聾演員用幾乎兩倍長的時間來打出朗誦詩中「慢」的手勢。這就等於我們拉長音節說出慢（slo-o-o-wly）是一樣的。手勢被造的方法，所強調的是意義。本土和流暢打 ASL 的人士似乎能夠善用可形象化手勢的可能性，使他們的手勢配合附屬語言的特性，增加了趣味性。有些看來似乎視象性的成分，可能真實含有語言學的目的，就像修飾語一樣。他們和用手勢的啞劇不同，因為他們是約定俗成的，是規律地表達意義，超過所稱的表徵觀點。這個混淆的產生，顯示在單獨呈現時，被判定為視象性的手勢，但是當呈現於完整的表達時，看不出視象性。結果不是錯誤的歸屬，就是完全看不出這個手勢的顯而易見性質。[36]

　　最後有關視象性的說法，和史多基很有關係。史多基辯論說視象性不是一件壞事。畢竟語言的功能在於溝通。如果帶有很大視象性的特質能用來輔助溝通，那麼這個視象性的特質就應該被視為有

價值。手語的特質／精神就於他們將抽象和視象性相結合，提升了溝通的方法。[37]

一到底共有多少ＡＳＬ的手勢？一

這個問題很難回答得很準確，就好像你在問「一共有多少口語的字詞？」一樣。使用 ASL 時，我們首先要決定何者可計算為一個手勢。你計算所有 to do 的詞類變化或你只計算這個不定詞？你會包括一個手勢的區域性變化嗎？美國有專書探討某一群手勢的區域性變化。[38]在這本書中，光是 candy 就有十四種不同區域的打法。你會發現光是這個考量就會影響整體的算法。那複合詞要如何算？這個決定也會影響問題的答案。

你可以算出目前有名的手勢字典內的項目（entries）有多少。收錄最多手語詞彙的字典內有五千二百個英語字，涵蓋七千二百個圖解。[39]為什麼圖畫比字多約五分之一呢？因為 ASL 對一個英語字，有不只一種的手勢打法。就好比英語的一個字，有不只一種的詞彙一樣。但是字典內的條列式項目就能代表 ASL 的手勢範圍嗎？幾乎沒有辦法[譯註3]。

有關手勢數目的這個問題，可以用另一個方式來回答。在 1962 年時，高立德大學的學生戲劇主任兼教師會會長——喬治‧德特摩（George Detmold），想要示範 ASL 具有無限的語言範疇。他請史

[譯註3] 台灣正式的手語字典尚未出現。之前只有教育部的《手語畫冊》一、二冊，共收錄 1,766 個字；與中華民國聾人協會出的《手能生橋》一、二冊，共收錄 752 個字。其中的後者為聾人間較通行的自然手語手勢，所涵蓋的手勢範圍，不及美國。目前又有民間現代經典出版社編纂的《手語大師》（共四冊）與《文字手語典》出現。後來，在林寶貴教授的策劃下，教育部又出版《修訂版手語畫冊》第一輯和第二輯，以及《常用詞彙手語畫冊》。

多基把蕭伯納（Bernard Shaw）的《人與超人》（*Man and Super-man*）中的第三幕〔這齣劇中劇名是「唐璜在地獄」（*Don Juan in Hell*）〕，翻譯為手語劇本。這齣劇由四個角色的對話組成：唐璜、多娜・愛薇拉（Donna Elvira）、她的父親，以及魔鬼；他們大量討論一些抽象的主題：愛、恨、平安和戰爭。以下是這場對話的一個代表性片段：

　　唐璜：呸！我為什麼應該對他們或對你彬彬有禮？在這個萊斯（Lies）宮殿裡，一兩個真相不會傷害你。你的朋友們全都是我所知道最令人生厭的狗兒們，他們不美麗，他們只是修飾過。他們不尊貴，他們只是穿著華麗。他們不乾淨，他們僅是刮鬍和燙整過衣服。他們沒有教養，他們只是學府的路人。他們沒有道德觀，他們只是傳統的。他們沒有貞潔，他們只是懦夫。他們甚至不邪惡，他們只是「身體虛弱」。他們沒有藝術氣質，他們只有淫蕩好色。他們不算興旺，他們只是有錢。他們不忠心，他們只是低賤的奴才；沒有責任感，只是懦弱；沒有公開的生氣勃勃，只是愛國；沒有勇敢，只會爭論不休；沒有果決，只是頑固；沒有主人派頭，只是跋扈；不會自我控制，只是愚鈍；不會自重，只會炫耀；不夠仁慈，只會感情用事；不會社交，只會群居；不懂體貼，只是客氣；沒有才智，只是堅持己見；沒有進步革新，只是好搞派別；沒有想像力，只會迷信；沒有公義，只會報復；沒有寬厚，只會安撫；沒有紀律，只會恐嚇；還有完全不誠實——他們每一

個人都說謊，直到靈魂的骨頭深處。[40]

100　　結果，這些對話由一群優秀的聾大學生成功地用手語將其詮釋出來。他們的表演是如此的轟動，得到關鍵性的喝采，以致他們又被邀請至當地的電視台去演出。[41]偶爾，你無法在唐璜一劇中，找到能和富於表現的慷慨激昂對話每個字詞對應的 ASL 手勢；例如，passmen 不但在 ASL 中找不到，就是在美國英語中，也無人使用。當然，史多基發現手勢能表達劇作家的真實意圖。那個問題，通常發生於一個語言被翻譯成另外一個語言時。ASL 有能力來表達概念，不管是技術性或是藝術或其他的概念。如果有任何的限制，應是受限於翻譯者本身的想法與手語的表達能力。

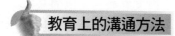
教育上的溝通方法

─讀話與口手標音法─

　　讀話（或讀唇）一直常被建議為手勢溝通的一個理解性溝通的變通方法。聾觀察者由說話者的唇形與臉部的線索來解碼說話者的言語。讀話是一個很難獲得的技巧；優秀的讀話者很少且彼此間的差異很大。每個聾人都知道讀話是一個猜謎的遊戲。英語中的三十八個因素的唇部動作，只能被區分出十六個可辨別的差異[譯註4]。[42]因101　此，口語中的不同語音，看來似乎相同，可辨識的特質就靠看不見

譯註4　國語的視索更少。

猜猜看是什麼？

100

　　有很多故事書會杜撰讓專業讀話者到法院去協助翻譯錄影對話的
內容情節。大部分的間諜偵探小說作者無法抗拒想加入某虛幻角色的
意圖；此角色能在幾里之遙，透過望遠鏡來解讀某女士所說的陰險計
謀。而這事情是眞的：多年前當伊莉莎白女王出席參觀馬里蘭州的一
個足球比賽時，《生活雜誌》就付錢給某位專業讀話者來觀察她並報
導她的看法。（她很少說話，因此這個主意無法得到適當的測試。但此
舉的確引起那些感覺女王隱私權已被破壞的一群人士之抗議。）

的構音，如舌頭或咽喉。為澄清此點，請你對著鏡子觀察自己，說
bop、mop、pop^{譯註5}時，你會發現它們的唇形看來相同。如果那兩
個字音（dime 和 time）的其中之一出自一位面帶疑問表情的說話者
時，你到底是要掬腰包還是要看手錶？

　　在 1966 年時奧林・卡內特（Orin Cornett）想出一個改進讀話
正確度的技巧。他了解聾童像一般人一樣，需要在年幼時擁有一個
正式的溝通系統。手語能滿足這個需求，但聽人父母（即大多數聾
童的父母）學手語的速度卻很慢。即使口頭語言的手勢碼都需要時
間與努力才能達到一個合理的能力。對卡內特而言，顯而易見的解
決法是設計一個輔助讀話的簡單技巧，使聾童的父母可以很容易地
習得。他依據這個理念創設了口手標音法（Cued Speech）。⁴³ 口手

譯註5　或國語的爸爸、媽媽、怕怕。

標音法不是手勢的另一個形式，也不是指拼的另一個版本；它是一個讀話的輔助。它以手部信號（暗示）來指出語音。口手標音法的倡導者將此法歸之於聾童的口語派教育。[44]

　　口手標音法使用四個手部的位置來區分十一個英語的母音，用八個手形來區分二十五個子音，加上一些動作來指出雙母音（圖4.4）[譯註6]。口手標音法的使用者只要區分三種唇形：張開（open）、鬆弛地拉平（flattened-relaxed）和圓張（rounded）；手的部位再指出看來相似的音素。

　　聾童的教師長久使用此手勢信號來教學生說話。例如把手放在鼻部表示鼻音；把手放在喉部表示有氣音（voicing）。這些簡單生動的對比與口手標音法的多種暗示法不同。此兩者的差別可以預期：用少數手的信號來暗示說話的特質（例如：送氣音、不送氣音）和用來澄清整體會話的不同。口手標音法聽來簡單，但使用者要花時間學習，且在使用此系統時，除了溝通外，還要記住很多注意事項。卡內特了解這些，所以鼓勵一些早有優秀語言基礎的聾生來學習此法，以澄清模稜兩可的字詞和敘述。他將此法視為一個支持系統（back-up system）。此法在美國、加拿大各地的極少數機構、學校中有其績效；但對聾教育的影響力不大[譯註7]。

102　　從歷史來看，口手標音法是介於嚴苛的純口語派和互補的口語派兩派間妥協的結果。有兩位十九世紀的法國教育者認為它很可能

譯註6　此法已有國語的版本。

譯註7　國內尚未有人倡導口手標音法的使用，但已有相關的教學實驗研究。口手標音法的速度，快於國語口手語。國語口手語亦可用來輔助讀話，但較為笨重，因其組成涵蓋母音、子音與聲符。

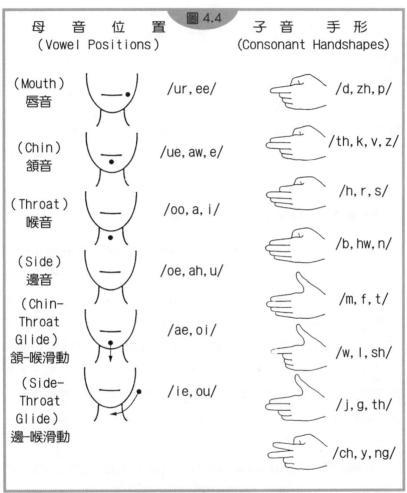

母　音　位　置　　圖 4.4　　子　音　手　形
（Vowel Positions）　　　　　　（Consonant Handshapes）

（Mouth）唇音	/ur, ee/
（Chin）頷音	/ue, aw, e/
（Throat）喉音	/oo, a, i/
（Side）邊音	/oe, ah, u/
（Chin-Throat Glide）頷-喉滑動	/ae, oi/
（Side-Throat Glide）邊-喉滑動	/ie, ou/

/d, zh, p/
/th, k, v, z/
/h, r, s/
/b, hw, n/
/m, f, t/
/w, l, sh/
/j, g, th/
/ch, y, ng/

口手標音法的母音和子音標示圖。

資料來源：美國高立德大學口手標音辦公室（Cued Speech Office, Gallaudet University, Washington, D. C.）[102]

是一種手部信號，可以指出哪個子音被說出來，就可以改善聾童的
教育。[45]他們的想法是使用口語來教育聾童，但是使用此手部信號
來解決難以區分的唇部結構。由於較少的手部形狀（手形）會被使
用到，他們推論此系統將很好學習且很好應用。在丹麥，喬治·福
爾恰摩（Gerog Forchhammer）創造了一種類似的系統，他將其命名
為手一口（Hand-Mund，即 Hand-Mouth）系統。[46]此法在這個世紀
的大部分都用於丹麥的啟聰學校，但此系統尚未被其他的北歐國家
採用。

¹⁰³ —手語在教室內使用之歷史摘述—

在 1880 年到 1960 年代晚期，大多數的聾童教育機構禁止學童
在教室內使用手語。有些老師看到學生的學業成就無法令人滿意
時，就想用聾成人喜好的溝通法來教育聾童，以促進教學成效。有
一個意念看來似乎合理：如果手勢有此能力來涵蓋思考，那為什麼
不用它們來替代口頭語言呢？聾童受限於口頭英語的管道，但對手
勢的管道暢通。所以教師們需要做的事情，是將 ASL 的手勢，用來
替代英語字詞。如果沒有手勢來對應一個特別的字詞，那就創造一
個手勢或用指拼來表示。但那是英語的手勢符碼（manual code for
English, MCE）^{譯註8}。

法國的雷裴採用此路線的推理，創造了法國手語的條理系統
（Methodical System），並於 1755 年用此手語系統來設立巴黎的第

譯註8　台灣的文法手語大部分也是以一個手勢配合一個中國字或詞。主要用於教學。《手語畫
　　　冊》主要由聽人主導編纂；《修訂版手語畫冊》已改進，邀請數位聾人參與。

一所聾學校。[47]在十八世紀時,他的方法橫掃歐洲;他當初看來很新穎的理念(聾童是可以接受教導的)獲得廣大的認同。

美國自從湯姆斯・高立德於1816年由法國和一位他所徵召的聾老師勞倫特・科雷克回國後,他們追隨雷裴的方法,只是做了一點修改,將法國手勢語的排列系統改用英語系統。為什麼不這樣做呢?何樂不為呢?此法在法國及幾個歐洲國家擁有愈來愈多的成功報告。歷史家們現在認清科雷克,這位繼承高立德理念而成為美國聾教育的領導者,之後對雷裴的看法有所改變,反而選擇使用自然手語。對科雷克而言,這套秩序井然的系統打開了教育的大門,但門一旦打開後,自然手語系統就接手了。

由我們蒐集到1817年到1880年間的階段證據顯示,聾生在教育成就方面表現良好。但是以使用手語來刺激聾童的教育,在1880年米蘭會議召開之後,就急速凋零了。除了少數例外,就是中學部有些受聘的聾教師被准許使用手語外,在一般有聾生就讀的教室中,手語不再被老師使用。

在進入二十世紀的中期,教學的鐘擺又開始擺回來了。在英國,1955年時皮爾・果門(Pierre Gorman)開始從事李查・派格(Richard Paget)先生的工作。派格先生構想出「一種新的手語」,[48]現在的名稱是派格—果門手語系統。它是一種英語手語碼,很像雷裴的法國手語碼。由於禁止在教室中使用手語,聾生缺乏學業成就,因此就刺激了此法的誕生。[49]

在1969年1月,聾人、聾童的家長、聾家長的子女、手語翻譯員、教師,以及行政人員都聚集在加州,「討論以手勢語的模式,產生適當、有效的方法來代表英語」。[50]吉爾立・格斯他森(Geri-

勞倫特・科雷克的追憶

取材自聾教育編年史，哈蘭・連恩（Harlan Lane）嘗試捕捉勞倫特・科雷克最後脫離在教室內使用 MCE。他假想自己是科雷克，顯示此人的想法。

> 我承認我從席卡處學到這個系統的打法，就像雷裝的學生從
> 老師處得到一樣。而且我信奉它有好幾年了，即使後來我隨
> 著高立德來到了美國。因此我們會先用美國（或法國）手語來
> 表達某個想法，例如：「試著來了解我」，包含了兩個手勢，
> 適當地放好然後打出去，我們可以標示「試」和「了解
> 我」。然後，使用相同的手語，我們會用正規的手語來教導
> 並解釋，好讓學生能用手部的英語來表達思想……但是席卡
> 的門徒和繼承者，洛克—安布魯意斯・貝編（Roch-Ambro-
> ise Bébian），以其才幹來協助我們體認所有的這些都是不
> 必要的笨重教導；這些用來教導十個正規手勢的努力應該用
> 來教導對應的英語句子。沒有必要來中間的手部英語這一
> 步。也因此我們逐漸增加做法：我們先呈現美國手語的想
> 法，之後我們立刻轉為書寫語言。在 1830 年左右，正規的手
> 勢已經在大西洋的兩岸消失了。51

lee Gustason），《打出精確英語》（*Signing Exact English*）一書的作者之一，說這一個團體的關切點在於「一致、合邏輯、合理及實用的發展手語，來儘可能地代表英語語言的基本要素」。他們的

目標是要發展出一種「簡單、迅速、又成功地熟練英語」的方法。[52]
隨後參與者分派，發展了三種彼此競爭的系統：看見主要的英語
（Seeing Essential English, SEE 1）、打出精確英語（Signing Exact
English, SEE 2），以及視覺英語語言學（Linguistics of Visual Eng-
lish, LOVE）。此三種中的其中一種系統 SEE 2，仍然在美國的學校
中普遍被採用。其他類似的系統有：手勢化的英語（Singed Eng-
lish）、以手操作的英語（Manual English），以及較喜愛的手勢
（Preferred Signs）等。這些方法已被統稱為人工的（artificial）或 [105]
是人為的（contrived）手勢語；但最常被稱呼的字面是英語手語碼
（Manual Codes for English, MCE），本書即採用這個統稱。

　　很多因素支持英語手語碼，而非 ASL 在美國學校的使用。聾人
對 ASL 的驕傲在 1969 年開始浮現，而手語結構的研究才剛開始。
對不熟悉 ASL 的聽常教師而言，ASL 看來像是一種沒有組織過的手
勢動作的大雜燴。他們駁斥 ASL，視之為「外來」語言，不應該在
教室中擁有一席之地。然而，他們仍然無法拒絕手語在溝通方面的
效果。在看到聾人社會及見識到他們無法理解的語言後，溝通工程
師轉向了英語手語碼。畢竟它的打法，在人們看來，很像英語。的
確，它是英語，一種在手上的英語。

　　教師進一步發現英語手語碼比 ASL 好學多了，或者，至少這是
他們所想的。要學 ASL 的話，必須花費很多時間和精力，因為 ASL
的生字和文法都得學習，而表面上看來，似乎英語手語碼只要求將
口語的字詞用相等的手勢打出來就可以了，也不用再學另一套語言
的文法。而事實上，要將英語以英語手語碼盡量打出口頭英語所欲
表達的東西時，需要更多的手語技巧；相反地，如果你能將 ASL 打

得很流暢，你愈能打出英語手語碼來。然而，這個事實並沒有震懾啟聰教育界匆促支持英語手語碼的決定。最終的原因，是行政人員面對家長質疑的時候，可以回答他們的聾小孩將會接受英語的教導，雖然英語將被手勢碼取代而非口語碼，此法將有利於降低家長對課程的抗拒。英語手語碼有個一直是支持者所無法宣示的一點就是，此法的使用在科學上無法顯示它對聾生的益處，優於 ASL 的使用譯註9。

一英語手語碼的共同特質一

我們不想企圖來提供一個各種 MCE 系統的深入結構描述。有些方法有名無實已經消失；有的雖然存在，但被人不一致地使用，即使是他們的支持者也如此。我們會概述我們所認為最常被分享方法的重要成分。讀者必須注意有些 MCE 的版本和下面所說的例子不同，有些版本會增加其他的原則。

手勢的選擇／形成 MCE 手勢的主要來源是 ASL。在決定是否使用一個已存在的手勢時，MCE 提供了各種測試。有一個原則是三／二原則。每個英文字的特質來自它的聲音、拼法和意義。如果有某個字達到任兩個這些原則時，它們必須有相同的手勢，與 ASL 是否存在此字的某個手勢無關。如果這個字具有多重意義，例如 run、board 和 case 等一字多義者，雖然有多種意義，但字的手勢都是相同

譯註9　台灣的手語，在教育部亟欲統一各地的手語後，為了教學的便利，主要召集三所啟聰學校的聽師，創造了人為的手語系統，稱之為中文文法手語，或稱文字手語。後來出版了兩冊的《手語畫冊》。多年後於民國90年左右又加以修訂，稱之為《修訂版手語畫冊》共兩冊。有些手勢捨棄自然手語已有的手勢，重新再造，盡量達成一字（詞）一手勢的對應原則，但由於手勢更改極大，引起聾人界的反彈之聲。

的。MCE 使用相同的手勢來代表所有，如下例句顯示的：

- You might *fall* on the ice.（你會掉在冰塊上。）
- What is your *fall*-back position?（你的退路是什麼？）
- *Fall* in love!（愛上某人！）
- I will see you in the *fall*.（秋季再見面。）
- The deal will *fall* through without your support.（沒有你的支持，這個交易會低於預期。）

　　在 ASL 中，每個和 fall 連結的字都用不同的手勢打出。同樣地，ASL 使用不同的手勢打法來表達 right（右方、正確、權利）等；然而，MCE 系統要求所有的三個 right 都要打相同的手勢。

　　第二個原則是避免混淆。如果某句使用樹（tree）時，MCE 會採用 ASL 的手勢（圖 4.5）。ASL 要打出森林（FOREST）時，會重複打出 TREE（樹）的手勢，但 MCE 會認為那種解決法不夠明

圖 4.5

TREE　　　　FOREST

MCE 的手勢：樹（TREE）和森林（FOREST）。

106

確，因此修改目前的 ASL 手勢為混合此字的第一個字母 F 來表示，如圖4.5。

　　有兩個使用縮寫化手勢的理由：㈠此舉可以協助聾童習得英語字，藉此增加他們認讀印刷字體的閱讀能力和讀話能力；㈡縮寫的字母提供更大的手勢規格說明。這些理由使 MCE 達其基本目的：用手來複製英語。

　　動詞　如果沒有可接受的 ASL 手勢，MCE 會創造出一個來。例如，ASL 並沒有 to be 的各種時態的手勢，MCE 就增加這些手勢。[53] 圖4.6 乃是三種 to be 被使用於所有 MCE 系統的形式。這個手形區分 is、are 和 were，用每個字的第一個字母手勢來代表此字。此外，were 和 is 以及 are 的手勢方向是相反的，用此來代表過去式，這是採用用了 ASL 對時間線處理的特色（參見第二章）。

　　另外一個動詞的修改，是把它們放入參與者的模式中。在 ASL

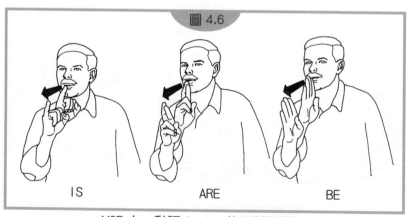

圖 4.6

IS　　　　ARE　　　　BE

MCE 中，動詞 to be 的三種形式。

裡面，創造的原則並未遵守單一的規則。在英文中，通常的原則是增加 ing（現在式）或 ed 或 en（過去式）。為了指出任何動詞的呈現原則，MCE 對於駕駛（DRIVING，現在式）採遵守時態的原則，先打出駕駛（DRIVE），再打出 ING（圖4.7）。

　　MCE 也有依附於英語字綴（affixes）或標記（markers）。SEE 1 有一百二十七個字綴，SEE 2 有六十七個，手勢化英語有十四個字綴。[54] 為了使用它們，MCE 的使用者增加它們到適當的動詞手勢中。 SEE 2 和手勢化英語依語意遵守最小單位的拆字原則，例如打「發展」的名詞（development）時，先打出「發展」的動詞（DE-VELOP）手勢，再打出 MENT 的手勢（圖4.8）。ASL 對動詞和名詞形式觀念的區分，則採用重複打出手勢的原則。打一次手勢（DE-

圖 4.7

DRIVE　+　-ING

在 MCE 中，進行式的打法是增加 -ing 標記於動詞的後面。 *108*

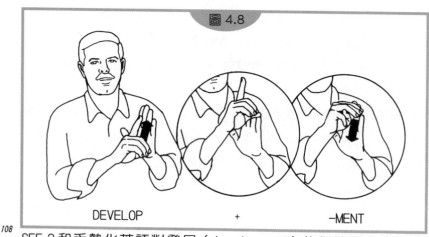

DEVELOP　　　　　　+　　　　　　-MENT

108
SEE 2 和手勢化英語對發展（development）的打法是連合發展
（DEVELOP）和字根-ment標記。

VELOP）是動詞；同樣的手勢打兩次，它就成為名詞（DEVELOP-
MENT）了。

代名詞 MCE 用十七個不同的手勢，來區分英語的十七個代名
詞。如同第二章所討論的，ASL 使用一個更簡單的策略來達成這個
108 目的。老師要使用這個策略的話，要看他／她想要達到什麼部分
（好比要提供英語的手語碼），也要看他們教室內普及性的語言是
什麼。雖然如此，也有人選擇 MCE 的手勢而不採用 ASL 的手勢，
主要是為了社交的原因，就像我們在說英語一樣（見第七章）。

—打出英語手語碼—

　　當教師首先學到 MCE 中的其中一種時，他們通常被教導要將手
109 語打在靠近前胸和打在嘴部視線之內；這個見解是希望聾生可以在

讀唇時，視線不會因為離開打手語者的嘴部太遠而分心。這個想法對那些本身打手語者以及那些不依靠手語或讀話溝通的人來說，是很有道理的。[55] 然而，當你觀察任何人和聾人用手語溝通，會看到他們將視線集中於打手語者的臉部，而不是看手或唇部。你也會注意到，他們如何自由地使用圍繞他們的空間來打手語。

─對英語手語碼的批判─

雖然 MCE 使用 ASL 的手勢，但並不表示它就是 ASL。所有發明 MCE 的人都要費力地解釋英語手語碼的主要角色在於提供一種英語的視覺─手勢動作模式。打出精確英語（SEE 2）的創始者說，他們的系統「不代表 ASL；其目的是要讓年幼聾童的家長及英語教師使用」。[56] 手勢化英語的發明人也是仔細地將他們的系統和 ASL 分開。

> 手勢化英語並不是語言。它不是美國手語的替代物。它的設計，是基於不同的目的。使用 ASL 基本的理由是使用那種語言來溝通而已。手勢化英語根本上和 ASL 很像，因為很多手勢都是直接取自 ASL。當某個手勢「進入」手勢化英語系統時，它變成某個特定英語字的語意相等物。很多時候，ASL 的手勢和手勢字詞具有相同的意義，但有時候卻又非如此。並且，ASL 和英語之間的手勢次序和結構特質也不相同。[57]

歷史已經顯示，英語手語碼（MCE）得到流行之後，隨之而來的是此法的衰退。勞倫特・科雷克也不例外。雖然連恩只是提供一

個時代事件的解釋,而那時的文獻紀錄很少,但他對科雷克的猜測說科雷克捨棄 MCE 而就 ASL 的推論,倒是和我們所知道的事實相符。而且科雷克的推理,在今日似乎是可以應用的。伯納德·伯瑞格(Bernard Bragg)是一位聾演員,已試圖將 ASL 對抗 MCE 的壓力轉為專注一個溝通行動的效果。[58] 他強調說將「ASL」和「以英語為基礎的手勢打法」二者截然分離,以及對後者的貶抑,會對整體溝通行動和聾童獲得英語產生不良的後果。他倡導將 ASL 此縮寫使用視為一般的名詞,來包含所有手語的形式。如果 ASL 成為手語的唯一標記,那就可以減少很多花在標記、分析、比較諸多延伸的各種不同手語類型的精力和努力。李奧·傑克伯(Leo Jacobs)是一位聾教育者,也表達了對 MCE 價值的懷疑,並呼籲吾人要完全接納 ASL 為教學的語言。他體認到並非所有的聾人都以相同的方式來打 ASL,並認為吾人應「包容 ASL 的不同打法,將之視為有用的教學工具或舒適的調整,以適應獨特文化群體的需求」。[59]

但是伯瑞格和傑克伯的提議,並未在聾人社群和教師之間得到支持。畢竟,ASL 的職責是要有效和適當的溝通;而 ASL 達到了這個目標。它是個兼容並蓄的語言,因為「它視需要從各種慣用法中借用和將之併入,來有效地達成溝通的行為於來自不同背景的聾人之間或聾人和聽人之間」。[60] 如果 ASL 成為手語的唯一標記,可能老師、家長和其他人就會停止辯論有關要如何溝通的方法,而開始切入溝通了。

看看聾人社群中的媒體出口,例如《國立聾人協會報導》(NAD Broadcaster)和《無聲的新聞》(Silent News),它們報導了聾人社群對 MCE 與日邊增的不滿之聲。過去幾年來,ASL 的課

程出現以及 ASL 大量出現在一般媒體上，引起人們對 ASL，而不是對 MCE 的支持。然而，MCE 對於 ASL 目前的復興有其貢獻。當 MCE 剛引入時，它並未呈現對英語地位的威脅，英語仍是教室中的主要語言。它提供家長和教師一個緩衝，讓嚴格的口語法轉衛為融入手語的使用。一旦 MCE 被人們接受以後，教師和家長就更願意來注意聾人所說有關應該使用 ASL 為校內教學的意見。

　　然而，很少教師會以當初創始者的理念來使用 MCE 系統。[61] 從一開始，MCE 的正確使用，就在校內面臨一個艱難的挑戰，因為大部分的教師要用自己的時間來學習這套手語系統，而且並沒有一些模範的角色來評量他們學得對不對。由於此法在執行上的差異很大，使研究此法成效的研究者感到困惑。目前已執行的研究結果顯示，至少對一些聾童而言，MCE 已經達到了它的目標。[62] 然而，在此法於 1970 年代剛開始受到熱切歡迎之後，正面的證據並沒有減緩此法隨後的衰退。

　　在我們討論 MCE 的反應時，有一個重要的考量點，那就是此派的創始者忽視了看和聽的生理學。第一個理由是，增加字尾加重了短期記憶的負擔，因為它破壞了「最近律」（recency effect）：我們最能記住最後所看到的事物。MCE 很不明智地強調字尾而非字根（手勢語）。從口頭聲音而言，此點可以克服，只要邊說出字詞，邊強調字根。第二個理由是，MCE 忽略了 ASL 的經濟原則，增加了很多特色，加重了視覺溝通的負擔。加上代名詞的手勢而不用一個眼神或融入手勢化動詞的動作中，是種過度的費力。

　　MCE 的手勢選擇和發明，有時激起聾人之間對它的揶揄。ASL 的根源加深了圖像的根源。[63] 以 RIGHT（方向，指右邊）的手勢來

代表正確（right，對），對於打 ASL 的人以及一般人來看，實在荒謬。似乎大部分英語手語碼的創始者更關切口語的複製而不是溝通。因此，MCE 在教育上的使用逐漸衰微，大部分的原因可能在於它過度堅持，嘗試以手勢系統來緊密模仿口語的作為。但目前對此派下定論，仍言之過早。

聲人以他們對 ASL 的知識，用他們自己的方法來呈現英語的結構。馬龍·孔茲（Marlon Kuntze），一位聲老師，注意到英語和 ASL 的共存，已經導致「逐漸滲進英語結構以及英語逐漸修正到適合 ASL 的系統中」。[64] 這個感覺已經得到其他的迴響，如同下列的引述所顯示：

> MCE 可能已經讓自己走出聲教育的系統，在二十年後的戰壕中，此派的支持者正快速減少中，這不像有些人預期的悲觀。用手勢來呈現英文，不管是透過手勢、指拼或兩種方法的合併，都是聲社會用來溝通的語言彌補之一部分。聲父母有時會和他們的聲小孩依靠以社區為主的手勢話英語的形式來溝通。MCE 的死亡將導致更自然能被人接受又能代表英語的手勢語。[65]

因此，可能沒有需要去創造一個手語系統，用手勢語來表達英語，因為對熟練 ASL 的使用者來說，已經有一個機轉可以使用。此觀點得到很多聲人共鳴，也是在美國和加拿大各種不同的 ASL ／英語的雙語模式學校教育方案的基礎信念。

112

如果鞋子適合

　　已故的聾教育和復健的專家拉瑞·史督華（Larry Stewart）曾達成有關很多溝通選擇的協議，包括：MCE 是聾人在那個時代的日常生活中會面臨到的。他用幽默的筆調來評論：

> 純聾的廣大成員已經發現一個真理。……在生活的大溝裡，不管戰場是贏是輸，語言學的理論——以及其他學術界對此事的理論——在這些事情的偉大體制結構中算來有很多，多到好像是葉子上的跳蚤，在春天的洪流中，沿著密西西比河漂浮。事實上是大多數的聾人成員已經使用在那時代任何可用的溝通模式，理論是被抑制的，包括看見主要的英語（SEE-1）、打出精確英語（SEE-2）、打出精確英語——韓氏 57 法（SEE-Heinz 57）、手語語言（Siglish）、羅徹斯特法、口手標音法、手勢、示範、指物、眨眼、臉部抽動、點頭、擺動耳朵以及其他任何可以協助聾人的方法等，這些變通方法可以成為聾人和他人之間被隔開的大鴻溝之橋樑。在企圖和聽力正常人溝通時，聾人必須求助於讀唇、寫字筆談、手勢、指物、示範、點頭、微笑、皺眉，使用不只一種橋樑，瞇眼、扮鬼臉、繃著臉等；最後當所有的招數使盡都失敗時，就只好目瞪口呆地直視著對方。66

註 解

1　Mead 1976.

2　Madsen 1976a.

3　Stewart 1991。作者已經廣泛寫出體育在聾人社區中的角色，還有 ASL 對聾人體育員和觀賽者社會化的影響。

4　Stewart 1993b.

5　Unification of Signs Commission 1975；序。

6　同上，2。

7　Mallery 1881, 332.

8　同上。

9　Sokoe, Casterline, and Croneberg 1965；也可參見 Brien（1992）。

10　Woll, Kyle, and Deuchar 1981.

11　敘述有關手勢記錄者的刊物可以從手勢記錄者聾人動作委員會（The Deaf Action Committee for Sign Writing）取得。地址：P.O. Box 517, La Jolla, Calif., 92038-0517。

12　引自《翻譯的藝術：寇尼‧柴可夫斯基的甲級高度藝術》（*The art of translation: Kornei Chukovsky's A high art*）。由 Lauren G. Leighton, Leighton（1984）翻譯，81。

13　Rosen 1993, 3.

14　Stokoe 1972, 1978。作者有一個精細的方法學回顧。他的著作尤其值得閱讀，因為他是第一位研究 ASL 的人。有些額外討論手語方法觀點的著作參見 Fischer 和 Siple（1990）；Hoemann（1978）；Klima 和

Bellugi（1979）；Lane 和 Grosjean（1980）；Lucas（1990）；Lucas 和 Valli（1989）；Siple 和 Fischer（1991）；與 Wilbur（1979）。

15　一個跨文化的手語調查抽樣已經在世界各地進行：巴西（Pereia and De Lemos 1990）、中國（Klima and Belllugi 1979, Yau 1990, Youguang 1980）、法國（Sallagoity 1975, Woodward and DeSantis 1977）、英屬西印度群島的大鱷魚地（Washabaugh 1981）、印度（Jepson 1991）、哥倫比亞的天命島（Washabaugh 1980a, 1980b; Woodward 1979b）、蘇格蘭（Brennan and Colville 1979）、瑞典（Ahlgren 1990）、台灣（Smith 1990）和澳洲尚未成為省的地區的原度馬（Yuendumu）（Kendon 1980）。

16　Volterra and Erting 1990, 1。他們的書提供了綜觀聾和聽童的語言獲得研究之文獻回顧。

17　Tevoort 1975.

18　Goldin-Meadow and Feldman 1977.

19　Gee and Mounty 1991, 65.

20　Maestasy Moores 1980.

21　Prinz and Prinz 1979.

22　deVilliers and deVilliers 1978.

23　Holmes and Holmes 1980.

24　Jamison 1983.

25　Mikin and Rosen 1991.

26　Woodward 1979a.

27　Woodward 1970b, 1-2.

28　Woodward 1980。這些與麻醉藥或毒品有關的手勢範圍從 AA（未命

名的酒精物 Alcoholics Anonymous）排到 wack（天使粉，一種麻醉藥）。

29 例如，Kannapell, Hamilton 和 Bornstein（1979）。

30 Claiborne 1989, 3.

31 Hoemann 1975, Klima and Bellugi 1979, and Wilbur 1979.

32 特別概念的手勢，在不同的語言中有很大的差異。例如，在 Klima 和 Bellugi（1979）的文章中，作者示範 ASL 和中國手語之間的差異，就如同英文和中文的差異是一樣多的。在 Battison 和 Jordan（1976）與 Jordan 和 Battison（1976）專文中，作者想決定本身打手語但來自不同國家的人，他們了解其他國家的手語到何種程度。他們邀請本身就打手語〔美國手語 ASL、丹麥手語、法國手語、中國（香港）手語、義大利手語以及葡萄牙手語〕者來觀看錄影帶，看他們自己國家的手語，再看其他五個國家的手語。研究者的結論是：「打手語的聾人比較能了解自己國家的手語；比較不能了解陌生國家的手語。」（Jordan and Battison 1976, 78）。

33 Battison 1978, 177-178.

34 Frishberg 1975.

35 Klima and Bellugi 1979.

36 Hoemann 1978.

37 Stokoe 1993.

38 Shroyer and Shroyer 1984.

39 Sternberg 1981.

40 Shaw 1903, 97-98.

41 綜藝版的評論家寫著：「在這個表演中，有很多戲劇性的影響和力

量；他們用手指、手和手臂來說話……。表演者輕快地表演這齣戲。他們的臉部在說話，即或他們的嘴巴沒有說話；而且沒有過度的戲劇化或表演過火。事實上，這是一個由大學生所能表達出的極卓越之專業表演。」（引自 Tadie 1978, 308）

42 如要了解讀話所有觀點的延伸處理法，參見Berger（1972）。讀話者統合臉部表情和上下文意與對說話者說話內容知識的了解之後，再以智慧的猜測來決定對方剛說過的話語是什麼。

43 Cornett 1967.

44 Stewart and Lee 1987.

45 有一位是 Friar Bernard of Saint Gabriel，另一位是 Monsieur Fourcade（Wilbur 1979）。

46 Wilbur 1979.

47 雷裴引入他系統的手勢，很多是使用法國手語的聾生所提供的，但是這個法文的文法結構指引了手語產生的順序。此選擇並不令人意外，因為雷裴的自然思考像是一個一直用聽的人一樣；他從小長大和溝通都是靠著法語。他有關語言獲得的想法是依據那個語言模式。活在十八世紀的時代，他還能想到什麼其他的方法？他想到要用手勢的觀點已經讓他和他那個時代的教師分離，甚至高過他們。那些教師認為聾人的手語是一個剝奪的記號；手語使聾人最終無法得到社會接受的護照——口語。然而，如同前章所注意到的，雷裴證實了他的成功——他教育聾童使其具有閱讀和書寫法文的能力而非強調其使用法國手語的能力。

48 Paget 1951。最近的版本，由 Paget 和 Gorman 所寫的，《一個系統化的手語》（*A Systematic Sign Language*）已經於 1968 年由皇家國家聾

人機構出版（Royal National Institute for the Deaf, 105 Gower Street, London WC1E 6AH）。

49 有些人可能會說印刷體（print）將是一個明顯的解決法。然而，讀寫已經在聾教育行之有年了；雖然我們注意到有一些成功，但是聾童理解英文的能力，仍然是一個遺失的連結。在 1980 年以前，高中畢業的聾生，其閱讀成就平均只有國小四年級的程度。

50 Gustason, Pfetzing, and Zawolkow 1980, ix。他們的書——《打出精確英語》（*Signing Exact English*），是最廣為流通的 MCE 教科書；從它在 1972 年初版以來，一直是很多聾生的教師之手勢詞彙主要資源。

51 Lane 1984, 62-63.

52 引自 Gustason 等人（1980, ix）。

53 很多手語字典顯示食指從嘴部直接移動出去的手勢代表 to be 的各種形態。大部分的語言學者不接受這個手勢為 ASL 的一部分；他們認為它只是一個被說英語人士所引入的手勢，本身打手語者並不使用這個手勢（Stokoe, Casterline, and Cronberg, 1965）。

54 Anthony 1971; Bornstein, Kannapell, and Saulnier 1973; Gustason, Pfetzing, and Zawolkow 1980.

55 口手語並用溝通（SimCom）——指說話和打手語同時進行——已經在高立德大學，自從它創校名為哥倫比亞聾啞盲機構（1860 年）開始，就被用為主要的教學模式。從 1970 年代開始，它支配著美國和加拿大的綜合溝通方案。

56 Gustason et al. 1980, xi.

57 Bornstein, Saulnier, and Hamilton 1980,468。這些警示的話語，有時卻被教師所忽略；他們相信 MCE 可以取代 ASL 而不是僅是教室溝通中

的一個選擇。

58 Bragg 1990.

59 Jacobs 1990, 55.

60 Bragg 1990, 10.

61 要看教室內的教師是如何打手語的，參見Kluwin（1981b），Luetke-Stahlman（1988a），Mayer 和 Lowenbraun（1990），Strong 和 Charlson（1987），以及 Woodward 和 Allen（1988）的研究。

62 Brasel 和 Quigley（1977）；Gilman, Davis 和 Raffin（1980）；及 Luetke-Stahlman（1988b）等專文都闡述了不同的方法來調查MCE對於聾童英語技巧的成效。

63 見 Stokoe（1993）。

64 Kuntze 1990, 77.

65 D. Stewart 1993a, 335.

66 L. Stewart 1990, 118.

第五章　學習打手語

　　看別人打手語會不會引起你想學手語的渴望呢？很多人發現手 *116*
語的曼妙（fascinating）而尋求學習的機會。當你在電腦螢幕上看到
某些大學開出手語課時，你可以找時間去學習。或者，當你聽說某
社區中心或教會將開手語班時，你也可以去報名參加。然後你可能
會聰明地想探索一些問題：去哪裡學手語以及它有多難學？老師是
誰？還有你對學習手語的速度和熟練度應有哪些合理的期待呢？

　　讓我們來檢視這些相關的課題。如同前面幾章，我們以 ASL 為
模式來討論你如何學手語。

ASL 教學

　　在美國，直到此世紀的後半部才開始有手語的教學。1964 年，
華府的聾人協會第一次公開開辦手語班；當時在美國只有極少數的
地區有開手語班。[1]如今，在一年的某些時段中，你可以在每一個大
城市和很多小城鎮的大學、社區學院、高中、義工團體或聾人組織
中，選修 ASL。這些課程都假設你不是聾人。並非聾人不准學手

117

ASL 上學

　　ASL 在聾人社群中是很重要的語言，它也受到廣大高中和大學生的接受，將之視為學習第二語言時的選項之一。只有少數幾所啟聰學校公開認可讓 ASL 成為正式的教學語言，但是在高立德大學，教師如果想要用，就可以在教學上使用 ASL。一位在高立德大學教書的老師，質疑教育系統缺乏 ASL 的問題：

> 　　對老師而言，他們認為要在教學中使用 ASL 的想法是非常危險的。他們不管是否 ASL 提供了課程內容的完全管道，也不管研究者試著說明 ASL 的語言結構是很豐富的，是一種獨立於英語之外的語言。[2]

　　然而，在美國高等教育階段中的 ASL 課程，讓人感覺 ASL 的時代來臨了。可能聾童無法在每個地方得到 ASL 的教學，但是，門正在打開中。

語，而是這些手語課的設計是以聽人為對象[譯註1]。

117 　　看來似乎很奇怪，教師很少教聾生 ASL，即使是啟聰學校也很少有手語課。但這些學校卻開手語班給聽力正常的人士——家長、新任教職員和社區人士。至於聾生，學校似乎假定在班級內，師生有許多使用手語的機會。現在將聾生的經驗與從小在說英語的環境

譯註1　目前台灣學習聾人自然手語的地方有中華民國聾人協會等聾人組織。大學方面的正式課程，目前有國立台灣師範大學、國立新竹師院與國立台南大學的特殊教育學系開設手語課。很多大學都有手語社團。某些私立機構也教授手語，如：教會或福音機構等。

下長大的聽力正常學生比較一下；這些聽生接受了十二年的英語教導（他們的母語），然後到了大學時他們還要至少修一年的英語課程。教育家辯解這些延伸英語研習的必要性，因為英語是學生未來一生都要依賴的語言。但聾生難道不也應該如此嗎？難道他們不是在未來一生也要依賴（至少一部分）手語溝通嗎？有愈來愈多的聾人看到這些實務的不合理之處；他們要求聾生必須學習英語和ASL。

手語班的地點

　　學習手語的機會愈來愈多，因此你可以選擇地點、有沒有經費補助、教師和課程。就如同學習其他任何課一樣，我們推薦你去被認可的教育機構學手語，例如高中、社區大學和大專。如果不想要獲得某項特殊專業的文憑，你去上成人教育的手語課就很不錯了。大部分的成人教育課程不要求你必須先修過某些課程才能選修手語。

　　服務機構和聾人團體也開辦手語班。有些手語班很傑出；但也有些手語班只教你一些基本的手勢或再磨練你已學會的一些手語技巧。有時聾童的家長們會聚在一起，請一位教師來教他們手語。然而，在教育機構中所開的手語課應該會比較好。在過去，私人機構或某些人會主動開手語班，那是因為當地並無正式的手語課程。如今手語流行，只要一宣布要開手語班時，選修手語的人數常立刻爆滿。但學生仍應要求教師的品質。[3]

118

—選擇你的手語教師—

湯姆斯‧高立德在 1847 年寫下「手語不能由書本學,而是要向模範角色學」。[4]這句話語仍適用於今日。尋找好的模範角色(models)卻不是一件易事,因為手語班級的數目遽增,也有部分原因是大學缺乏預備手語教師的師資訓練方案。

一個可信賴的手語教師來源是聾人(也就是第一語言是 ASL,也融入聾社群的人)。但光是精通手語和熟悉聾文化,並不能確保此人必是一位好老師。[5]

我們了解你可能沒有選擇教師的自由。當你有機會選教師時,有幾個方法可以確保教師的資格。其中一個方法是去國立聾人協會(National Association of the Deaf, NAD)查證。它承辦手語資格考

119

當法語老師才剛學到「請你說!」(Parlez Vous!)

想像你的西班牙或法語講師才剛學幾個禮拜的語言就來教你了。在幾年前,本書的第一位作者遇到一位鄰近校區的教師,她已從紐約大學選修的暑假手語班結業。她很興奮地告訴他,經過六個禮拜的密集訓練,她學校的主管已聘她在秋季時教校內的教職員手語。她希望作者高興並以她為榮。但是他並沒有。類似的經驗也發生在本書第二位作者的身上。他回憶曾看到某新聞廣告,列出 ASL 班的師資陣容,其中某位教師是他的學生。他所震驚的是,這位老師還在上他的 ASL 初級班!所幸這些拙劣的模仿正在消失之中。

試，並登記已達不同手語能力的人士名單。國立聾人協會贊助手語教師輔導網（Sign Instructors Guidance Network, SIGN）。參加手語教師輔導網的會員，指出他／她有意願來參與專業的發展活動。 *119*

　　手語教師也可以參加 ASL 教師協會（ASL Teachers Association, ASLTA）並獲得一個 ASL 教師證明。此證明指出此教師已參加一次或多次 ASL 教學策略的研習，並已任教 ASL 數年之久。ASL 教師協會尋求協助會員互通有關教法和教材資源的訊息，並經由專業發展研習會和其他形式的短期訓練來改進會員的技巧。[6]

一手 語 課 程一

　　剛開始時，手語課包含教生詞，較少教其他的東西。如果提到文法時，學生通常被教導將他們剛學過的手勢排成合乎口頭語言文法的順序。而坊間可買到的教科書也反映了此種方法——大量蒐集 *120* 的手勢圖示，卻很少關切如何將手勢組成思考單位。在人們對手語的欣賞，特別是 ASL 更被視為一種語言之後的一段時間，已刺激了某些作者，如丹尼斯・寇克理（Dennis Cokely）和夏洛特・貝克（Charlotte Baker）就寫出一系列深入敘述 ASL 文法的書；[7]他們也寫出教師手冊，幫助教師提升教學標準並鼓勵 ASL 教學方法的一致性。隨後有三位聾作者：湯姆・漢非利士（Tom Humphries）、卡拉・帕登（Carol Padden）及塔倫斯・歐羅基（Terrence J. O'Rourke）合力寫書，對 ASL 的結構與生詞有一系統的處理。[8]此書並附有錄影帶，讓學生有機會觀察。這些努力扭轉了教育的潮流。今日，除了上述的手語書本以外，有些優良的 ASL 教科書及教學指引已經出版。[9]

─教 學 方 法─

語言教師早已知道需要一開始就讓學生大量地暴露於語言之下。巴西已發展出一種技巧，稱為「綜合沈浸」（Total Immersion），在此法下，學生執行所有的溝通，一次幾小時，使用剛學過的語言。這個原則被美國的州部門用來作為培育外語服務文憑的作業之一，也被摩門教會用來教宣教士學習新的語言。

紐約大學（New York University）的研究發現集中教學對初學者而言最有效。[10] 學生一天花八小時在班級內，學習一個禮拜，以手勢為唯一的溝通工具，很快地就發展出足夠簡單日常會話的手語能力。一個流行的變通法，是舉辦手語營（sing language retreat）；學生聚集在一個偏遠之地，日夜都沈浸在 ASL 之下。吃飯、喝咖啡的休息時間，以及飯後的遊戲，和教室內的學習，全使用手語。此種支配體制有壓力，但幾乎每位經歷過的學生在營會結束時，都能擁有最起碼的手語能力。[11] 這種密集的方法，建立強烈的學習動機。一旦學生有了初步 ASL 的生詞與文法的基礎，就能迅速學習新的手勢，而且他們也有動機隨時自我更新手語能力。[12]

兩種 ASL 的特殊教學策略是直接經驗法（direct experience method, DEM）和功能標示法（functional notation method, FN）。凱司‧科格（Keith Cagle），一位參加過 ASL 教師協會的聾教師，敘述這兩種方法：「直接經驗法強調在介紹新手勢生詞時，禁止使用聲音與唇部動作；但是可以利用環境設備來教新手勢。而功能標示法則包含使用目標語言，且以日常功能會話為中心。」[13] 因此，有些 ASL 的教學策略與教口頭語言的策略類似，就是使學生能實際

121

運用所學到的生詞與詞彙。

　　不管適用哪種教學技巧，我們也要提到一禮拜幾小時的手語班，即使我們有時戲稱此策略是「細水長流法」（slow-drip method）。對所研習的手語已有一些知識的人而言，手語班具有很大的價值。在手語班中，間隔的教導是一個磨練、維持手語技巧和擴增手勢新詞的絕佳方法。我們推薦兩種方法並用——開始時可以用密集暴露於手語環境下的方法，隨之再採取長期的手語教學法。[14]

－教 學 輔 具－

　　隨著手語教學的演進，在市場上一直有新的輔助工具出現。互動式的影碟、光碟錄影，以及模擬的電腦方案，是三種大有可為的科技，應該可以提升學生學習 ASL 的技巧。密西根州立大學（Michigan State University）使用壓縮磁片（光碟系統），經由校園網路流通。此系統允許學生抽空練習兩百個 ASL 詞彙。它最大的價值，是提供手語的動態呈現；此法當然優於手語教科書上的手語繪圖。壓縮的磁片比錄影帶和電影好的地方包括立即的隨機選取，減少倒帶和向前尋找某一手語的打法，此外也更持久耐用。

　　就如同所有形式的錄影帶在教室以外被使用，學生們發現自我學習比在課堂上師生前練習還不令人畏懼。他們可以一次又一次地重複練習某個惱人的手語，不用擔心他人看了無趣或自己看來可笑。當然，自習的一個缺點是學生缺乏客觀的回饋；但此缺失可以在課堂中彌補。

獨自對空打手語

　　有人可以獨自學習手語嗎？有可能拿起一本書和幾捲錄影帶來學手語嗎？你可以只靠傾聽錄音帶來學習口頭語言並達到某種程度的流暢度。可能有一天，精進的科技允許你錄下你自己，再將你自己的錄影和電腦化的示範者之錄影做比較分析。由於有這種形式的回饋，可能你可以帶著些許的自信，獨自學會手語。但就目前而言，據我們所知，很少有人獨自看一本手語書就能成功地學會手語。手語是手部、臉部和身體一系列動態的表達（articulations），很難用二度空間層面來正確描繪出，因此需要支持，以確保學習者產生正確的手勢。

　　那電視和動態圖畫又如何？這些可能會更有幫助，但是，在缺乏回饋之下，我們懷疑一個人能僅靠此就能獨自習得手語。你可能在電視螢幕上觀看一位打手語者，以為自己在忠實地模仿這些動作。然而，你可能沒有正確習得，卻花了很多時間在練習錯誤的手勢。另一個細微點是，你必須在心理上轉換螢幕上的影像，由觀看者轉為打手語者。有些人容易做到，有些人不然。一旦你已學習手語，電視和動畫錄影卻是輔助課堂教學的有效學習輔助工具。

　　最後，在打手語時，回饋是很重要的；回饋不但幫助手語順序的產生，也可提供情緒上的支持。教師和同學都能提供大部分學生所需要的支持，以鼓舞學生在學習語言的早期困難階段中能穩定地成長。學生尤其需要藉助他人來練習，因鏡子所提供的回饋不足。當學習手語時，應避免錯誤的練習。同學間的互相協助，可以提升

所需的正確重複練習時間，由自覺轉換到非自覺的語言。

就心理層面而言，說英語的本土人士學習手語，應該比學其他的語言容易些，因為有溯及以往的牽制存在──新舊學習之間會產生衝突。這個衝突起源於當學習者遇到兩種語言的聲音（或是看來）相似但意義不同的字詞時。在法語中，例如："tin" 的意思是「木塊」，不是一個金屬的元素；而德語 "Boot" 的意思是「船」，不是一個「蓋腳的靴子」。這些外語和我們一起共用英文字母系統的二十六個字母，這種混淆是無可避免的。

學習手語的另一個迷人的好處是它的新奇性。用手來溝通和用說話來溝通不同。師生可以看重打手語所產生的興奮刺激，以維持學生學習手語的興趣，並能忍耐一時的挫折，終能獲得手語技巧的能力。對某些人而言，學習 ASL 比學習另一種口頭語言（如：法語）容易；但仍然不是容易學的。

第二語言的學習

大部分研究手語的學生會落入第二語言學習的主題。因此，對於本土說英語的人士而言，學習手語就好像在學希臘語一樣。它不是符碼轉換，而像學習寫出自己的本土語言；它是學習一種新的語言和新的符碼形式。

學生們發現學習手語是容易還是困難呢？這樣的問題，引起我們去訪問教授 ASL 的十二位教師和七十二位學生。[15] 調查結果讓我們注意到，聽人學生面臨獲得一種透過視覺──手勢動作媒介的語言改變；此法挑戰他們傳統以聽覺口語模式來處理語言呈現的方式。

學生也面臨運用身體來溝通的不安感──而用肢體語言來溝通是聾人社區中根深柢固的文化。此項調查顯示，師生都表示學習美國手語結構的困難，直接和此結構與英語結構的不同程度有關。而要得到 ASL 結構的實務練習也是比較難的，因為聾師和聾生在社區中傾向轉碼為像英語形式的 ASL 手語。學生也指出聾師和聽師的優點和缺點。對一些人而言，聾師用很多 ASL 結構的呈現，提供學生一個聾人社區中更實際的溝通圖畫；而聽師的彈性較少。我們也注意到，對某些學生而言，相對於聾師全用 ASL 來解釋，沒有口語的方法，聽師用英語來解釋，反而可以減少學生的挫折感。教育上對第二語言學習的興趣是最近才開始的。美國國務院的外語學會、和平部隊的行動方案，和摩門教會的語言訓練國外佈道團，都已經教過數以千計本土說英語的人士外國語言，但是他們並未出版他們的方法，或研究影響他們結果的因素。語言學家和研究者，在另一方面，已經執行很多的研究，有部分的研究動機是因為學者們體認到美國在外國語言的研究方面較為落後^{譯註2}。16

124   有些研究已經看到雙語論（bilingualism）可能會在智力上使人削弱力量的指控。但相反地，從加拿大、以色列、紐約、新加坡、南非和瑞士等國的研究，建議雙語人士具有認知和語言上的利益，超過那些只會單一語言者。在一個加拿大的研究中，那些同時會英

譯註2　在我對八十四位選修初級手語課的大學生所做的一項調查顯示，幾乎全體修課學生（99%）認為手語對其未來特殊教育教學工作有所助益；大多數學生（74%）認為手語教學由聾師與聽師一起協同教學最適當，其次是由有經驗的聾人（18%）教學；修手語課的動機：以需要（27%）最多，其次是興趣（24%），以及興趣加上需要（24%）。此外，大多數（98%）學生認為手語課可以再區分為基礎班和進階班。學習心得：學生學到基本的手語技巧，以及對聾人與聾文化的了解。

語和法語的雙語者，他們在智力測驗的語文和非語文部分、學業成
就測驗，以及法語能力測驗等方面的成就，都遠超過只會法語的單
一語言者。還有，雙語的學生似乎比單語的學生，在思考方面更有
彈性和多變化。這些研究發現和其他的調查，只能應用於當此人使
用雙語時，這兩種語言被社會同等地看重。當某一種語言被詆毀
時，結果可能是減而非加的雙語論；也就是說，如果其中的一種語
言不能受到尊重，那麼它就會干擾或減低智力的活動。[17]後者的限
制條件，可以解釋那些發現：在某些團體中，例如西南方的墨西哥
裔美國人，學習雙語的小孩，他們在學校的表現，沒有單一語言的
同學好。在西南方，西班牙語並不是受到高度重視的第二語言。已
經有人努力想改變那種態度；如果他們成功，那個區域的墨西哥裔
美國學童的自信心不但會成長，他們的學業成就也會進步。這個推
論應用到聾童也是有關的，也就是說，如果手語被認可為他們的第
一語言，口語是他們的第二語言。事實上，這也是某些學校方案採
取雙語─雙文化方法的依據，他們用雙語的角度來教育聾童。

　　這點帶領我們從學生的立場來看手語學習。對成人來說，第一
個困難處是他們學第二語言的方法和他們的小孩不同。成人比較重
推論演繹，寧可老師給予文法規則來學習，然後再加以運用。當他
們達到要用另一種語言來表達某事物的僵局時，他們會從記憶中尋
找線索。但小孩傾向歸納地執行；當碰到瓶頸時，他們僅是將某事
物表達出來。也就是說，孩童透過經驗的方式，發現代名詞的規則
和文法的原則。

　　上述學習方法的差異，是否意指成人的學習比兒童還差？並不
盡然，但是成人的確有更多的障礙需要克服。因為成人的標準高於

孩童，他們也更易分心（工作、家庭）。所以，到目前為止，學習
125 第二語言最理想的年齡似乎是青少年時期，這是有點讓十幾歲的少
年和他們的父母嚇一跳的結論。[18]它應該可以鼓勵有動機想學習第
二語言的成年人。古老的諺語說學習語言是愈年輕愈好，並不能適
用於緊密又有系統的檢驗。青少年和成年人，如果以熟練第二語言
為其目標時，可能是具有優勢條件的。但年齡不是避免學習手語的
藉口。

　　或者是以手語是一種需要手部靈巧的語言為藉口？手語的規則
可能可以學到，但是你／妳的手會不會打出自己想要打出的東西，
就是另一回事了。這和成人學習第二語言是相對比的事情。舌頭和
其他的構音器官已經累積數十年的練習在空氣氣流中推動、收縮和
拋投。就像一個調整好的引擎，被搬運到一個新車車體內，我們沒
有理由懷疑這部車不會開動。學習說第二語言的道理也是相同的。
口語可能有點不好輪轉，但語言是在那兒存在著。然而，將口語轉
為手語，就好像要求用車子的引擎來駕駛一條船。雖然可以做到，
甚至順利執行，但這是很困難的事。所以將口語轉換為手語也是同
樣的道理。要如何強調手勢？情緒的投射？如何表達疑問？適應這
些語言媒介的改變是可以達成的。即使是考慮手部靈巧度所引起的
挑戰，都是可以克服的。

－評 量 語 言 學 習 的 能 力－

　　達到手語學習挑戰的第一步是態度。你持有正確的態度嗎？你
有動機學手語嗎？學習語言時，動機扮演了很重要的角色。老師可
以協助你的方式是讓這門課程有趣，並且對你早期逐漸打出正確的

手勢和文法給予鼓勵增強。你必須自省學習手語的理由。你的期望是什麼？你希望在一兩個月內就熟練手語？或期望在未來達到手語純熟的地步？學習手語可能可以治療你在公眾前的害羞；可能引導你到一個刺激的事業生涯；可能讓你找到新朋友或伴侶。然而，手語也可能對你發揮不了任何作用。畢竟手語只是一種語言，它能為你做什麼，完全依據你如何使用它而定。

另外一個可能影響你學習手語能力的變項是同理心（empathy）──你能去理解別人的感受，但你當下並沒有相同的情緒反應。例如，你可能知道某人為什麼生氣，但你本身並沒有生氣。同理心需要敏感度來了解他人行為的觀點。這就是為什麼在學習手語時，聾文化的研習是如此重要。敏感度依序是獲得第二語言或至少其他口頭語言的因素。[19]

多年來在公眾前打手語一定會引起旁人的側目。美國社會不只廣泛地對手語溝通有文化的排斥，而且打手語本身已被視為歧異的指標──不正常又不被需要的。聾人是被烙記的團體。他們親密地以手語連結，聚集了不想要的同情，有時甚至會被多數人斥責。

今天，有些聾人經由電視及電影螢幕來製造標記。琳達·波芙（Linda Bove）是電視「芝麻街」（*Sesame Street*）中的聾圖書館員。瑪麗·瑪特琳（Marlee Matlin）是以電影「悲憐上帝的女兒」（*Children of a Lesser God*）榮獲奧斯卡金像獎最佳女主角。她以積極的方法，引起大眾對手語的注意，貢獻卓著。瑪特琳尤其經常在電視上出現，使人們了解手語。此舉增進人們對聾人與聾人文化的了解，也減少人們對手語所聯想到的烙記。

註　解

1　Madsen 1976b。如欲知由聯邦政府贊助創辦的第一個教導社會大眾手語的班級，參見 Sehein（1981）的專文。

2　Valli 1990, 131.

3　學習 ASL 的機會已經在其他的國家成長了。英國聾人協會和皇家國立聾人機構都贊助英國手語班級且遍及英屬島嶼（Brennan and Hayhurst 1980）。手語班級可以在下列城市裡找到：愛丁堡、布里斯托、里茲和新堡以及倫敦。很多歐洲的其他國家也開始擴增手語的教學；手語不再只是培訓專業翻譯員用於教育的領域。在非洲以及亞洲還有南美和中美洲的一些國家裡，手語教學愈來愈普及了。

4　引自 Kanda 和 Fleischer（1988）。原始資料摘自：Gallaudet, T.（1847）。手勢的自然語言和它在教育聾啞者的價值和應用參見《美國聾人年刊》（*American Annals of the Deaf,* 1:55-59,79-93）。

5　Kanda and Fleischer 1988, 193。作者列出夠資格教導 ASL 的講師之專業能力與行為：「需要和聾人社區成員互動以加強其語言學和文化的能力，再加上適當的態度特質……ASL 老師必須受教育，顯示其對教育和教學原理的知識和應用，此外也要正式研究所要教導的語言……他們應該能夠將第二語言教學理論統整到他們的手語教室內。他們也應該從事能讓個人和專業能力成長和發展的活動。」

6　更多有關 ASLTA 的訊息可以寫信給 ASL 教師證照（由美國聾人協會本部辦公室的溝通管道方案轉交）。地址：ASL Instructors Certification, c/o Communication Access Program, NAD Home Office, 814 Thayer

Avenue, Silver Spring, Md. 20910-4500。這個溝通管道方案也提供有關 ASL 教師在美國不同地區的分布位置以及教你如何選擇一個 ASL 班級的刊物。

7　Baker and Cokely 1980.

8　Humphries, Padden, and O' Rourke 1980.

9　最近的 ASL 坊間流通教材包括 Humphries 和 Padden（1992）以及 Lentz, Mikos 和 Smith（1989）的手語書。

10　Feldman 1978。此作者已經敘述紐約大學開辦密集式手語教學的經驗。很多不同的語言學研究者已經體認到密集或是「全部沈浸」方法來學習其他外來語言的潛力（Diller 1981, Lambert 1981）。

11　在這個手語營會中，學生都同意不用嘴巴講話，除非在特定的「口語休息時間」──對那些在生活裡習慣說話的人來說，這是一段被認為有需要的轉移，以克服偶爾會產生的激烈挫折感。

12　ASL 營會在很多州都有舉辦。有關他們的訊息，可以透過和國立聲人協會聯絡或是詢問有服務聲人的學校或機構。

13　引自 Johnston（1993）。

14　學心理學的學生會體認到這個處方，是對長久以來辯論有關大量學習或是間隔時段學習哪一個較佳的解決法。這類討論可以在任何的心理學教科書中找到。

15　McKee and McKee 1992.

16　Winitz 1981.

17　Cummins 1986, 1989; Grosjean 1982; and Lambert 1981.

18　McLaughlin 1981。另外一個回顧者引用一個研究，建議說：「大學生學習外國語言的速度，可能比九歲大的兒童快上五倍。」（Diller

1981, 76）

19　有研究已經發現在同理心量表得分高者，比他人更有能力來說第二種
　　語言（Tayler et al. 1971）。這個研究的資料和認為感情的變項——同
　　理心是其中最重要的一項——的立場相吻合（D. Brown 1973）。而動
　　機也是另一個有力的情緒。除了一點例外以外（而這些例外是病理學
　　上的），兒童展現強烈的慾望想要獲得他們自身的語言（Diller
　　1981）。嬰兒在一種文化中出生，然後在嬰兒期搬移到其他的文化地
　　區，將會學習到第二種文化。兒童若被養育在雙語環境的家中，就會
　　習得兩種語言。看來人類想要溝通和由此獲得語言的動機，似乎是一
　　種遺傳。

第六章　手語經濟學

在二十年前，ASL 沒有什麼經濟學的價值。然而在今日，手語 *128* 是一個可以產生市場的技巧（marketable skill）。很多專業人士與商業人士把手語視為一項資產。而會打手語的律師對聾人社區的成員具有莫大的吸引力。對醫生、會計師與牙醫也是同樣的情形。貿易人士，例如：掮客、理容業及旅館從業人員，只要去學手語就能增進聾人顧客的生意。旅遊業者也發現若贊助會打手語的導遊，是一件很值得的事情。有些航空公司已在教空服員手語，以便他們能和聾人乘客溝通。有一間百貨公司打出已聘請一位聾人助理來協助聾人顧客的廣告。這個名單可以繼續開下去，但重點是：ASL 有其經濟學上的吸引力。[1]

手語的學習能潛在地打開新的市場與增加聾人顧客的生意，因此有很多人去學 ASL。這個興趣已打開手語教師的就業機會與手語教材的出版。過去手語已被證明在某些尚未被探索的治療領域、戲劇、電視，甚至海軍中成效卓著。但手語被應用最廣泛的領域是手語翻譯（interpreting）。

手語翻譯

　　溝通對很多利益的輸送是很重要的。有鑑於它的重要性，美國國會規定復建的病人有權利選擇以他們的母語或喜歡的溝通模式來接受服務。1978 年的復建法案修正案的意義是指復建機構必須提供會打手語的員工來服務聾人患者。但是如果員工中沒有一位會打手語時，該怎麼辦呢？是不是要讓病人等一等，直到有一位輔導員完成 ASL 的速成班？還是乾脆拒絕聾人病患？美國聯邦的法律排除上述兩種選擇而採用第三種。

　　在第三種變通的方法中，機構雇用一位手語翻譯員來促進聾人病人與他們的專業人員之間的溝通。手語翻譯員需要具備高層次的 ASL 和英語的語言能力。這種解決法在其他的聯邦法律中找到了支持，其中包括 1990 年的美國障礙者法案（Americans with Disabilities Act, ADA）。此法案要求公共設施者提供輔助工具與服務來達到聽障、語障與視障者的有效溝通。輔助工具與服務包括：手語翻譯員、聽力輔具（assistive listening devices），以及聾人使用的電信設施（telecommunication devices for the deaf）。

─手語翻譯員的歷史觀─

　　手語翻譯員成為謀生工具的想法，始於 1964 年美國將其視為一種職業，不久加拿大也跟進。在那一年的一個國家會議中，正式承認手語翻譯是一種職業，並促成聾人手譯員證照局（Registry of Interpreters for the Deaf, RID）的設立。1964 年以後又有了很大的改

變。在 1964 年以前手語翻譯員只能兼職；通常是為聾朋友與家人的恩惠服務或是一種對教會的義務。今日的手語翻譯員則期待被付費，他們通常也都享有待遇。在 1974 年以前，手語翻譯員的儲備只比某些手語班多一些培訓內容。目前加拿大和美國的大學提供手語翻譯的學位。

在 1960 年代以前，手語翻譯通常由少數會打手語的聽人朋友來協助聾人；有時候聾人父母生下的健聽兒女或聾生的教師來執行翻譯的任務。教會的神職人員若有聾人聚會而且又學會了手語就做翻譯員的工作。這種「只要找到會打手語的，任何人都可以翻譯」（whoever's available）的心態在 1964 年的博爾（Ball）州立聾人翻譯員研討會中被挑戰成功。從那時起，翻譯員不再被視為是施恩惠而是一種聾人的權利。[2] 聾人不再找會聽又會一些手語的人，而開始宣稱手語翻譯員應該接受養成教育，並且要遵守專業倫理守則，此外他們也應為所付出的服務而享有酬勞。博爾州府會議時，有位聾人領袖以前曾報導手語翻譯員的最低要求是：「他們必須能聽、能打手語、有意願而且是可用的。」和以前相比，這是個很大的改變。[3]

RID 在博爾州立會議中成形。在有專業之前設立一個專業組織是一個創新的舉動。在 RID 十足的存在之前，它搶先發問一個可能證明是個尷尬甚至更糟會阻止翻譯運動的發展之問題。州府官員對聾人人口和翻譯服務所知甚少，很容易被說服說每件事情都按秩序處理，因為有一個翻譯員的證照局了。他們沒有問說這些列於表單上的人夠資格翻譯或是他們是在哪裡接受養成教育的（有人會問理髮師公會或是醫師公會這種問題嗎？）。更進一步而言，自從 RID

成立開始，一定會有對於服務的要求，否則為什麼要設立這個機構
呢？

　　事實上在 1964 年尚無正式的手語翻譯員訓練方案，在那時只有
一些班級在教授某種形式的手語。翻譯員訓練的課程需求，首先在
博爾州府會議被提出。十年後，終於有一個正式的翻譯訓練課程公
布了。[4]

　　在成立的第一年中，RID 的成員少於三百人，大概每一州平均
有六人參加；對一個國立的組織來說，似嫌過少。由平均數可看出
此機構所能提供的服務很少。大多數的州只有一或二位 RID 的成
員；有些州甚至連一位都沒有。RID 的存在暗示著有適當數目的手
語翻譯員可以使用。在某種情況下也的確如此，因為在以前的年代
中很少有手語翻譯的需求。把手語翻譯視為一種專業，在那時是個
新奇的觀念，以致聾人需要被教育來使用翻譯員。很多聾成人終其
一生從未使用過手語翻譯員；因此他們需要時間來適應這項服務。
由舉辦年會中，RID 將重心放在手語翻譯員的價值以及為聾人服務
的需求。

　　在美國，手語翻譯的最大刺激動力在於 1973 年的復健法案
（Rehabilitation Act）。其中的第五條：「身心障礙者的權利法
案」中的第四個部分指明：「在任何得到聯邦財經補助的方案裡，
沒有任何身心障礙者可以被排除參與或被拒絕，或被歧視。」此舉
增加了法案的權力。既然很多活動都得到聯邦的補助款，所涵蓋的
範圍很廣，它的例子也延伸到不是特定包含在法規中的項目。它並
未定義「參與」的意思，所以聾人和他們的支持者認為，參與指的
是聾人有權利在所有聯邦補助的各種會議中溝通。在這種情形下，

131

他們認為缺乏手語翻譯員服務，就清楚表明是在歧視聾人。有一小群對聾人有興趣的教育家和復健人員立即看清此法案的可能影響。於是在 1974 年他們組成了國立手譯員訓練團（National Interpreter Training Consortium, NITC）。[5] NITC 尋求來自復健服務行政（Rehabilitaion Services Administration）的支持。在冗長的協調後，他們得到聯邦政府五年期的補助，總共是一百五十萬美金，大約每年得到三十萬——對政府而言，是個賭注。

當 NITC 在 1974 年成立時，那時 RID 的會員已有五百名，比剛開始的三百名成員而言，雖然仍是不夠，但已經有所增加。不過這五百名手語翻譯員並不是全都可以運用，因為其中有一半是機構中的行政人員，他們有能力翻譯，但因為另有行政工作，很難抽空翻譯；還有一些人對 RID 有同理心，但他們的能力尚不足以提供有效的服務。還有一些聾人，他們已經加入 RID 作為支持的表示，但他們不傾向於擔任翻譯員。那麼，想想這令人遺憾的狀態：由少於五百名的翻譯員，去服務美國仰賴手語來溝通的四十五萬聾人[譯註1]。

NITC 以三種方式來回應這種情形。首先，是提升已經受訓者的手語技巧以達到翻譯員的要求：他們開設週末營及夏季營來教導翻譯的精細觀點，也教導手語翻譯的基本基礎（要知道，沒有人接受過翻譯準備的正規訓練。他們知道手語，他們聽得到，他們可以去

譯註1　台灣的中華民國聾人協會民國 82 年在內政部給予經費下成立手語翻譯員訓練班，為期半年。之後過了一兩年又繼續辦理。現在中華民國聾人協會、中華民國啟聰協會、聲暉總會等，皆曾取得政府經費辦過手語翻譯員培訓班。通常要為期九個月到一年的密集訓練，且要通過考核才能拿到結業證書。而手語翻譯員的執照考試非常難於取得。目前台灣拿到手語翻譯員執照的人很少。台北市有自己的手語翻譯員證照考試。93 年底台灣開辦第一屆丙級手語翻譯技術士考試，屬於國家級的證照考試。

翻譯,但他們缺乏手語翻譯的養成教育)。第二,對那些從未做過手語翻譯實務者,NITC 發展了一個為期三個月的訓練,預備那些已經學會基礎手語技巧的人成為手語翻譯員。第三,NTIC 開始預備手語翻譯教師——一種全新的職業。

NITC 發展了自己的課程,且繼續不斷修正和精緻化手語翻譯養成課程,至今已有五年了。[6] NITC 的全部運作屬於引導式的組合方式:他們把所有能找到的人員聚集,由這些幹部核心依次輪流教導他人。很重要的是,NITC 也鼓勵其他的大專機構開設手語翻譯訓練,其目的是要讓每一個州內至少要有一所手語訓練方案。

過去五年來,NITC 已經對北美的翻譯員數目產生重要的影響。在 1980 年之前,當聯邦補助結束時,RID 已經給出超過三千多張的翻譯員證照。從 1974 到 1980 年對所增加的二千五百名手語翻譯員,美國納稅者為每位花費平均六百美金——相對於在任何社會服務中如此重要的進步設施,人民所付出的,只是一筆小錢而已。

這個發展訓練方案與相關人事的計畫後來被證明是一個很大的恩惠和利益。1980 年,美國國會通過法案來建立十二所訓練方案。政府的經費開放給任何高等教育學府,第一年有六十二所大學競爭。雖然那年只有十二所大學得到手語翻譯訓練方案的經費,但是目前已有五十三所大專機構預備成立手語翻譯的方案,而在加拿大也有八所大專機構如此做。[7] 和最先開始只有六位手語翻譯員的情形相比,真是大幅度地增長!

教育上的手語翻譯員

在加拿大和美國有很多的手語翻譯員被學校雇用,由小學直到

132

大學。由於手語翻譯員的支持，各階段所有學校都已開放給聾生。
從 1975 年美國的聯邦法案（94-142 公法）^{譯註 2} 開始，已規定統合聾
生與聽生在公立學校中。[8] 相似的教育理念在加拿大也已孕育很多北
美洲翻譯員的機會。而手語翻譯員的設立，使聾生與聽生的教育統
合成為可能。然而，如同某位權威者所言，翻譯只是讓聾生與聽生
統合在一起成功方案的一部分而已。[9] 雖然如此，從提供熟練 ASL
者就業的觀點來看，目前教育聾童的方法提供了一個豐富的礦帶
（bonanza）。

手語翻譯的本質

　　手語翻譯到底是什麼？看來好像很簡單：把一個語言的字詞翻
譯為另外一種。但是很多因素讓此問題變得複雜。從這個語言因素
來看，翻譯經驗很快就顯示出學習 ASL 和學習手語翻譯不同。ASL
的知識是手語翻譯的先備基礎，但是了解 ASL 並不能使一個人夠資
格來擔任手語翻譯。一位手語翻譯員也必須精熟翻譯員的倫理守
則、專業責任、手語經濟學，以及手語翻譯的技術觀點。即使學習
ASL 的學生，也需要了解聾人文化；對翻譯員來說，他／她的知識
必須是綜合廣泛的。

　　翻譯者必須對他們所處理的兩種語言均有卓越的領會。有時候
一種語言的表達和另一種語言的表達法不盡相同。例如法語 faute de
mieux 的英文字典翻譯無法貼切翻出此詞的豐富性。此詞意指「希
望某些事情會更好」（for want of something better），但真正的意

譯註 2　現已易名為 IDEA。

133

翻譯的精髓

有名的俄國翻譯家，寇奈‧柴可夫斯基（Kornei Chuk-ovsky），痛批大多數翻譯者選詞的貧瘠如下：

對他們而言，一艘船永遠是船，而不是帆船、飛船、獨木舟或平底駁船。一座城堡永遠是城堡；為什麼不可以是一個要塞、宮殿、大廈或堡壘？為什麼很多的翻譯者總愛描寫某人瘦而不用弱不禁風、削瘦、憔悴、虛弱、枯瘦或骨瘦如柴等字眼？為什麼只會說冷而不說冷颼颼？為什麼只用小屋而不用簡陋木屋或棚屋？為什麼只會用陰謀而不使用詭計或奸計？為什麼悲哀永遠是悲哀而不是遺憾、鬱悶、苦惱或悲痛？很多這類的翻譯者只會將女孩子和美麗做聯想，事實上她們更有好看、可愛、秀麗、吸引人、長相不俗等特質。[10]

手語翻譯員也一樣，可能會落入語言學的固有守舊常規裡。

思又超越所能翻出的意義。在法國，此詞帶有某種聽任的感覺及一種蔑視的暗示。用此詞來形容某人做事，表示開始走下坡了。這樣的習慣用語在任何語言中都是為數不少。

即使是單字詞也可能和我們查字典的定義有不同的言外之意。如果你需要你的駿馬而非你的馬（call for your steed rather than your horse），你不是愛炫耀就是在開玩笑。有更多的東西，我們所說的方式（臉部和身體的表達伴隨著話語，還有聲音的強調）都增加了話語的意義，甚至可能和只看單一字詞的意義相反。這個說話者的

手指和舌頭打結

134

考慮翻譯下列微積分講課的一段。

一個作圖器如果不論何時，從 u 點都可以到達 v 點，從 u 到 v 點就真正只有一條路線，被稱為 unipathic。很明顯地，每條路線在一個 unipathic 作圖器之內，就是一個測地線。

或者請你在重述下列一句用英文來轉錄的法律用語。記住口手語並用的翻譯員在說話和翻譯之間，只有數秒的時間思考。

原告再次提出所有先前申述，在下將提出逐字翻譯。

聲調暗示諷刺？若是如此，手語的相同部分就必須傳達此點。如果 *134* 僅只是提供將手語翻為話語，或將話語翻為手勢語，通常無法正確地代表所欲傳達的訊息。

　　不論是使用何種語言，語言學家堅持一個語言要翻譯成另一種語言時，翻譯者都必須掌握對此語言的卓越流暢度。看來好像理所當然，但是聾人經常遇到只懂一點 ASL 的翻譯者。當可用的翻譯者其 ASL 和英文都一樣破時，就更令聾人覺得棘手不便了。想想你自己要為某人談的人工頭腦學（cybernetics）以及電子資訊公路來作翻譯工作。我們都知道當翻譯者碰到無法理解說話者在講什麼時，他們只好挫折地離開現場。

　　同樣情形也發生在很多 ASL 的片語／成語方面。如圖 6.1 所示，此片語「TRAIN GONE SORRY」由三個手勢所組成，直譯是

圖 6.1

TRAIN（火車）　　　GONE（走了）　　SORRY（遺憾）

TRAIN GONE SORRY 是一個美國成語。

「火車、走了、遺憾」。雖然正確的意思要看前後文意，但它典型的意思是說「太慢了，你沒有聽懂我所說的話，而我也不想再說了」。

其他會增加翻譯者工作複雜度的因素是環境。[11] 翻譯者必須了解或是試圖發揮對他們周遭環境的控制。舉例來說，燈光會嚴重影響聾人看的能力，因此翻譯員不應站在光源的面前（如果你不認同此觀點時，請你在大熱天時直視窗口，你就會發現你的眼睛很快就疲累了）。另外一個視覺因素是翻譯員所穿的服裝。他們所穿的衣服形成了背景，和他們會被看見的手的顏色形成對比。華麗俗氣的外套和衣服是很差勁的背景，還有光彩奪目的珠寶是會令人分心的東西，翻譯員應該避免佩戴。

翻譯員也必須採取行動以確保他們聽懂說話者所說的內容。但是如果不只一個人想要同時發言時怎麼辦？這種場合通常會在大型會議中出現。還有，有的說話者喃喃自語或是快速念讀一串人名

注意那些逗號！

　　生字不是翻譯時唯一要注意的，前後文義、聲音的重點、腔調的品質、速度——這是都是語言學以外的特質。古希臘軍官誤解特爾斐的神諭故事，指出語言學以外特質的重要。他所聽到的預言是：「你要去、你要回頭，永遠不要打仗否則你會滅亡。」但是很不幸的是，他誤解了這個信息。他死於戰役，因為他誤置了一個逗號：「你要去，你永遠不能回頭，你要打仗到死為止。」[12]

時，你該怎麼辦？任何這些場合都會使手語翻譯員閉鎖手語管道無法翻譯。這些是手語翻譯員常會面臨的困境，而他們需要正確又有效地去克服這些困難。

－手語翻譯員的來源－

　　手語翻譯員的來源很多，但是剛開始並非如此。在二十世紀開始直到 1960 年代，手語翻譯員主要由聾成人的聽小孩、聾童的教師及神職人員來擔任。聾成人的聽小孩典型地成為他們父母的翻譯員。他們翻譯父母與銷售員、銀行經理、汽車買賣者、醫生及其他人之間的會談。手語翻譯並非他們預備從事的工作，他們只是去做翻譯的工作。而他們所做的翻譯工作並非都很稱職，畢竟他們沒有接受過正規養成訓練。有些人在長大後會被徵召去翻譯（通常是志願的）以幫助其他的聾成人或是自己的聾父母。其他的人失去翻譯

的興趣或憎恨當翻譯員，或者他們因追求生涯事業甚至無暇擔任偶爾的翻譯工作。雖然聾成人的聽小孩仍然是那些成為專業翻譯員的最大群體，但是他們現在大多只有在接受過正式的教育後才會擔任翻譯。

教師是另一群傳統被召喚當手語翻譯員的人。一般來說，聾童的教師不是很好的手語翻譯員來源。教育聾童不會促進教師良好的手語翻譯技巧，而且由教師的權威者角色轉為翻譯者的被動角色時，教師會產生衝突的感覺。教師白天在教室內忙著教學，通常已無時間與精力在晚上執行額外的責任。使用教師來擔任手語翻譯有另外的缺點：他們已經建立一個對聾人產生「你是聾人，我是聽人」看法的角色。要老師由主控的角色轉換為對現在與過去的學生間形成柔順關係的角色，通常是困難的。但過去二十年來，教師已經覺知翻譯者的角色，使得這個轉變容易了一些。

第三個手語翻譯員的來源，在 RID 尚未成立以前，是教會人員。在 1850 年時聖公會首先指派一位牧師用手語來服事聾人會眾。他是湯姆斯‧高立德的兒子之一。像教師一樣，在不是宗教翻譯的其他場合時，宗教工作者面臨一個角色衝突。在教堂以外的地方來做手語翻譯，通常遵循固定形式，是很困難的，因為工作本質轉換，加上所服務的聾人，從不識字又害羞的，到接受過高等教育滔滔不絕的有識之士皆有；他們都需要專業的手語翻譯員服務。

137 就像不同行業的人士來自各種不同的背景一樣，有愈來愈多來自各方的應考者進入這個領域。這些未來的翻譯員當然會對語言有比一般人更高的興趣，但是他們在其他方面也同時要具備聰明、精力充沛，以及樂意與他人共事的特質。

給點教訓

　　幾年以前，有位啟聰學校的老師被請到法院，去為他班上兩位未成年的失聰男學生作手語翻譯服務。他們因為在紐約火車站內的十字形轉門下躲藏而被一位交通巡警逮捕。由於交通警察無法和他們溝通，就把他們帶到火車站並列冊登錄。在少年法庭的聽證會裡，法官傾聽幾分鐘全由那位老師忠實翻譯的證詞後，駁回此案。就在那時翻譯員對法官說：「閣下，我覺得您的作法失當。這些聽障小孩理應受點教訓。」於是他不再翻譯，只是持續鼓吹男孩必須受罰的論點。男孩們只能揣測法官不是坐在法官席上的那位男士，而是在那兒為他們翻譯──要協助他們的老師。這樣的行為違反了目前 RID 的翻譯倫理守則。

─翻 譯 員 倫 理─

　　倫理是一個專業的品質證明。在 RID 之前的日子，沒有倫理的考量來指引那些為聾人翻譯工作的人；他們只能靠自己個人的價值觀判斷。有一位翻譯員向本書的第一位作者誇耀她在 1930 和 1940 年代到法院通譯的經驗：「你不知道我救了多少聾人的命。我的方法是告訴法官這聾人應該要說的話而不是聾人手語所傳達的訊息。」雖然她本身是有虔誠信仰的人，但是她不覺得那樣做會阻礙她干擾別人的生命，而且她對破壞另一人的見證並不覺得羞恥。聾人反對這種父母心態（parentalism）。[13] 他們尤其怨恨某些帶有

「為了他們好」的態度的通譯者。RID 的倫理守則要求翻譯者不可

138 增減兩造間傳達的訊息。通譯的工作要求須忠實地將所說的事情翻

給聾人看，也要將聾人打手語的內容翻譯為口語。內容既不能多也

不能少──但這是多大的學問啊。[14]

　　翻譯員不能創造對話或是修飾表達來適合場合。如果說話者口

出惡言，那麼翻譯者就必須準備咒罵，不管是用手語還是用說的。

翻譯員不是編輯、道德家、顧問或是筆友。翻譯不再是一種施予恩

惠的事情；它是一個權利。而且開明的聾人準備好要去批判翻譯

者。他們要趕走那些表現差勁者，要尋找那些受過良好訓練，又有

良心的翻譯從事者。

　　倫理的提供警告翻譯員不能接受超過他們能力無法適當執行通

譯工作的案子。翻譯員必須在為人風範上顯示他們尊敬所服務的對

象，以及他們尊敬翻譯專業的同事。其他的翻譯員倫理守則條文討

論有關翻譯服務的付費，以及翻譯場合之前、之中、之後翻譯員的

適當舉止表現。從很多聾人的角度來看，手語翻譯最重要的事情是

守密。聾人通常透過手語翻譯員，在醫生診間和法律場所中，揭露

私密、潛在尷尬，或可能是危險的一些資訊。 聾人們害怕翻譯員會

洩漏這些會談細節；他們視守密為重要關鍵，雖然 RID 的倫理守則

特別而且強烈地禁止手譯員洩密。然而那些接觸過翻譯員的人就知

道，並非所有的專業翻譯員都屬於 RID 會員。加拿大類似組織的會

員，或是加拿大視覺語言翻譯協會（Association of Visual Language

Interpreters of Canada, AVLIC）會員，他們都有類似的倫理守則。

　　過去幾年來，RID 和 AVLIC 等組織的倫理守則都歷經修訂，以

處理過去未曾預期的問題，或重寫模稜兩可的部分，並廢除不需要

的條文。這些倫理守則，未來還會視需要再加以修訂。但只要他們存在，RID 和 AVLIC 的倫理守則協助手語翻譯成為一門專業。

一如何與翻譯員相處一

大部分的聽人第一次使用翻譯員時都顯得很笨拙，並不是說他們可能不喜歡這個新經驗，這只是說，嗯，你要做什麼？你要對翻譯員說話還是對聾人說話？你怎麼知道翻譯員打出的手語是你想說的？這些問題都是預期的問題，你提這些問題時不必覺得抱歉。

你總是要面向聾人並且直接對這位聾人或群眾說話，就好像這個可能的個案。你不可以透過這位翻譯員說：「問他她會不會來？」但你要對聾人說：「你可以來嗎？」你不必掛慮翻譯員的位置問題，因為翻譯員和聾人自己會去安排處理這一點。舉例來說，當處於聾人客戶以及只有一位說話者中間時，翻譯員總會坐在說話者旁邊。聾人需要同時觀看說話者和手語翻譯員。翻譯員通常站在公共演說者的稍後方，好讓聾人觀眾可以同時看到說話者以及手語翻譯員。觀看說話者的臉部、手勢、還有姿態，可以協助聾人，因為翻譯員可能無法完全傳達說話者的活力、憤怒，或其他的情緒。當他們能同時看到說話者和翻譯者時，聾人就可以補足這些線索訊息。

當翻譯員剛開始被請到一個大型場所協助時，他們的角色有很多未被定義。有些聾生要翻譯員替他們拿咖啡或撿書本。有些老師在講課時不許翻譯員站在他們身旁。心理師要求翻譯員來施測；醫生期望翻譯員提供聾人病患的病史；律師也召喚手語翻譯來揭露祕密討論的內容。這些事情現在聽起來似乎不可思議，但是它們的

確發生過，而且有些仍然如此。今日這些情況很少發生，因為它們很快就被消息靈通的聾人和受過訓練的翻譯員解決了。

—翻譯的不同色度—

翻譯員如何為一位看不到又聽不到的盲聾者翻譯？有一本書列舉七十六種技巧以及一些可以用來與盲聾者溝通的輔具。[15] 有一種技巧是使用雙手的英文字母指拼（見第三章）。有一種版本是翻譯員以右手在盲聾者的左手掌上形成字母。這種方法很有效，而且可以用很快的速度進行，只要雙方都熟悉此法並且彼此發展出很多的捷徑和縮寫。

如果有些聾人看得見但是不會手語或指拼，那該怎麼辦？有些聾人喜歡讀話，即使他們會手語。在這種案例下，口語翻譯員（oral interpreter），就是熟練於重複說話者所說的人，可以被聘用。當聾人難於或不可能理解說話者的讀話情境下，口語翻譯員非常有用。例如，教師可能頭轉向黑板，邊板書邊說話。有時聾人必須坐在遠處好讀話。有些說話者留著八字鬍或是鬍鬚，以致讀話者看不到他們的嘴部。在所有這些情境下，喜歡讀話的聾人就需要一位口語翻譯員坐在近處，讓他們看得清楚。

—翻譯他種手語—

目前為止我們只提到翻譯 ASL 和英語，但是有時翻譯員會遇到其他的語言。在今日紐約有很多要求翻譯員會俄國手語或烏克蘭手語。西班牙語也是兩岸的另一種流行語言。但是除了不同的西班牙腔調以外，一些說西班牙語系的國家（例如：阿根廷、古巴、墨西

140

哥及波多黎各等），它們各國的手語都不盡相同。翻譯員需要知道口頭英語及聾人使用的手語。

―不尋常的手語翻譯場所―

　　除了語言的變異性，翻譯員也被派至很多不同的情境下工作，例如法院、醫院、銀行、不動產機構、汽車銷售事宜等。每個場合 *141* 包含翻譯員對不同術語的熟練度，不管是口語或是手語部分，還有處理環境所引起的狀況和他們對翻譯員行為所擬定的協議等。

　　可能對翻譯員最具有挑戰性的指派工作，就是舞台的表演了。雖然已經有人翻譯過舞台表演，但歌劇的手語翻譯卻是最近的事情。早在 1981 年時，紐約市立歌劇團就提供過「蘇珊那」（*Susannah*）和「風流寡婦」（*The Merry Widow*）的手語翻譯劇。其他的歌劇也陸續提供手語翻譯服務。通常至少會有兩位，有時三位手語翻譯員，來執行表演工作；一位表演女性、一位表演男性的聲音。

在深水中打手語

140

　　在第二次世界大戰期間，一位高立德大學的教授被美國海軍聘請去教蛙人打手語。這些水底破壞的專家在靠近敵人時，需要能彼此溝通。使用無線電傳輸非常危險，口語在水底下也不可能。這個答案直指手語。當然，潛水者一直就是用手部信號來溝通，但是他們的訊息通常是很簡單的指令或要求。而蛙人，相反地，需要能夠仔細又滿足獨特性的溝通――也只有手語，能夠讓他們達到這個目的。

翻譯員需要接受密集的預演排練,將他們的手語和音樂搭配,使手語的轉換由一個手勢換到另一個手勢都很順暢,好像在唱歌一樣。聾人觀眾的反應是太精彩了!聽人觀眾並沒有抱怨;有很多觀眾反而覺得有手語翻譯員和聾人觀眾的加入,使得歌劇表演變得更為刺激。[16]

翻譯通常有兩條路線,一種方法是讓翻譯員調到側邊並加上良好的燈光;另一種方法是讓翻譯員站在舞台上,與演員一起動(陰影處移動)。通常不是所有的戲劇都有手語翻譯,因為在大部分的城市中,潛在的聾人觀眾屬於少數。

另外一個翻譯專業的好處是為政府舉辦的活動翻譯。在北約克

142

141

當手勢發酸時

好萊塢有聾人演員同業公會(Deaf Actors Guild, DAG),他們很積極爭取讓聾人演員在電影、電視和商業關係中有演出的機會。聾人演員公會反對讓聽力正常的人來飾演聾人的角色。1993 年,聾人社區的出版業加入 DAG,來升高抗議電影「日曆女孩」(Calendar Girl)的發行,因為此片讓一位聽人來飾演聾人。為什麼這部電影的製片者要排除這麼多有經驗的聾演員而做出如此決定的理由,聾人社區並不滿意。再早之前的事件,是電影「聲音」(Voices)中,由聽人愛咪·艾爾明(Amy Irving)來飾演聾人教師的角色,也同樣引起抗議。雖然電影照樣發行,但是票房可能已受影響。

這兩部片子的票房銷售量奇慘,所以好萊塢以後可能會及時地停止讓聽人來飾演聾人的角色。

（North York），多倫多的郊區，有位聾人激進主義份子，葛瑞·馬克維斯基（Gary Malkowski），被選為省立議會（provincial Legislative Assembly）議員。他的出現，將手語翻譯帶入多倫多每戶人家的客廳中，因為所有的議會場合都有手語翻譯。聾人候選人也可以了解電視上的加拿大國會會議，因為大部分的會議都有手語翻譯。為公共會議作手語翻譯，將成為翻譯員未來更頻繁的指派工作。

以手語翻譯作為一種生涯事業

對大多數的翻譯員來說，翻譯工作很困難。它聯合了身體的活動（通常要站立並且手臂要持續動一小時或更久）以及完全的專注。這個聯合身體與心理的緊張狀態，導致很多獨自工作的手語翻譯員在每翻譯四十五分左右就會要求休息一下（視翻譯工作的性質而定）。聾人觀眾也歡迎暫時的休息，因為要聾人目不轉睛地看相同的手語翻譯員打手語這樣長的時間，比聽人聽演講還要疲累。其中的理由在眼睛和耳朵的差別。當聾人眨眼來減輕緊張狀態或轉頭不看說話者時，溝通連結就被切斷了。但耳朵從不會關閉，因此人們可以在心理上短暫離開，但仍能靠著聽覺監控來及時察覺話語流動的改變而重新專注聽講。在某些情形下翻譯員有兩位擔任，這樣可以確保他們的表現不受疲累的干擾。回想一下持續翻譯一段長時間之後，會引起重複的拉傷傷害（repetitive strain injury, RSI）。

指拼的身體緊張狀態會引起重複拉傷傷害。RSI 指的是當身體持續長期重複作某事，卻沒有獲得足夠的休息時間時，所產生的傷害。一個 RSI 的例子是腕道症候群，一種痛苦而且有時會使手腕產

生障礙不便的現象，它會影響神經和手部的肌腱。手語翻譯員是此種病症的高危險群。有些翻譯員會穿戴一種特製的手套，來支持他們的手部和舒緩壓力。[17]

在主要城市之外工作的翻譯員所面臨的主要困擾是持續保持忙碌。在大城市有很多需要翻譯的工作，但很少有夠資格的翻譯員。有一所中西部的大學使用一團二十位包含全職和兼職的手語翻譯員來服務大約十二位聾生、一位聾人教授、一位聾人行政專員，以及八位教授 ASL 的講師。此大學翻譯服務的聯絡人總是為翻譯員永遠不夠用的事實表示惋惜。

成為翻譯員值得嗎？我們不希望提供翻譯員的薪水和每小時的酬勞清單。翻譯員的酬勞隨著時間而改變，也依地點的不同而有差異，當然不同場合的翻譯費也不同。然而，我們無法拒絕選擇一個例子來反映翻譯的優渥酬勞。在加拿大，自由行業手語翻譯員如得到州部長的執照，每日可賺六百二十五元加幣。[18]他們通常是成對或甚至一組三人來工作，每人得到相同的酬金。聽起來好像很多錢，直到你體會他們並非每天都有工作。

複習所有翻譯員的要求（同時在兩種語言之間思考的困難、身體和心理的要求、工作的不穩定性，以及高程度的語言能力），我們可能會下結論說他們的工作沒啥魅力，而且大部分的時間無法得到公平的補償。雖然如此，手語翻譯訓練方案不缺申請者；此外，手語翻譯員的離職率相對地低。翻譯的確有它至高受重視、榮耀加身的時刻。

職業諮商師如果其服務的個案詢問翻譯員的工作時，應該考慮對手譯員有高度的工作要求。他們也應該了解他們的報酬和工作要

143

求無法相配。要成為一位成功的翻譯員，其資格和其他的教育與復健領域所需要的專業和管理職位資格類似。很多成功的專業人員和行政官員剛開始進入其領域時先由翻譯員做起。這些事實應該被那些要決定是否以手語翻譯作為他們生涯志業的人所考慮。

－對聽得見的人打手語－

最近二十年來有一個已被發展的興趣，就是將手語應用於治療之中。結果有些新興的生涯機會已經展開，讓那些會打手語的人，有趣的是也包含聾人，來變換職業跑道。教育者已注意到某些聽力正常的人無法發展口語但是卻能學會打手語。這個發現促發了一個研究；這個研究使用傳統教育與復健都無法獲得很大成效的部分， *144* 清楚地建立了以手語來發展某些兒童與成人溝通能力的有用性。更進一步而言，這些個案的使用手語，建立了他們的照顧者也要會打手語的要求；這也是另外一個需要學習手語的經濟學理由。

－自閉症－

自閉症兒童（autistic children）是特別難於教導的。有些人已試圖使用手勢來和他們溝通，其結果令人滿意。以亞瑟（化名）的例子來說；當他在 1973 年進入紐約大學的聾人研究與訓練中心時的年紀是十歲。亞瑟的聽力正常，但是他從沒有說過話。當他想要某件東西時，他會尖叫，那樣就可以讓旁邊的人動起來：他肚子餓了嗎？他覺得熱？他覺得冷？他想要上廁所？不斷有人提供一個又一個處方，直到他停止尖叫為止，表示他的需要在那時刻得到滿足。這個例行公事明顯地耗盡他父母的精力，也讓他的弟弟嫌惡，因為

他很少得到父母的注意。亞瑟的父母帶他去這個訓練中心，因為他們聽說有些自閉症兒童可以學會用手語溝通。他們希望這種溝通可以讓他們家人鬆一口氣。很奇怪的是，他們也有點擔心學習手語會不會妨礙亞瑟的口語發展。但指出亞瑟狀況的真實面，減輕了父母的關切之處，而同意手語治療的展開。有位研究生執行教育亞瑟的工作為期一個暑假。在暑假要結束時，亞瑟已經學會且熟練二十個所有指出他日常需要的功能性手語。他學到了吃、喝、上廁所，以及其他類似基本概念的手語。他可以用手語表達，也看得懂這些手語，如此大大地改善了家庭的狀況。

　　文獻目前包含一些類似亞瑟的自閉症個案，當手語的使用愈來愈被廣泛接受時，這些實驗工作的氣氛就改變了。因此之故，目前的努力超越了初步基本類似亞瑟個案的企圖。手語目前被廣泛長期

145

左腦？右腦？

　　如果自閉症的兒童以手語來表達他們自己，比用口語表達效果還好時，是不是指出他們的失常，和左半腦的缺陷有關呢？很多嬰幼兒自閉症的專家相信，這種情形和器官有關。成功地使用手語，是不是證明了器官病變的部位？這個推理可能可以很充實地再延伸到一些極重度的智能障礙者身上。可能這個差異，在於腦部半球的支配以及兩個腦半球之間的協調。重度智障兒童以前無法成功學到語文的語言，卻能成功地學習手語的事實，應該可以激勵研究者朝著這些路線探究。

地用於自閉症的兒童。有適當的證據來鼓勵人們用手語法來建立自閉症兒童和他們重要互動者之間的關係。[19]

─智能障礙─

　　有些極重度智能障礙（mental impairments）者雖尚未學會說話，卻能用功能性的手語與人溝通。他們所學到的手勢，像自閉症兒童一樣，是簡單但具有功能性的詞彙。擁有溝通能力的實際好處包括能過更獨立的生活，以及發展更有意義與他人互動的層次。有篇文章提及以手語來教導一群智能障礙兒童，提供了這個洞見。

　　極重度的智能障礙兒童可以習得一到六十五個表達和理解的手語，包括簡單的雙字詞或三字詞的回應。可訓練的智能障礙兒童可以習得超過二百個手語詞彙，而且增進反應的平均長度及正確的字詞順序，包括複雜的句型結構。[20]

　　這些結果超乎教育者的預期。手語的功能不再受到質疑。但是教育者還不清楚他們可以發展智能障礙兒童的語言能力到多遠？還有，到底哪種手語類型可以得到最好的教學效果？某研究顯示中度與重度的智能障礙青少年學會手語的效果，是美國印第安手語優於ASL。研究者解釋此乃因美國印第安人的手語比ASL更加具體和簡單。[21]

　　對智能缺損的兒童打手語導致馬卡登（Makaton）詞彙的發展，這是一個「包含三百五十個概念的核心生詞，以發展的順序安排，橫跨八個階段」。[22] 此馬卡登詞彙選擇的手勢採自英國手語──這是它所使用的國家手語語言。在美國和加拿大，就使用ASL，因為馬卡登詞彙所教導的是概念而不是所使用的手勢形式。此發明者

146

已經報導了很多成功案例,尤其是對於很少或沒有語言的兒童,更能促進其語言的發展。

─失 語 症─

失語症(aphasia)是指一種狀況,受到影響的患者已經失去他們口語表達的能力。他們可能可以思考,但是他們無法口齒清晰地表達自己的想法。語言治療師已經發現有些無法說話的病人可以透過學習手語獲益。對失語症者的手語治療(sign therapy)已經顯示手語溝通一致性的成功。注意力移至選擇適合手語治療(而非傳統口語治療)病人的標準。[23]

─精 神 分 裂 症─

除了智能障礙、自閉症、失語症之外,手勢語可能是一種對一些情緒狀況以及精神分裂症(schizophrenia)有效的治療法。有關這方面的理論探討已經開始,但是真正能列入文獻記載的個案報告卻不多。然而,其他群體在以手語來提升溝通方面的進展,鼓勵了此領域的研究者去廣泛調查手語治療用於情緒困擾者及與身心症(psychoses)患者的效果。[24]

─物 理 治 療─

在威斯康辛州彌瓦基(Milwaukee)的聖麥可(St. Michael)醫院,有位醫生推薦使用指拼來治療手指僵硬的病人。指拼拉住手部三十個左右的關節,使它們作很大範圍的運動,這對骨關節炎的病人來說是個理想的練習。這種復健可以在一天的任何時間和任何地

方來執行。然而醫學人員警告風溼關節炎的患者不要做這些練習，　*147*
因為某些指拼的字母可能會促使關節移至畸形的位置。而醫院已經
找到不只一位希望用手語溝通來治療的申請者。

━治療中使用手勢語的障礙━

有兩件事情阻礙了手語在各種不同治療中的使用。首先是人們
對手語的文化偏見。有些父母害怕使用手語可能會干擾口語發展的
可能性。看來很可笑，一位案例是十歲大的孩子還不會說話，但父
母的害怕卻是夠真實的。它反應了家長的憂慮，怕孩子一打手語別
人就知道孩子的障礙，成為可見的羞辱，使父母覺得不公平。

另外一個使手語無法對各種語言障礙狀況有更大開發的主要因
素是，只有少數的專業人員知道如何使用手語。當更多人學會手語
時，手語就可以更普遍地應用於聾人以外的領域。目前，聾人宣稱
有很多專業人士都會打流利的手語，不過只有少數的專業人士對其
他人服務。

教導 ASL

ASL 的流行已經創造了 ASL 課程的迅速增長，但夠資格的老師
短缺。我們已在第五章討論過這種情形。我們在這裡只關切教授
ASL 的教師他們的謀生問題。雖然教 ASL 提供教師很多個人和專業
上的滿足，但是手語教學的待遇並不高，有時甚至比一般教職的薪
水更低。薪水要看是教哪種程度的手語——國小、中學、中學以
上，還有其他的因素，例如：地點。ASL 的專職教師在北美洲是相

對性較少的，雖然他們人數在增加之中。無疑地，我們需要更多完全夠資格的手語教師；這個事實應該可以鼓勵那些將手語教學視為職業抱負的人。

ASL 的經濟學特質

148 在我們的社會中，將金錢價值加諸於某活動時，可以讓此活動潛在性增長。既然人們對手語的知識，可以用一種或它種方法轉換成現鈔，我們就可以預期手語的成長將暴增。藉由發現手語獨特的語言學地位，ASL 的推動將會持續且因其市場價值而水漲船高。

一手語翻譯的費用一

當手語翻譯員已得到認同，被視為專業人員時，他們的服務費用也將提高。但當服務要求增加時，手語翻譯員的服務費用就成為問題。一位手語翻譯員可以和一打甚至一百位的聾人溝通，就像我們所看到的一樣。聾人觀眾愈多，手語翻譯的每人單位成本費用相對地也就愈低。

很明顯的是，在諮商場合中一位手語翻譯員只服務兩位參與者：聾人個案和諮商師。很多其他狀況則是只有一位聾人得到翻譯員的手語服務，例如，為盲聾者翻譯。在這種情況下，聘請一位手語翻譯員的費用看來似乎很高。

除了為翻譯員辯護的經濟學理由之外，我們較喜歡的解釋理由是：當政府支持這些活動時，聾人有權利得到翻譯服務。政府所贊助的活動應該是所有國民都可以有管道參與的。而聾人也是國民之

一。如果大部分的活動要讓聾人有管道可以參與的話，那麼溝通就必須是可以看見的。因此，翻譯員服務必須在法院、公開會議場合、教室等場所處處可見，否則就會引起爭論溝通人數多寡的費用問題。一旦這些被視為公民權之一時，所有的爭論都將停止。

一打手語和法律一

聯邦法律強調上述有關溝通管道的論據，希望能確保身心障礙者在社會中有其權利地位[譯註3]。這些地位不容未來的行政官員撤銷。有些法律已經透過各州以及地方單位附加法案條文，來擴大聾人完全參與社會事務的權利。因為這個理由，我們可以安全地斷言手語翻譯員的需求在未來的十年內將大量增加，此外對手語教師的需求量也會增加。

應用手語在治療以及教育的場所中來教導聾人以外的人士之功效才剛開始被了解。等我們更了解 ASL 對處理語言障礙者的價值以後，我們可以預期對 ASL 知識的經濟學價值也會相對增長。到那時，學習 ASL 和將其應用於新的領域，會開創出令人興奮的遠景於教育、復健、治療、研究及就業等各方面。

結束本章前，我們要強調學習手語的更大價值不在於金錢的補償；學習 ASL 就好像學習任何一種外國語一樣，會增長我們的智慧。此外，學習聾人文化也使我們敏銳於欣賞自己獨特的文化。以「覺得自己很不錯」（feeling good）的經濟學觀點來看，學會 ASL 對你是個大利多（你會得到很多好處）。

譯註3　台灣的身心障礙者保護法對於聾人與手語翻譯員服務皆有保護聾人權益的措施。

註　解

1　有些人雖然能通過簡單溝通的足夠手語能力，卻無法滿足專業實務的
　　要求。例如，要獲得在一個精神科會談的適當手語翻譯專業能力，需
　　要很大量高層次的標準，不是學習幾個用於機艙情境中的手勢就可以
　　勝任的。通常在一堂課學完後，大部分的飛航人員和商店店員都能學
　　到足夠應付他們職業場所所需的手勢。但是心理衛生行業的諮商師需
　　要大量的研習以達到 ASL 的熟練程度，才足以勝任心理治療的溝通要
　　求。

2　Smith 1964.

3　Frederick C. Schreiber in Schein 1981, 50.

4　Sternberg, Tipton, and Schein 1973.

5　由紐約大學引導。NITC 由六所已經開始培訓翻譯員的機構所組成：
　　亞利桑那大學、加州大學（北橋分校）、高立德學院（後改名高立德
　　大學）、聖保羅科技職業機構，以及田納西大學（Lauritsen 1976 and
　　Romano 1975）。因為國立聾人工學院（NTID，在羅徹斯特大學內）
　　只訓練本校教室內的翻譯員，因此婉拒加入這個聯盟。但是 NTID 對
　　於翻譯的研究以及翻譯員的培訓貢獻卻不容忽略。

6　雖然第一個公布的翻譯員訓練課程是由 Sternberg 等人於 1973 年公布的，
　　但是 NITC 的每位成員都對此課程的修正有所貢獻，長達五年之久。

7　Registry of Interpreters fot the Deaf 1980, Schein and Yarwood 1990.

8　此授權最早的名稱是所有殘障兒童教育法案或稱 94-142 公法，後來它
　　被 1990 年的障礙個人教育法案（IDEA）所取代。

9　Higgins 1990.

10　Chukovsky 1984, 81.

11　如要更進一步了解翻譯的更多細節，參見Solow（1981）；Frishberg（1985）；和Cokely（1992）。

12　Espy 1972, 203.

13　為了避免性別主義，我們喜歡採用父母親主義（parentalism）而非家長作風或母親主義。父親和母親都可能過度保護或屈尊，不是只有父親或只有母親會如此。

14　一個前衛（provocative）的文章見Carol Tipton（Tipton 1974），其文影響了RID倫理道德守則的修訂，並在今日仍有其價值。想要得到目前翻譯員守則標準，可以向RID函索。地址：814 Thayer Avenue, Silver Spring, MD 20910。

15　Kates and Schein 1980.

16　雖然這些批評依據個人的觀察，但是我們注意到紐約報刊並沒有對這個安排抱怨。

17　很不幸的是，翻譯員處於重複扭傷的高危險群，因為他們的工作極度依賴他們使用手部的能力。而讓此情況更糟的一點是，很多的翻譯者是自由業，只在有需要他們時才有工作。自由業的翻譯員沒有醫療保險福利，使得他們在醫療和經濟上都是一種冒險的專業。

18　在同等的美金換算下，加拿大有國務卿執照（Secretary of State）的翻譯員，其日薪大約是美金五百元。

19　大部分的文獻包含對自閉症兒童使用手勢話的溝通輔助的單一個案報導（例如：Casey 1978, Cohen 1981, Webster et al. 1973, Wolf 1979）。有一篇特殊的研究是報導對十九位無口語的自閉症兒童使用手勢語

（Millerl and Miller, 1973, 84）。所有的兒童都學會了手勢，也會對手勢作出回應；有些兒童日後發展了可用的口語。雖然如此，這個研究者認為因為使用手語而得到優異的研究結果，使他不得不對手語做出防禦的結論：「我們建議，一個無口語自閉症的兒童無法透過手勢來達到有意義的話語，並不證明手勢就無效了。這些手勢是提供這些兒童了解手勢和口語意義之工具，還有使他們有機會可以和他人溝通。如果沒有這種有人性的接觸，大部分無口語的自閉症兒童傾向陷入一種狀態：他們不是整天前後搖晃，就是在那兒玩弄物體。」一個資料的回顧顯示，已經有超過一百位的自閉症兒童證明他們能夠獲得表達與理解的語言。這是一個令人訝異的證據，確認手語療法在精神科領域裡對較困難的症候群之一（指自閉症）的價值。

20　Grinnell, Detamore, and Lippke 1976, 124.

21　Gates and Edwards 1989, Sensenig et al. 1989.

22　Walker 1986, 2.

23　Caplan 1977, Hanson 1976, Markowicz 1973, Wepman 1976, and Winitz 1976, 1981。這些調查者提出無口語的方法，通常是指手語法，對自閉症患者成效的證據。他們提供一些理論來解釋為什麼口語治療可能失敗，但無口語治療會成功的原因；甚至有些病人以前口語說得很好的，都能透過手語療法成功。

24　參見 Fristoe 和 Llyod（1978）以及 Goodman, Wilson 和 Bornstein（1978）。對這些書的作者的報導，顯示他們廣泛使用手語溝通來治療各種不同的極重度溝通問題。Schaffer（1978 and 1980）已經增加了課程重點於包含實證或理論支持的文獻，其中討論將手語應用於所有非口語溝通者的成效。

第七章　聾人社區

到目前為止，我們談過聾人以及那些會打手語和不會打手語的 *152* 人，但我們還沒有定義聾人社區與聾人文化這些名詞。現在我們必須如此做。

聾人社區包含一些聾人；他們分享保留聾人文化與傳承聾人文化，也分享一個溝通的獨特模式——手語。Deaf（聾人）的第一個字如果大寫，就是代表對聾人文化與手語的認知和身為其中的成員。此名詞會區分／隔開一些不與其他聾人有文化連結（不是會員）的一群聾人；它（Deaf）代表的是屬於聾人社區的一群聾人——他們參加聾人俱樂部、聾人體育活動，出席聾人教會，以及參與其他帶有以手語為語言標誌的機構組織及各項活動。[1]

聾（或失聰）的定義

我們可以從聽力學或功能性的觀點來定義聾（或失聰）。此二定義產生了有點不同的分類。聽力學家以聽閾來評量聽力。聽力學家評量聽力的方法是採用偵測一個聲音能被人聽到一半次數的能量大小（稱為聽閾，hearing threshold）。被聽到的能量愈大，就代表

此人的聽力損失程度愈重。在檢查聽力的測聽計上，0（分貝）代表聽力正常；分貝愈高代表聽力損失愈嚴重。以聽力學的角度而言，一個極重度聽力損失的聾人其聽閾在 70 分貝以上（通常是更多分貝的聽力損失）。

人類聲音在正常的會話中有高有低，介於 50 到 60 分貝之間。如果你直接對著一位坐在你面前的人大聲吼叫，你的音量只達到 75 分貝。因此一位聽力損失在 90 分貝的失聰者，即使戴上最好的助聽器，也很難有效地處理日常生活的對話。很多聾人的聽力損失程度更嚴重。

聽力學家也使用另一種方法來評量聽力，稱為語音辨識測驗（Speech Discrimination, SD）。聽力學家呈現擴音過的字，讓受試者在對擴音音量感覺舒適的環境中，了解受試者能正確複誦多少字。如果此人的辨識正確率小於測驗字彙的 40%，他就是聾。在有利的施測環境下受測，如果受試者的語音辨識率低於 40%，就可清楚看出此人不適合在口語環境下達到日常溝通的目的。[2]

另外一個定義失聰的方法是使用功能性的名詞（functional terms）。幾乎都聽不到任何聲音是很少見的狀況。大部分的聾人能聽到一些聲音；但是，他們所聽到的程度，不足以讓他們適當地與他人進行口語溝通。因此，我們專注於傾聽言語，並提供下列的定義：

聾人指的是那些聽不到且無法單以耳朵的方式來理解言語的人；即使他／她戴上最好的擴音系統也無法做到。

這個定義很重要地說明了有些聾人能聽到言語但無法理解言

語，以及有些聾人無法適當地聽到言語但卻能利用他們自己的殘存聽力和使用前後脈絡與臉部線索與他人會話。對前一群聾人而言，他們就好像在收聽一台沒有對準電台的收音機：他們聽到有人在講話，但他們聽不懂對方在說什麼；對後一群聾人而言，他們有時好像能理解別人的話，但他們無法「單靠耳朵」來理解對方，也就是說，「當他們閉眼時，他們無法了解對方在說什麼」。這個描述引至另一個聾人的獨特特質：為了溝通的緣故，他們依靠視覺。若想理解對方在說什麼，他們必須依賴手語、讀話、筆談註解，以及印刷體文字。

文化聾

　　本章中我們將**聾**首字大寫（Deaf，本譯作採用粗體字表示），表示個人、團體、事件或本質上屬於聾人文化定義的一部分。文化性的聾指的是聾人的活動和信念；他們分享一個共同的語言——手語。因此我們會有下列名詞術語：**聾**人社區與**聾**人文化、**聾**人民歌和**聾**人教師、**聾**人俱樂部與**聾**人體育、**聾**人和**聾**人語言等。一般而言，出生即聾或成熟期前喪失聽力者，較有傾向擁抱**聾**人文化；那些晚期失聰者，比較不會依附**聾**人文化。先天聾者比較會在特殊的情況下受教，有其**聾**人朋友，並與**聾**人社區周圍的聾人有社交往來。[3] 我們用小寫的聾（deaf）來指那些聽力損失極重度到無法單用耳朵來理解言語聲的人。

　　聾人社區（Deaf community）指一些**聾**人他們經由彼此的組織來尋找朋友，例如國立**聾**人協會及加拿大**聾**人協會。這些組織是正式的自助團體，由擁有同一障礙者所組成。每一個已開發國家或很

多尚未開發的國家都有**聾人**協會^{譯註1}。很多國家的**聾人**協會不只一個。注意這些是**聾人**的組織；他們由**聾人**所組織，人員由**聾人**聘請，並由**聾人**中獲得支持。這些組織，他們的刊物，和很多他們所支助的社交和體育活動，都是**聾人**社區存在的證明；他們很多是非正式，較不明顯的指標。⁴

你可能會好奇那些會打手語的聽人他們算是**聾人**社區的會員嗎？聽障兒童的父母算嗎？一個聽人嫁娶一位**聾人**就可以加入**聾人**社區嗎？若**聾人**嫁娶聽人會喪失此文化從屬關係嗎？有些父母是**聾人**的子女，將自己視為一個會聽的**聾人**。他們的理由是他們在**聾人**環境下成長而 ASL 是他們的母語，所以經由文化與語言的連結，他們是**聾人**（Deaf）。我們很同情他們的立場，但我們對聾人文化的定義不變。我們知道沒有**聾人**會把聽人視為**聾人**社區的核心成員。你可能好奇此定義可否擴大到所有與**聾人**有過接觸的人？我們拒絕此種模糊的概念（nebulous construct），我們採納和定義參與**聾人**體育人口界限一致的立場。

155

像我一樣聾？

ASL 在公共領域的崛起，引起了生動的討論：到底 ASL「屬於」誰？當然，ASL 是美國和加拿大聾人社區的強烈身分表徵。有些**聾人**甚至拒絕和聽人使用 ASL 溝通，好保持其文化和語言的完整。其他**聾**人對聽人使用 ASL 的做法，看為是聽人和**聾人**能站在更相同立足點上

---

^{譯註1}　台灣有中華民國聾人協會、聽障人協會等。

的手段。有位**聾人**領導者摘述他和其他**聾人**同事會談的各種不同看法：

> 我已經問了一些**聾人**，他們對於聽人打ASL手語熟練到好像本土的**聾人**一樣的看法。他們的反應很複雜。有些**聾人**說，只有一種情況下，聽人使用手語好像**聾人**一樣。這個情況就是：這位聽人要確定**聾人**知道他／她是聽人。有些**聾人**憎恨看到聽人打手語打得像**聾人**。這些充滿憤怒的**聾人**可能覺得他們社會語言的領土被那些聽人占據了。[5]

注意作者說的是使用ASL而不是打手語。大部分的**聾人**欣賞那些能使用一種清晰的手語，讓它來加速雙方之間的溝通，而不是希望他們企圖用來欺騙**聾人**觀眾，使**聾人**誤會他們的聽力狀況。

有人在十七歲時聽不到了，他只在剛學習美國手語的階段⋯⋯可理解地，他可以成為一個**聾人**體育組織的領袖，或參與國際性的**聾人**體育競賽活動。在另一方面，某位聽人如果雙親是**聾人**，也學ASL如同母語，又嫁娶一位**聾人**，也在教育聾學生，卻沒有任何類似的管道可以進入**聾人**體育的領域。[6]

有些**聾人**作者已把**聾人**的聚集封為一個語言的社群。我們不需要勉強承認說打手語是最明顯的（的確，有些人說手語是唯一最明顯的）**聾人**所能被辨識的特質。**聾人**在身高、體重、種族、性別或任何你可以舉出的地方雖然都有所差異，但你卻能舉出他們兩項共同的特質：他們的聽力和他們的溝通。

¹⁵⁶ **－聾人人口有多少？－**

聾人在美國只占了一小部分。大約有兩千兩百五十萬的美國人具有某種程度的聽力損失，而且有近兩百萬人是聾人──也就是說，他們聽不到也無法由最先進的擴音系統（如助聽器）中理解語音。但有更少的部分，約三十萬的聾人屬於**聾人**社區。⁷在美國每十萬人中有二百零三人是聾人；在加拿大的聾人只有美國的三分之一──每十萬人中有七十六人是聾人。⁸我們比較的是比例而非真實的人口數目，因為這兩個國家的人口數目有很大的差異存在：加拿大人口大約兩千六百萬，美國人口約二億五千四百萬。為什麼加拿大的聾人盛行率少於美國的原因是另外一本書的主題。此處的重點在於兩國的聾人都算是相對性的少數。聾人在數字上屬於少數族群，此點是毋庸置疑的；的確，聾人在世界各國的人口比例都只是一小部分而已。聾人無疑地算是少數群體，在全世界各國都是如此^{譯註2}。⁹

－打手語的人口有多少？－

在人生後期才失聰的人很少使用手語。通常愈早發現聽力損失且聽力損失愈嚴重時，這個人就愈傾向會使用手語。美國的人口普查局在數算語言時並沒有涵括 ASL。因此之故，我們必須靠別的途徑來預估那些使用手語者的特質和數目。有本教科書注意到：

在美國和加拿大並沒有使用手勢語言者的數字統計。依據

---

^{譯註2}　在台灣的聽障人士人口，約有九萬多人，其中使用手語的人口據史文漢博士（Dr. Wayne Smith）估計，在三萬以上；大陸據某宣教士言，有兩千萬的聾人同胞。

那些進入可以大量和**聾人**以及手勢語言接觸的學校就讀的
學生數目，以及社會福利機構所知的**聾人**數目，我們推估
出大概有幾十萬使用手語的人口。[10]

自從那本書出版後，加拿大的統計報導說，在 1986 到 1987 年
間，1,022,220 位的加拿大人口中，五歲以上的聽障者中有 35,355 人
是使用手語的。[11] 其實還有一些早期的研究，是當初那位作者遺漏
或忽視的。有幾個資訊被我們用來推算，在美國有 446,500 人使用
手勢（表 7.1）。[12] 這個概算落入上面引號所顯示的「幾十萬」範
圍。然而由於對手語的興趣急速增加，使用手語的人口可能增加了
很多。例如，在 1979 年的北美僅有七所高等教育學府有翻譯員的養 *157*
成訓練；但是在今日有近十倍的成長數目。本書稍早所注意到人們
對於手語爆炸性的興趣給予額外的推動刺激，使用手語的人口比例
已大量成長。

表 7.1　預估打手語的人口，依與聾人間的關係來分：美國（約在 *157*
　　　 1980 年）

群體	數目
所有的人（總加）	446,500
聾人	360,000
家中有聾人的聽人成員	55,000
手語翻譯員	10,000
啟聰學校的教職員	14,500
有聾人會友的教堂牧師	1,000
其他	6,000

資料來源：Nash 1987

　　另外一個推估打手語人口的方法是從最確定會使用者——**聾人**的身上開始計算。國家聾人人口普查詢問聽障者使用手語的情形，結果發現在九歲以前就聽障的人，94%的人說他們使用手語；在九歲到十二歲之間成為聽障的人，92%的人說他們使用手語；在十三歲到十八歲之間成為聽障的人中，80%的人說他們使用手語。在十九歲以前成為聽障又打手語的人，推斷到 1990 年就有 465,000 人。在十九歲以及以後成為聽障的人中，我們估計其中大概只有1%的人會使用手語〔大部分在早期二十多歲成為聽障者，像是高立德大學的校長肯恩・喬登博士（Dr. I. King Jordan）〕。1%十九歲以後成為聽障者是使用手語的數目，產生 1990 年一萬五千人的推估。轉到非聾的人口，我們推估有聽障者的家庭中，至少有一位其他的家人會打手語；這個數目似乎太保守，當你想到由聾成人帶領的家庭平均生下的孩子數目是 2.2 時。打手語的專業人員和其他聽人增加了大約有十萬人口；後者包括現在和以前的手語翻譯員、服務對象大部分是聾人的教師和專業人員（例如，社工師、心理師、復健諮商師和神職人員數目），還有出於好奇來學習手語的人（如，男童子軍 *158* 和健聽的高中生）。這個結果見表 7.2，總計有 1,015,000 位打手語的人口，這個數字可能低估了真實的數目；此數目一直在增加中。看來納許（Nash）推估 1990 年使用手語人口的數目將是 1980 年數目的雙倍以上的論點似乎很合理。

210

表 7.2　預估打手語的人口、依群體分：美國（1990 年） *158*

群體	數目
所有的聾人	1,015,000
聾人，十九歲以前致聾	450,000
聾人，十九歲以後致聾	15,000
家中有聾人的聽人成員	450,000
手語翻譯員，以前和現在	40,000
啟聰學校的教職員	25,000
其他專業人員	20,000
其他會手語的人	15,000

—注 意 事 項—

　　讀者需要回憶此術語已被仔細選擇用為推估之用：打手語者（signers）而不是打 ASL 的人數。到底有多少人使用 ASL，尚未有可信賴的估算。目前很難獲得這個資料，因為它的定義仍有爭論。但無疑地，很多打手語的人並不會使用 ASL，只是用口語碼對應的英語手語罷了。但有多少人使用這種文法式的手語，我們也不知道。我們可以確定的一點是，打 ASL 的人數一定比全部會打手語的人數還少。

 聾人社區

　　聾人社區^{譯註3}並沒有伴隨郵政號碼，它並沒有地理的界限。什

譯註3　或譯：聾人社群。

麼因素造成這社區的組成,首先,是其成員的共同興趣。第二,透過他們分享的手語,表達他們的興趣。進而言之,他們積極的尋求和其他**聾人**聯繫的手段,包括:組織、聾人刊物和社會事件等。然而,這些傾向並沒有讓他們挨家挨戶移動;他們住處間會有合理的距離,使聾朋友間能頻繁又舒適地彼此問候。所以,要回答「**聾人**社區在哪裡?」的問題,適當的答案是:「只要有**聾人**聚集的地方,就有**聾人**社區。」[13]

雖然我們說它是個單獨的實體,但每個國家的**聾人**社區都有很多的**聾人**人口。在每個國家內的**聾人**社區又包括了很多的小團體,就好像美國的**聾人**社區一樣;它包含了不同的聾人協會來代表非裔美國人、天主教教徒、猶太人、新教徒及其他的種族和宗教傳統。[14]這樣看來,**聾人**社區就像圍繞它的社會一樣,是多樣化的;但它們擁有等級高的緊密度是來自於成員之間都是聾人,以及他們都使用手語溝通。本章其餘部分將探討美國的**聾人**社區,有一部分是因為我們比較了解它,還有是因為我們希望保持本書的焦點。雖然以下所談的只限於一個國家,但我們相信,大部分我們所說的現象應該可以類推到其他國家。

一聾人社區的根源一

雖然聾人被聽人圍繞,但他們仍然發現了彼此。大部分與其他聾人的第一次接觸始於學校,因為大部分的聾童就讀於有其他聾童的啟聰學校或啟聰班。很多人在校內學到手語。以前在校內是禁止聾生打手語的,直到近代才解禁。即使今天,大多數聾童就讀的學校或班級內手語被部分地使用,但很少有學校努力教導聾童 ASL。

很多人錯誤地假設 ASL 可以在空氣中被接收，也就是說只要把聾童放在一起，他們就會互相學習了。

但說也奇怪，這個假設其實也有幾分真實性。把聾人放在一起，他們就會用手語溝通。他們和使用任何其他語言族群的孩子沒有兩樣——法語、德語、日本話等；他們一樣是互相學習。但是聾童通常學到的只是 ASL 的兒童版；這是一種教育者所不滿意的版本，因為教育者的責任是保留語言。想想看，美國和加拿大的英語課是由一年級上到十二年級（加拿大有部分地區是教法語）。語言的傳輸，以其正確的句法以及語意形式，無法由兒童間的接觸而習得。學校接受要正式教導學生自己母語的責任。但悲哀的是，ASL 卻完全不是這回事^{譯註4}。

有些教育者忽視 ASL 的課程，主要原因來自於他們對手語的仇 160 視，或者，說得積極一點是，他們對口頭語言過度的熱心。就如第一章所言，手語在很多國家已經被有力地反對，主因是人們錯誤地認為學習手語會妨礙言語（口語）的發展——一種完全沒有科學證據的偏見。然而，雖然缺乏正式的教導，聾童仍然經由彼此學習到 ASL。因此，將聾童集合在一起的啟聰學校／班，撒下了未來聾人在**聾人社區**社會統合的種子。尤其是 90% 的聾童，他們的父母都是聽人，更是透過這種方法學習手語。[15] 他們在生命中，第一次在校內遇到了其他的聾人，這是一個大部分聾童覺得很快樂的經驗，藉此大大提升了他們的社會以及個人的發展。

過去三十年來，聾童就讀於公立學校的機會增加了。教育者將這

譯註4　聾人卻無法透過手語課來學習自己的母語。

種把聾童和聽童安置在同一班級的做法稱為「統合」（integra-
tion）、「融合」（inclusion）或「回歸主流」（mainstreaming）。
如果這個班級只有一位聾童而沒有其他聾童時，這樣的安置可能改
變並可能延緩聾童的社會化歷程。這種延緩或遲滯，可能會影響這
位聾童，但對整個聾人社區卻是沒有影響的。大部分的聾人對於遇
到其他像自己一樣的聾人，不管年齡的大小，他們的反應是積極
的。有一位聾大學生，以前從沒有遇過聾人，他描述第一次看到聾
童班級的感受：「終於，我開始回家了。那是一個愛的經驗，我不
再覺得我好像是陌生土地上的陌生人；現在我覺得我更像是一個社
會中的一份子。」[16]

　　雖然國家的趨勢是將聾童由學校中拿開，但在高中以後的階
段，有更多於以往的機會讓他們再次彼此相遇。最近的聯邦法律禁
止高等教育機構歧視身心障礙者。[17] 聾生以前幾乎很難找到可以配
合他們需求的大學來就讀；的確，以前有些大學拒絕聾人集體入
學。但今日此現象已經急速地改變了。今天幾乎所有美國的大專院
校都有能力而且願意提供所需的支持服務給聾生，讓他們有管道來
受教。這些寬廣的機會讓聾人彼此相遇，將更強化聾人社區與激勵
聾人的領導力[譯註5]。

[譯註5]　台灣也有類似情形。啟聰學校人數銳減，公立學校的啟聰班也多轉型為啟聰資源班或不分
類資源班；普通班教室內的聽障生增加。但是啟聰學校的高職部卻是蓬勃發展。

他們只是在那裡工作

　　美國的第一個州立聾校（啟聰學校）在 1817 年成立。校內的教師和行政者大多是聽力正常者；很多啟聰學校只象徵性地聘請一到兩位聾老師而已。啟聰學校是聾人社區的基本機構，卻只聘請如此低比率的聾人教職員工，導致聾人對聽人極深的憤恨升高到表面。下面是摘自路易斯安納州聾人協會的刊物《聾人生活》（*Deaf Life*），1993 年 1 月，4(7)，10：

> 路易斯安納州的啟聰學校和**聾人**社區已經是本州歷史的一部
> 分，達一百四十一年之久。就像其他的州立學校一樣，我們
> 必須處理州立工作者、他們的家人，和地方上的教育才智者
> （他們為聾人工作而不是與他們工作）有關家長作風的態度
> 和代代繁殖。聽人有自己的文化，而且大多數只在我們的地
> 方工作。他們「正好」在這兒工作，卻不是真正活在**聾人**經
> 驗中，也沒有對聾人的成長作出貢獻。他們和監牢裡的行政
> 人員，其實相離不遠──他們只是在那兒工作罷了。

　　美國長久以來，對聾生追求高中後的教育方面，處於優勢地位。由於體認到一個聾學生進入大學階段教育將受限於溝通的要求，當愛德華・高立德來到華府的時候，他就夢想能成立一所專門接收聾生的學院。他選了一個最不可能的時刻來追求他的理想。1863 年，當國家正飽受在內戰中求生存之苦時，高立德對國會提出通過立法來建立國立聾人學院的草案，並要求國會給予此校頒與大

專證書的權力。他對議員的遊說成功，在 1863 年的冬天，當內戰仍
方興未艾時，國會通過立法，建立國立聾啞學院（National Deaf
Mute Collgeg）（後來 1880 年此校改名為高立德學院，1986 年此校
再改名為高立德大學）。第一個大專文憑於 1864 年被簽署，署名者
為學校的第一任贊助者——亞伯拉罕·林肯。因此，此學院的文憑
一直是由美國總統簽名的。在一百多年以後，美國仍然是世界上唯
一完全提供聾人大學教育的國家。[18] 今日，高立德大學有將近兩千
位的學生就讀。

162　　　聯邦政府，當初高立德大學的主要經費補助機構，隨後也簽署
通過了了位於羅徹斯特理工科技大學（Rochester Institute of Technol-
ogy）內的國立聾人工學院（National Technical Institute for the Deaf,
NTID）。NTID 於 1968 年成立，約有一千兩百名的聾生就讀。在西
海岸則有州政府所補助的加州州立大學——北脊分校（California
State University at Northridge, CSUN）。此校每年接受大約一百名
的聾大學生就讀。由於有手語翻譯員來加速溝通，聾生可以選讀
CSUN 的任何科系。此外，自 1964 年起，CSUN 就有聾人的領導力
訓練方案，提供碩士學位。加入高立德大學和 NTID 的陣容後，此
校的方案已經成為**聾人社區領袖**的主要來源和特殊學校的行政主管
來源。就如同一個一般的社群，**聾人社區／社群**，尋找著受過大學
教育的領導者。

　　大多數**聾人領袖**所入學接受過的高等教育學府，對手語的各種
風格打法，各有其貢獻。因此，對**聾人**而言，「高立德大學腔」被
人認出，就如同有人是「哈佛大學腔」是一樣的。受過大學教育理
解 ASL 的聾人畢業生，不帶輕蔑的將打手語者分類。打手語的風

格，特別適合在公開呈現的場合中表現，這是一個領導者的頻繁任
務。

一聾人社區的組織一

　　聾人似乎歡迎任何能讓他們彼此交流的場合。公告一個體育活
動，例如保齡球競賽之後，聾人會由鄰近各地蜂擁而至，即使他們
可能對球賽沒有什麼興趣。他們所尋求的是能和他們的朋友們在一
種沒有障礙的溝通環境下交換新訊息。但是社交活動不只是和少數
朋友相聚的機會而已。直到目前為止，聾人還是很少有機會以面對
面的方式獲得聾人社區有興趣的訊息。

　　要在聾人社區中形成一個組織，第一個建築障礙就是社會化。
此點看似平庸，因為所有的組織都帶有提升會員間社會互動的能
力。雖然寄信是一種人與人之間聯絡的管道選擇，但此法的速度太
慢。健聽人士不必依賴信件或跑到市府大樓去打聽朋友的事情，他
們只要拿起電話就可以聯絡了。以前聾人要打電話都得拜託聽人協
助。直到 1965 年，有位聾人工程師發明了一種可以和打字設備以及 [163]
電話合在一起的數據機，使進來的訊息以字體呈現，這樣聾人就可
以使用電話了。[19]這種我們熟知的 TTY（聾人文字電話）需要對鍵
盤有一定的靈巧度；否則打電話是件很費力氣的事，而且有時在尋
找下個字時，一堆訊息要點很容易就消失了。更有甚者，無法在電
話中使用 ASL，或只能以文字通訊的方法，都使聾人覺得有聚在一
起的需要。

　　助聽器在聾人社區中也有其一席之地。不是每位聾人都配戴助
聽器，因為助聽器對聾人的效果，不是全無就是只有一點幫助。對

某些聾人而言，助聽器是種「聽人世界」的表徵，反映了以言語為基礎的語言價值觀；他們閃避助聽器的原因，不但為了自己，也為了他們的聾小孩。但也有些聾人珍惜他們透過助聽器所獲得的益處，並依靠助聽器來接觸聽覺環境以及協助他們讀話；然而他們使用助聽器並不表示他們排除了 ASL 的使用。他們反而擴大了和更多廣泛人群接觸的能力。

當你訪問美國大多數的大城市時，你會發現聾人的社團組織。聾人俱樂部或聾人社團的設計可能不是很華麗，通常他們的會員申請要求是很寬大仁慈的。簡樸是他們的原則，因為這些社團的經費通常由當地的聾人社區所支持，他們的會員人數只是廣大聽人社會的一小部分而已。一個聾人社團可能是在城市一個不起眼的地區租賃數間房間，或坐擁在一個聾人組織建築物內。不管這個社團在哪裡，地點一定保證安全而且很容易到達。如果你戴上虛擬情境耳機，就可以現身去探索一個典型聾人社團的內部。你會發現那些區域很少裝潢，但卻被維護地很好。此內部設計建議這些社團經營的主要功能是促進個人的互動。牆上不會掛著繪畫作品，但會陳列歷年來社團的活動照片。可能會放一台附帶有解碼裝置（可以看到字幕）的電視機。[20] 室內的設備很容易變動以容納不同人數的群體活動。在很多社團中你會看到一個酒吧；一間廚房，以及一個突起的講台來作舞台表演或演講之用。俱樂部很清楚地，是一個可以看到人們的場所。

最初聾人社團完全只是社交中心。但是由於 1950 及 1960 年代其他少數民族的例子，導致聾人開始更積極地爭取他們的公民權。聾人社團成為政治行動主義者的依賴觀點。聾人可能不會像其他少

數民族般地好戰激進，但他們了解他們在社會上所處的不利地位， *164*
也知道他們要做些什麼來克服此情況。**聾人**社團形成一股穩定的基
礎，從此處聾人會員可以開始讓自己積極投入當地的政治舞台。

　　聾人的各州協會很像地區性的**聾人**社團。他們主要也是為了某
種目的而設立。很多州聾人協會的功能僅只是預備下一次的州會
議。現在各州的聾人協會比較積極於政治的運作以協助他們會員的
一般福利。他們獲得各州立法機構的協助，而且在幾次的場合中，
成功地使他們的州政府成立委員會來處理聾人所關切的一些問題。

　　有一個密西根州的聾人部門是由一位**聾人**來當督導。此組織負
責讓國小及中學的學生選修 ASL 作為外語的學分。經過多年致力於
聾人顧客的福祉，它成功地得到密西根州地來建立一個一天二十四
小時的訊息轉接（message-relay）中心。聾人有很多服務都必須透
過遊說議員使相關法案通過。很難說服電信局有這個義務來提供這
項服務。對聾人顧客而言，他們支付電話費，卻只能用文字電話來
通話。電話公司碰到很多收費過高的申訴案件，他們甚至希望聾人
為這個服務多付費用。而密西根州聾人部門勝訴了，他們使得聽語
障轉接服務普及且不得對聾人超收費用。聯邦法案現在命令這項服
務要擴及全國。

　　大部分州的**聾人**協會和國立聾人協會（NAD）有隸屬的關係。
從 1880 年起，國立聾人協會代表了聾人的利益。它是北美最老的障
礙者自助團體。它的成立，是對 1880 年的米蘭會議決議（見本書第
一章）做出的回應。今天那個批判性的觀點已經被人忽略了。特別
是當我們參觀座落於華府，馬里蘭州的春泉市郊，看到現代化的國
立聾人協會大樓時。國立聾人協會的行政立場幾乎都是由聾人擬定

的。不管聾人或聽人，在國立聾人協會工作者，每人都使用 ASL。

另一個 NAD 的同伴組織是國立聾人兄弟會（National Fraternal Society of the Deaf, NFSD）。它成立於 1901 年，主因是聾人受到保險公司的歧視所致。那時聾人發現他們要投保人壽保險時，不是得過度付費就是被拒絕。有少數聾人領袖拿出資源來成立一個合作的人壽保險計畫。今天，國立聾人兄弟會滿足了聾人對價錢要公道的人壽保險需求，他們的成功，引起了保險同業的羨慕。國立聾人兄弟會在美國和加拿大都有很多分會，不但有商業功能也包含社會功能。它也提供聾生獎學金，並積極對國內的聾人社區提升善意。就像國立聾人協會一樣，NFSD 以美國手語來運作它的業務。

還有其他的聾人社區成員設立分開的聾人社團組織來滿足他們自己的需求；最重要的，是由聾人自己來管理經營。這也是可以想見的。他們使用 ASL 代表了他們自我決定的自主權。手語增強聾人社區的自我倚賴[譯註6]。

—聾人和他們與英語間的從屬關係—

到目前為止，我們描述的聾人社區焦點放在那些使用 ASL 的聾人，且分享他們獨特社會的文化活動。他們是大多數者，但是所有（ASL 並非其母語的）的聾人不會打手語，因為大部分聾童的父母是聽人，因此他們可能無法接觸到聾人社區或接觸不到會打手語的聾人，直到他們長大成人，因此他們不會 ASL；有些人仍在學習

譯註6　台灣的聾人組織有中華民國聾人協會、中華民國聽障人協會、中華民國啟聰協會，以及各縣市的聾啞福利協進會等。

ASL 的階段。**聾**人社區的成員展現了寬廣範圍的 ASL 流暢度。

　　所有的聾人學習英語到某一種程度。有的聾人雖然精通 ASL，但將英語視為他們喜好的溝通語言。他們的選擇並不表示他們不能接受自己是聾人。在美國，英語在聾人的生活中扮演了一個角色，特別是在聾人接觸書本、報紙、閉路電視、文字電話、傳真、電子郵件，還有說話時。

一倡 導一

　　在美國，聾人已經有他們自己最佳的倡導者（advocates）。經由國立聾人協會，他們在本世紀後半期以有力的聲音呈現於國會面前。**聾**人的各州協會也積極參與提升聾人的服務與權利。很多州的政府已經建立專門改進聾人服務的部門；當有訴訟案件或和公司爭論時，他們肩負起倡導者的角色，提供各種有關聾人教育、就業、復健及其他事情的訊息。除了**聾**人要求讓他們的聲音被大眾聽到以外，他們堅持聾人應該被視為一個獨特文化的團體。[21]

　　聾人倡導團體的力量有時藉由高所得或廣為人所尊敬的個人所提升。例如，大英帝國的國立皇家聾人機構（Royal National Institute for the Deaf, RNID）。此機構原名國立聾人機構，後來在 1958 年時加上「皇家」兩個字；那時，英國的菲力浦王子，也是愛丁堡公爵，成為此機構的贊助者。在 1983 年 10 月 23 日，王子的祕書寫信給國立聾人機構的主管羅格・席德漢（Roger Sydenham）時，清楚表達公爵支持此機構的適當性：

　　您 10 月 19 日的來函收悉。愛丁堡公爵不反對將他的名單供

安得魯（Andrew）公主參考；他自己對國立皇家聾人機構
的興趣也一直持續著。

國王殿下指出安得魯公主並不是後天聾，而是一出生就
聾。而他會惠顧皇家聾人機構，當然也是因為他體會到此
機構的工作成果是有價值的。

有些讀者不熟悉皇家家族，希臘的安得魯公主是菲力浦王子的
母親（使用男性名稱，安得魯，不是排字印刷的錯誤）。菲力浦王
子敏於察覺早期和後期失聰聾人之間的差異，就如信中指出的，說
出了他本人對聾人間廣大差異的了解。

重聽與後期失聰者

當然，有些聽障人士／聾人是不打手語的。他們依賴口語及讀
話來溝通。他們尋求持續與彼此接觸，就如同**聾人**會找其他的**聾人**
接觸一樣。這些口語派的聾人（oral deaf）參加如亞力山大格瑞姆貝
爾協會（Alexander Graham Bell Association for the Deaf）下面的口
語聾人團體（Oral Deaf Adults Section, ODAS）。口語聾人團體缺
乏**聾人**社區組織的支持與彼此結構上的聯合。因此，他們不屬於**聾**
人社區的成員，除非他們選擇加入相關的機構，例如，國立聾人協
會或是開拓他們和**聾人**間的關係。

長久以來，一些在成人期喪失他們聽力的人傾向於不另立組
167 織，他們在**聾人**社區中不具代表性。這些人很多自認為是重聽人
士。重聽者是指某人喪失某些聽力，但並未嚴重到無法有效地使用

其口語管道。在 1978 年時，重聽人士自助團體（Self-Help for Hard of Hearing People, SHHH），由一位過去的中央情報局（CIA）間諜，洛機・史東（Rocky Stone）所成立，此人由青少年期到成人期逐漸喪失他的聽力。他先尋求加入國立聾人協會成為會員，但由於他不會手語，因此對入會不甚滿意。很快地，他找到一大群和他類似處境的人士，十年之內，重聽人士自助團體湧入三萬名以上的成員。作為一個倡導團體，SHHH 既不反對，但也不支持手語的使用。此團體的一些會員會一點基礎的 ASL。但是由於大多數的成員不打手語，因此重聽人士自助團體重視依賴擴音與讀話來溝通的技巧。

　　1987 年，晚期失聰協會（Late-deafened Adults, ALDA）於芝加哥成立。它的創始者是比爾・格瑞姆（Bill Graham）；有天起床時，格瑞姆發現他聽不見了。就像洛機・史東一樣，格瑞姆看到另起爐灶的安身處。晚期失聰協會的成立，證明他的眼光是對的，因為此協會急速增長，吸引了國內無數的聾人和重聽人士參加。顯然晚期失聰協會並沒有支持或反對 ASL 的正式立場，但此機構支持對學習手語有興趣的會員，同時也提供了其他工具的訊息，以提升會員們的溝通管道。

　　這些自助團體的出現，例如 SHHH 或 ALDA，重新闡明了**聾人**與重聽人士的文化獨特性。重聽或晚期成為聽障者的人士，仍然視自己在社會中占有一小席之地；而廣大的社會以多數人的常模和價值觀為依歸。他們花費很多的時間來和聽人互動於工作或社交場合。然而，他們的確需要溝通輔具。而且，不管他們聽力損失的程度，也不管他們何時變成聾或重聽，當他們和能分享他們的困難、

經驗及志向的人相處時，他們在其中找到安舒^{譯註7}。

職業與收入

聲人在我們的國家所從事的職業，事實上幾乎各行各業都有，除非工作規定要聽力良好者。聲人自己開業並管理經營別人的事業。他們做會計、建築師、理髮師、屠夫、美容師、牙醫、律師、醫生及教授。他們經常面臨歧視，不只在進入職場時，就是工作上的升遷也受到歧視。有些聲人的工作表現亮麗，但是在未來升遷時仍然遭受雇主的反對。整體而言，聲人工作者尚未發現他們的努力和報酬是一致的。在相同或類似的職業中，聲人工作者的所得常是聽人同事報酬的平均值，或是更少。

168

不要忘記我！

沒有一個內在的理由解釋為什麼一個人不能同時成為國立聲人協會和晚期失聽協會的成員。然而，會員身分卻無法自動得到其他成員的認同。下面的請求來自一位聲人婦女，她在二十九歲時喪失了聽力。她描述自己，一個晚期失聽者，受到使用手語的聲人排斥的一個反應。²²當她寫出下列這段話時，她的年齡是三十三歲，且學會了ASL。

譯註7　國內似乎沒有任何這樣的組織，希望能迎頭趕上，例如，中華民國聽語學會，可以研究這樣的議題；高雄師範大學溝障所陳小娟教授研究過老人聽力的問題。

在我喪失聽力之後不久，我去參加一個**聾人**俱樂部的聚會。我住在農村，因此我很少和聾人在一起，也仍然活在聽人的世界中。……所以當我去參加**聾人**俱樂部的聚會時，想說我將回到家中——被他們接納，因為我快要變成全聾了。他們剛開始對我的確很好，直到會後的社交聯誼時間。有五到六人，大多是婦女，走到我的面前並且開始和我對話。但談不到三句話剛建立關係時，他們一得知我是後期失聰的聽障者，就很快地離我而去。我被他們拒絕，因為我不是天生的聾人。我以前從未碰過這種情形。人們啊，請求你們——聾就是聾。

聾人所面臨歧視的背後理由並非難以捉摸。當考慮整體事件時，管理層面通常依據溝通的困難而給聾工作者不好的待遇。聾人在進入職場工作時就被排除升遷了，因為雇主認為很難預備聾人在公司內得到更好的職位。雇主辯稱聾人無法擔任行政的角色，因為這些職位需要使用電話，而且聾人無法被安插於需要快速人際溝通的工作中。諸如此類的藉口很多，而且五花八門，聾人工作者的反應也不一而足。聾人行政人員和專業人員的經驗，證明溝通障礙不可克服性假定的謬誤。有一個研究，由一些擁有高成就的聾人來示範他們如何遇見並克服他們工作上的障礙問題。[23] 只是偏見無法快速消失。當偏見存在時，它們壓迫聾人的情感福利和財經地位。 *169*

美國聾人障礙法案（Americans with Disabilities Act, ADA）於1990年公布，此法案禁止對身心障礙者的歧視。它要求雇主做合理的適應，例如提供手語翻譯員給聾人工作者出席訓練場合。很重要

的一點是，對聾人行政者和所有旅行中的聾人，旅館和汽車旅館都
必須提供視覺警示系統來顯示敲門聲、電話鈴響，或是一個火警鈴
響。旅館也要提供一台聾人文字電話（TTY）以及可以顯示閉路字
幕的電視電纜（capable）。這個聯邦法案會改善聾人以及其他的身
心障礙者的經濟狀況到何種程度，仍有待觀察。但至少這個法案表
達了一個在社會態度方面新穎的改變，潛在地將使身心障礙者的籌
碼更加平等。

聾人體育

　　聾人體育已經被稱為是**聾人**社區中最強而有力的機構。[24] 在**聾
人體育**中，**聾人**發揮對他們活動的完全控制權，並且透過限制董事
會的成員必須是聾人來確保這個控制權。所有**聾人體育**活動的語言
是手語，但是所有的聾人運動員及參與者，不論他們的背景和溝通
喜好，都是被歡迎的。

　　主要的**聾人體育組織**是美國聾人體育協會（American Athletic
Association of the Deaf, AAAD）。它組織並鼓勵地區性聾人俱樂部
／社團的競爭。它支持一年一度的國家籃球和慢投壘球錦標賽，吸
引了數以千計的聾人競爭者和旁觀者。雖然，如前面所注意到的，
很多出席者的目的是要來交誼而非競賽。[25] 事實上，美國聾人體育
協會的宗旨之一，就是提供機會，讓聾人之間可以彼此社交聯誼。

　　大部分的國家都有自己的國立**聾人體育組織**，例如：阿爾及利
亞聾人體育國立聯盟、愛沙尼亞聾人體育協會，以及全印度體育聾
人協會等。國立組織的一個共同目標就是選出和預備聾人運動員來

參加世界聾人錦標賽（World Games for the Deaf, WGD）的競賽；此組織是模仿世界奧林匹克競賽之形式，因此常被稱之為聾人的奧運。WGD 每四年舉辦一次；此暑期賽最近於 1985 年在洛杉磯舉 *170* 行；1989 年在紐西蘭的基督山城舉行；1993 年在保加利亞的首都索非亞舉行。最近的冬季賽於 1987 年在挪威的奧斯陸舉行；1991 年在加拿大的班福（Banff）舉行；1995 年在芬蘭舉行。WGD 及其他競賽於一國際管理組織叫做國際體育協會所管理。

在國家層次方面，美國和加拿大設有為特有球類的**聾人體育組織**，例如：美國聾人排球協會、美國聾人滑雪協會，以及加拿大聾人冰上曲棍球聯盟。地區性的**聾人體育組織**贊助各種運動，包括標槍、網球和拍球戲。啟聰學校的學生校隊常和該地的其他學校比賽。他們也和不同州的其他聾校學生競賽。學生運動員傾向晉升到**聾**成人體育聯盟。

聾人玩橄欖球者已經在比賽中留下難以去除的標誌：彼此擠做一團（huddle）。它被發明，讓**聾**人隊員可以在每場比賽前隱藏彼此的討論，尤其是當一位**聾**人隊員能夠讀出他們之間的手語時。高立德大學通常被認為是第一所在標準賽中採用彼此擠做一團策略的人。雖然這個說法令人質疑，但是**聾人歷史學者傑克·賈儂（Jack Gannon）辯說，雖缺乏書面的紀錄，但邏輯是站在高立德大學這邊的。[26]

有很多聾人在體育方面具有專業的成就。最有名的例子是威廉·霍依（William E. Hoy）。他是紐約辛辛那提隊的棒球聯盟主要隊員。他持續在有組織的棒球隊中輝煌十八年之久。其他還有**聾**人拳擊手尤金「沈默的」黑爾史東（Eugene "Silent" Hairston）贏得

1946 年的國立 AAU 和金手套錦標賽；後來他成為職業拳擊手，在國內偉大錦標賽中的中量級方面，其排名僅次於舒格・瑞・羅賓森（Sugar Ray Robinson）。在游泳方面，傑夫・福洛特（Jeff Float）贏得 1977 年 WGD 的十面金牌，並在 1984 年美國奧運業餘賽中贏得一面金牌[譯註8]。肯尼・沃克（Kenny Walker）在內布拉斯加大學有一個優秀而顯著的橄欖球生涯。在他畢業後，他和丹佛・布朗果（Denver Broncos）簽約。雪莉「女妖」碧提（Shelley "Siren" Beattie）是一位國家健美運動的冠軍得主，她在電視的美肌比賽節目——美國鬥劍者（The American Gladiators）中，是受觀眾喜愛的人物。吉姆・凱特（Jim Kyte）已在國家曲棍球聯盟中工作很久；他在 1992 至 1993 年間，長期為渥太華參議員（Ottawa Senators）隊效勞。這個名單可以一直繼續開下去。我們可以清楚看到，身為聾人並不能阻止他們在體育成就方面的出類拔萃。

171

非表演的藝術

聾人作家和藝術家已對社會做出很大的貢獻。例如，巴勒得（Melville Ballard）為將軍雅各・加爾福得（James Garfield），將一份法國政治手冊翻譯出來；這位將軍後來成為美國總統。加爾福得將軍對巴勒得所作的成品印象深刻，大為感動，於是贈與一套裝訂優美的法文版凱撒君王評述給巴勒得。[27]

[譯註8] 台灣有趙玉平為中華民國聽障者體育運動協會秘書長，參與並舉辦過很多國際性的聾人體育活動，他對國內的聾人體育運動之發展與國際交流，貢獻良多。台灣並贏得 2009 年第 21 屆聽障奧運（Deaflympics）的主辦權，令人振奮！

　　裘安·弗南得斯·德·納弗瑞特（Juan Fernandez de Navarrete, 1526-1579）在三歲半時，就喪失了聽力。他被人暱稱為 "El Mudo"，以繪畫聖經主題，例如「使徒聖雅各市長之斬首」而著名。這是他最重要的蝕刻作品。卡拉瓦德·瓦斯本（Cadwallader Washburn, 1866-1965）成為一名戰爭通訊員；在墨西哥革命期間，他成功地靠紙和筆訪問了墨西哥的總統馬德洛（Madero）。更早之前，他已經涵蓋了俄─日衝突。雖然他有這些傑出的文筆成就，他做得最持續的作品是素描而非文字。

　　其他有名的聾人藝術家是雕刻家道格拉斯·提登（Douglas Tilden, 1860-1935）。他的作品顯著地呈現加州家鄉風貌。他的大型作品是「機械」（*The Mechanics*），高聳於舊金山的菜市場和蝴蝶街的交接口。雖然他因在巴黎展覽中得過一座獎而獲得國際讚譽，但他的餘生在加州聾校任教，其薪資無法與商業成就相並論。其他成功的聾人藝術家，包括仍然在世的畫家威廉·史巴克（William Sparks），羅伯·派特森（Robert Peterson），和凱力·史帝文生（Kelly H. Stevens）。還有更多聾人得到商業圈的認同，也有些聾人藝術家仍等待著歷史對他們一生藝術價值的評論。

　　目前有更多的聾人作家以及藝術家記錄於今日的社會。《不再有石牆》（*No Walls of stone*）是由聾人和聽人作家合寫的人類學文學。[28] 威跟司（Julius Wiggins）是著名報紙《無聲新聞》（*Silent News*）的創始者和董事長，在《無聲》（*No Sound*）這本書中仔細描述他的人生經驗。[29] 有位來自芬蘭的教師尼亞門能（Raija Niemenen）寫了一本《朝向島嶼的航行》（*Voyage to the Island*）有關其在聖路西亞教育聾童的刺激報導。[30] 法蘭斯·帕爾森（Frances Par-

172

sons）已經出了幾本寫她自己故事的書，她最近去中國旅遊後寫了《我沒聽到龍的呼嘯聲》（*I Didn't Hear the Dragon Roar*）這本書^{譯註9}。[31]亨利・凱瑟（Henry Kisor），一位使用口語的聾成人，已經在過去的二十年中擔任《芝加哥太陽－泰晤士報》（*Chicago Sun-Times*）的書籍編者和專欄作家；他寫了一本極暢銷的自傳《門外的那隻豬是誰？》[32]而聾詩人也闖出了他們的名號。瑞克・羅門（Rex Lowman）（《苦草》），凱薩琳・史瑞柏（Kathleen Schreiber）（《親愛的貝絲》）以及琳伍・史密斯（Linwood Smith）（《沈默、愛以及我所認識的孩童》）等，都是目前已經出版的詩集。

表演藝術

在上一章中我們提到了擴增的手語在舞台上、電影中及電視上的表現。我們在此討論聾人演員已經表演的部分，包括昨日不用手語以及今日使用手語的表現。

─高立德大學─

當**聾人**安排娛樂時，他們很自然地包括戲劇、小喜劇和說故

譯註9 台灣的聾人作家以趙玉平最為出色。他是中文系出身，文筆流暢，寫過幾本聾人研究的書，例如，《無聲的奮鬥》和《雙足走過無聲之路》，和一系列的手語推廣系列書籍。中華民國聲暉聯合會以聾人作家陳瑞婷訪問並執筆，出版《用心聆聽──傑出聽障者的故事》；其中訪問了三十位生涯成功的聽障者。林伶旭也以聾人的立場，寫出《無聲的吶喊──聾人文化的形構與危機》之碩士論文，其中以聾人的角度，批判聽人的聽覺霸權至上主義，強勢主導回歸主流和人工電子耳，引起聾人界的反彈和憂慮，怕聾人日後反而無法認同自己的文化。

事。這是高立德大學的情形。表演是此大學生活中重要的一部分。事實上，幾乎在 1864 年開始，高立德大學就有學生戲劇表演了。這些改編自古典的範圍——「特洛伊婦人」和「哈姆雷特」，直到製作最近受人喜愛的「小印第安人」、「我們的城市」，和「日本天皇」——來表演**聾**作家寫的劇本「對我打愛莉絲的手語」和「聾人教師勞倫特・科雷克」。雖然歷史很長，但此大學並未提供任何戲劇課程，直到 1942 年才開。雖然戲劇系在 1969 年時才設立，但戲劇俱樂部卻已有一百多年的歷史了。[33] 它負責學生在 1942 年製作的「砒霜和舊花邊」（*Arsenic and Old Lace*），然後是長期經營的劇院。而此劇由學生所打出的手語版本是如此精彩，以致紐約劇院的舞台監督邀請高立德大學的學生演員們到紐約去表演，取代原來的演員陣容。這是個驚人的演出，但也得到評論家高度的讚譽。

舞 台

最近戲劇界的成功人物是菲里斯・佛瑞利克（Phyllis Frelich），過去是國立聾人工學院的成員，也是高立德大學的畢業生。她贏得 *173* 東尼（Tony）獎，因為其在「悲憐上帝的女兒」舞台劇中飾演那位煩躁不安的**聾**人教師。這個角色對另外兩位**聾**人女演員帶來意想不到的幸運：非利士・諾爾門（Phyllis Norman）因在倫敦演出的表現而獲得評論家獎；瑪麗・瑪特琳（Marlee Matlin）也因在此劇本電影版中的表現而贏得了奧斯卡金像獎。

劇評家看手語

在百老匯由聾人演員公演的《砒霜和舊花邊》（*Arsenic and Old Lace*）一劇，獲得了紐約評論家的高度讚美；那些人通常是很頑固的批評者。以下是《紐約先驅論壇報》（*New York Herald Tribune*）的戲劇評論家，海倫·碧柏（Helen Beebe）所寫的一部分：

> 如果有人從未看過手語的表演——就像是你們的報導者，我的例子——他會被一件事所震驚。不知怎地，演員的手部傳達著抑揚頓挫的差異。其中有瑪莎小姐和艾比小姐溫和安撫的措詞；有他們的哥哥泰迪的斷音說話方式；他自認是泰迪·羅斯福。當他的手指說「高興愉悅」時，這個字帶著活力衝出。當他急奔上樓時，一隻手揮舞著手勢「向……進攻」（Charge），來紀念聖胡安·希爾（San Juan Hill）；這個手勢似乎要呼喊出來，雖然沒有伴隨任何的聲音。當喬納森·布魯斯特（Jonathan Brewster），這個反派角色在作威嚇時，他的手指是蓄意又充滿威脅的。[34]

《紐約時報》（*New York Times*）類似的劇評家卜恩斯·曼陀（Burns Mantle），也有不約而同看法的評論：

> 雖然觀眾大多是由聾人所組成，他們受過解讀手語的高難度訓練，但是也有很多並非聾人的觀眾出席。這些聽力正常者震驚此劇能清晰的呈現，也訝異此劇幾乎不需要透過一位朗讀者的協助：當聾人演員飛快地比出手語時，朗讀者單調地唸出台詞。[35]

除了舞台劇「悲憐上帝的女兒」的巡迴劇團外，其他給**聾**演員表現的機會出現在百老匯裡。菲里斯‧佛瑞利克在百老匯闖出名號以前，布魯斯‧希爾巴（Bruce Hlibok），一位聾青少年，在紐約市戲院區以外的小戲院上演的「逃跑」（*Runaways*）實驗劇中，為自己創造了一個角色；此劇後來轉移到百老匯的戲院公演。看來好像有點奇怪，「逃跑」其實是一齣音樂劇，但布魯斯卻是完全以啞劇來詮釋他的角色。

魔術也很吸引**聾**人。1992 年，第四世界聾人魔術師節（Fourth World Deaf Magicians Festival）在烏克蘭的基輔舉行。來自九個國家的五十二位**聾**人魔術師在不同的項目中競爭獎盃。有位**聾**人類學家，西門‧卡磨（Simon Carmel），在其中的「舞台和特寫鏡頭魔術」項目中名列第一。 *174*

在國內的各處，地區性的**聾**人演員公司已經非常活躍。然而，沒有任何公司發展足夠的後續事宜讓演員可以全職參與戲劇，但是他們持續為他們的才能找到宣洩的出口^{譯註10}。

── 國 立 聾 人 劇 院 ──

一般大眾對手語的熟悉度來自國立聾人劇院（NTD）。它創始於 1968 年為了「帶給大眾對聾人的新形象」。³⁶ NTD 在美洲大陸及美國所有的大城市都已公演過。國立聾人劇院的第一任院長大衛‧海斯（David Hays）被艾德蒙‧西門‧劉溫（Edna Simon Levine）

譯註10　台灣好像沒有聽說過聾人從事舞台劇。王曉書是個成功的模特兒和聾人，也是公視「聽聽看」節目的主持人。

博士〔他把這個想法帶入職業復健諮商聯邦部門（現改名為復健諮商行政部）中〕所徵召。有一筆經費，共同由這個復健部以及殘障者教育部共同提撥，提供聾人接受劇院藝術教導、發展戲劇，以及企劃製作第一次的公演所需的財經費用。國立聾人劇院的表演範圍寬廣，由古典到實驗劇，而且這個組織已經衍生了聾人小劇院，來為就學的聾生引介聾人戲劇。有些昔日的國立聾人劇院的聾人雇員離開了工作崗位轉到別處成為化妝師、設計師以及演員。大部分的聾雇員渴望成為演員，也有少數人成功；這個比例和所有的演員成名比例是相同的^{譯註11}。

—電 影—

有些表演是在「無聲螢幕」上完全沒有聲音的。這些無聲的聾人演員有：葛朗威利・瑞德蒙（Granville Redmond）、愛默森・羅密歐（Emerson Romero）、路易斯 ・ 威音伯格（Louis Weinberg）、卡門・亞卡斯（Carmen de Arcos）和艾伯特・巴林（Albert Ballin）等人。少數聾人社區外的人訝異這些演員居然聽不到。有些聽人演員和導演，例如查理・卓別林（Charlie Chaplin），手語打得很好；還有一些人會用手指拼出英文字母。當電影由無聲轉為有聲時，聾人演員失去了他們的角色，而聾人觀眾也失去了讓電影成為他們娛樂的對白字幕。[37]

譯註11 台灣的聾人劇院就屬台北聾劇團頗負盛名，可惜這個團體也無法有龐大的經費來自給自足，通常都要另外找工作來養活自己和家人。

175

—電 視—

瑪麗‧瑪特琳除了在電影上的成功外，她也開始在電視影集「合理的懷疑」（*Reasonable Doubts*）中客串演出一位律師。她的演員同事回應她手語的方法，是用不懂 ASL 的觀眾也能夠了解其意義的方式。

琳達‧博甫（Linda Bove），一位高立德大學的畢業生和昔日國立聾人劇院的成員，是「芝麻街」的固定演員；在電視中她扮演一個圖書館員，還有適時的扮演街上的**聾人**。布納得‧伯瑞格（Bernard Bragg），一位最有經驗的**聾人**演員，製作一個兒童電視節目，在這節目中他開始創造一位**聾人**版本的超人。稍早期，伯瑞格也是高立德大學的畢業生和國立聾人學院的校友，曾在一個舊金山的教育電視台擔任一個固定的節目，叫做「無聲者」（*The Silent Man*）；此節目持續了兩年，是國內流行的電視節目。其他的**聾人**演員已經在電視劇中贏得了角色，例如：「洛城法網」（*L.A. Law*）、「終極警網」（*Barney Miller*）、「妙手少年」（*Doogie Howser, M.D.*）以及「夏威夷之虎」（*Magnum P.I.*）等連續劇^{譯註12}。

—連 續 的 掙 扎—

上述聾人成就的記載並無法揭露聾人演員尋求工作的持續艱難挑戰。為了克服對聾人們的偏見，有兩個組織（聾人娛樂基金會及

譯註12 台灣只有公視的「聽聽看」節目造就了一些聾主持人，如：陳廉僑和王曉書兩位。其他各行各業優秀的聾人特別來賓只是客串受邀至節目中分享。

表演之手）為聾人演員的權利而戰。戰鬥不一定是需要的，如同重新計算成功的隱喻（見第六章「當手勢發酸時」的方格內文章）。

藝術活動的這些簡介，顯示了**聾人**社區生動活躍的才能。身為聾人並不會妨礙他／她在藝術和娛樂方面的成就。

宗教

宗教在很多聾人生命中已扮演顯著的角色。不管信仰什麼，每個教派都有聾人信徒成員。**聾人**聚會者從各別的宗教團體中，得到不同的待遇；有些團體為無法聽見信息者提供延伸的服務，例如，提供伴有手語翻譯服務的講道，或是請**聾人**牧師來講道，以及有智慧地輔導其教區區民，但有些宗教團體卻傾向忽視他們的聾人信徒。可能原因在於他們缺乏和**聾人**之間的接觸，還有他們遲疑害怕聾人會要求佈道者用手語講道。

176

對聾人演員的刻板印象

雖然聾人演員贏得很多在電影與電視節目演出的機會，但很多劇本仍然將聽人描述為他們很懂得什麼是對聾人最好的。有一個劇本情節（最近的電視戲劇，「妙手少年」）描述這一點：

當朱麗亞（Julia Myatt，由 Terrylene 飾），一名魅力四射的**聾人**少婦，來到醫院的急診室，因為她的膝蓋受傷時，朵棋（Doogie）醫生（Neil Patrick Harris 飾）以他對手語的知識，讓這位女士印象深刻。當他們第一次約會時，他試圖

說服她去找一位聽力檢查師來討論有關獲得人工電子耳的事情。他相信人工電子耳會改善她的聽力——以及她的人生。但出乎他的意料之外，朱麗亞卻對這個前景漠不關心，一點也不熱衷。[38]

這個劇本作者施予聾人恩惠的口氣，以及她暗示別人知道什麼是對聾人最好的，激怒了聾人社區的很多聾人。這事發生於聾人演出更多角色之前的幾年；此事很現實地刻畫出聾人社區內的差異性和多樣性。

由歷史的角度來看，天主教是排名第一，會對上教堂的**聾人**教友給予特別關注的宗教。就如第一章所注意到的，天主教的牧師首先嘗試教育聾童，使他們免除古老教條的約束。朱安・帕波羅・伯納特、皮卓・龐氏・德・李昂、雷裴，以及羅契—諧布魯意斯・科克容・席卡等人都是以手語來教育聾童的先驅。今日，在美國天主教教會有些是給聾人就學的教區學校，包括水牛城的聖瑪利學校和辛辛那提的聖雷塔學校。許多新教徒宗派並未贊助聾人學校的原因，不在他們拒絕這些聾童，而是表示他們更重視公共教育。很多新教徒團體為聾童提供主日學班級和其他的方案，由夏令營到毒品處理中心。大部分宗教團體也為聾成人提供節目，例如：諮商、社交聚會聯誼，以及提供聾老人住宿等服務。

在教會裡，很大的改變在於預備聾人來作牧師。在 1980 年以前，聖公會領導其他教派來為四十五位聾人任命為牧師。另一個極端是 1977 年只有一位聾天主教牧師被任命聖職。直到 1985 年，沒有聾人當過猶太教律法師，現在有兩位。在其他的宗教團體內，聾

177

人牧師的數目在兩個極端之間，大部分都是一到兩位聾人被任命。

早期教會對手語的影響是透過神職人員來教育聾童，但是宗教的使用在教室之外延伸得很好。在美國，只要**聾人**會員數目足夠多時，教會服務的管理中，手語就會增加，愈來愈普遍。當牧師不打手語時，手語翻譯員就讓服務成為視覺上**聾人**會友可以理解接受的形式。一直到最近，教會是手語翻譯員的雇主（但大多數的手語翻譯員是義務在從事這個服務）。這些手語翻譯員貢獻於手語的變化，特別是宗教服務所使用的手語。

大部分的宗教概念都有一些獨特的手語。手語的特別選擇依據宗教的教規，也包括打手語的人。例如，常見「受洗」的手語（圖7.1）。這個手語也用於浸信會信徒，意思是包含浸禮的意味；此動作讓人聯想將一個人按入水裡。在一些不使用浸水禮的教會中，就使用圖7.2的手語，此手語示意的是點水禮的動作。

178 另一個手語的變化是《聖經》的命名。有一個長久使用的版本是合併兩個如圖7.3所見的手勢，表明耶穌和書。而圖7.4分開上帝和書，合在一起就是聖經。後面的複合手勢比較被某些聾人愛用，因為它表明了舊約。其他的版本是結合神聖或是摩西再加上書來達到

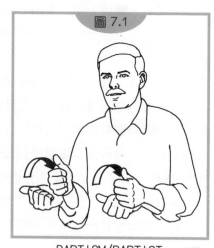
圖 7.1

BAPTISM/BAPTIST *177.*
（受洗／受洗者）

另外一個受洗的手勢。 *178*

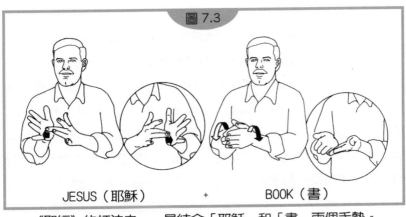

JESUS（耶穌） + BOOK（書）

《聖經》的打法之一，是結合「耶穌」和「書」兩個手勢。 *178*

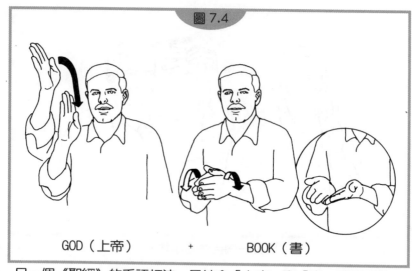

GOD（上帝）　　　+　　　BOOK（書）

179 另一個《聖經》的手語打法，是結合「上帝」和「書」兩個手勢。

「聖經」的相同意義。最後的版本是比較新的手語變化版。

　　宗教的命名可以很有趣，或對某些教友而言，有冒犯的意思。這個「衛理公會教友」（METHODIST）（圖7.5）也是結合「熱切」和「熱心」的註解。衛理公會教友似乎不反對這隱含他們教派創始者約翰衛斯理的福音理念之手勢。然而猶太人不喜歡某種形式

179 的手勢來稱呼他們。比較被接受的手勢是和鬍子相同的手勢來代表猶太人。不被接受的手勢，同時也代表「吝嗇」或「冷酷無情的高利貸者」（圖7.6）。很明顯地，沒有一個定義讓猶太人高興。但美好的一件事情是以色列的手語字典使用了圖7.6的第一個手勢來代表猶太人，此手勢也代表「長鬍子的人」。[39] 美國猶太教聾人協會已

180 經在執行預備猶太教儀式所使用的手語。其他的宗教團體也依靠有

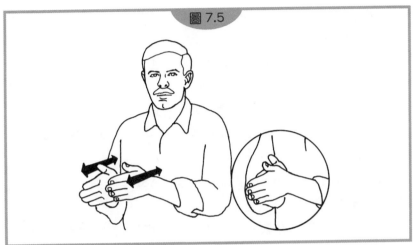

METHODIST（衛理公會教友）。 *179*

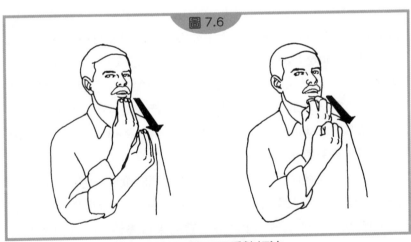

猶太教的兩個不同手勢打法。 *180*

興趣的成員來編纂與他們的服務有關的手語事業。有本這類的書包含了五百個宗教手語詞彙。[40]

　　手語具有精神上、心靈上的觀點應該不令人訝異，尤其是它被無聲的宗教教團所使用，以及被神職人員用來教育聾童。然而我們必須充滿感謝的是手語在宗教崇拜的非凡適當性。手語所能表達的深度，和印刷字體的正確性抗衡。珍妮‧惠曼（Jane Wyman）在1948年因「心聲淚影」（*Johnny Belinda*）一片因飾演一位聾啞女孩，贏得奧斯卡金像獎，這要歸功於她用 ASL，優美（又正確）地翻譯出主禱文。

　　手語之美，可能在教會的崇拜中最為顯著。有些教會有手語詩班。看著穿上詩袍，齊一打出優美手語的聾人會友獻詩，是個激勵人心敬畏上帝的經驗。他們的動作給予崇拜的活力，也增添一股單靠字詞常難以表達的靈性。兩位高立德大學的牧師，陸寶甫‧寡里克（Rudolph Gawlik）（一位天主教神父），以及丹尼爾‧波可尼（Daniel Pokorny）（一位路德會的牧師），組織了一群人來將福音詩歌用手語方式呈現，並以一個搖滾樂團來伴奏。這個結果把他們帶入九年的**聾人**功能表演。在表演中，他們成功地引起觀眾高度參與「手語歌」（sign-sing），以及欣賞他們能將福音訊息透過手語的力量而活潑生動。[41]

　　然而在**聾人**社區中，有些成員討厭手語詩歌。最近他們坦言並主張，音樂不是**聾人**文化的一部分。更有甚者，他們認為除非他們聽得到音樂，否則這個「手語歌」看起來很膚淺，而且很難跟得上。至目前為止，他們的爭論觀點是把這個活動當作娛樂消遣。但

181

我也是其中之一嗎？

　　身為一個宗教少數民族的成員之一對所有的人來說，並不容易。有位**聾人**告訴本書的第一位作者有關他孩童時期的宗教混淆情形。他雖然是猶太人，但是他從小被送到天主教的一所住宿學校讀書；那所學校專門教導**聾童**。當他第一次聖誕節返家時，這位男孩在床前遵守他在學校中學到的儀式：他在床沿跪下，雙手交疊，低頭開始背誦主禱文。忽然間，他的母親在毫無預警之下，將他整個人垂直拉起來，說出他能用讀唇辨識的話說：「我們猶太人是不下跪的！」他稍後說道：「這是我知道我是一個猶太人的方法。」

　　缺乏有關他們宗教的訊息，在**聾**青年中，是非常普遍的現象。

我們很難讓出席教會崇拜的**聾人**唱詩歌時不打手語^{譯註13}。

聾人之間的幽默

　　聾人社區不是一個沈悶的地方。那麼，什麼是幽默呢？在很多方式上，能讓**聾人**笑的事物，就如同能讓其他群人明顯和莫名其妙的笑是一樣的。一個主要主題的產生是由於**聾人**在聽人世界中所產

譯註13　大陸的基督教手語詞彙已經有 VCD 版出現。台灣的基督教手語詞彙已經由一群有心的基督徒研討完成。希望能統一各地的基督教術語之手語詞彙。而除了數間手語教會有聾人牧師用手語講道外，國內也有幾個聽人的教會，靠著手語翻譯員的協助，已經有聾人聚會。手語翻譯員，特別是基督教的宗教手語翻譯員是相當缺乏的。美國研究少數民族語言的學者葛瑞格·赫特森（Greg Huteson）更鼓勵台灣手語聖經能早日問世，好協助聾人了解福音。

生的挫折。**聾**人喜歡講有關因為聽不到而發生在他們身上的糗事。有一個卡通描寫一個**聾**人在公車上被一個陌生人逮住詢問一些問題。這個**聾**人用手勢比說他聽不到。過了不久，這個人轉身到**聾**人的另一隻耳朵旁大聲吼出問題。有趣嗎？可能對於經常碰到那種情境的**聾**人而言很有趣；當此人說出這個笑話是如何的可笑時，他的表達就成為一種情感上的宣洩。

　　聾人也喜歡聽一些因為聽力損失而引發的表演情境的笑話。有一個流行的諷刺，敘說某**聾**男士正在街角等候。結果有位盲人輕敲他的拐杖走近他。這個**聾**男士非常害怕這個盲人想和他說話的企圖。他要如何對這位盲人表示自己無法聽和說呢？這個情境配合了表演者的技巧演出，但是這個結局是快速的，也經常在**聾**人觀眾中引起捧腹大笑。這個**聾**男士遞給這位穿戴整齊的盲男士一個銅板，然後就快速走開了。

　　這些故事道出身為**聾**人的樂趣，讓**聾**人在人生中發生不幸事故時，能自我解嘲。它們對於**聾**人社區以外的人們（就好像道德上的幽默一樣真實）看來，只是小事一椿；但是，它們帶有幽默的目的：減輕壓力，並且讓人生的重擔變得較為輕省。

　　手語遊戲（sign play）是另一種**聾**人社區的幽默，和口頭語言中的文字遊戲相平行。有一次，本書的第一位作者正在為一位受過高等教育的**聾**女士翻譯一個無聊的會議。忽然，這位女士使用一個很難察覺的手勢來告訴他停止翻譯傳達講員的見解。她回應他的疑問表情，是將她的食指放在她的鼻子上，一邊以像握茶杯般地姿勢轉動她的小指。我朋友不懂她在打什麼手勢，就詢問這位女士。她用指拼法回答他說：「無聊」（b-o-r-i-n-g）。他抗議說，這個手勢

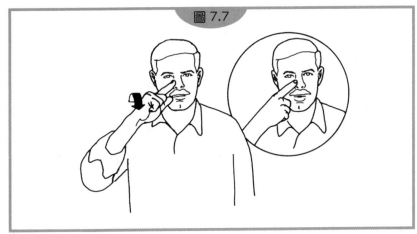

圖7.7

BORING（無聊）

182

和正規手勢不一樣（圖7.7是正規手語）。這位女士迅速回答說，她只不過將手勢打得像個淑女罷了。

在談到手勢的視象性（或象似性）時，語言學家愛德華‧克里馬（Edward Klima）和烏蘇拉‧白陸基（Ursula Bellugi）回憶一位聾人說故事者如何確定他對很長的時間過去之概念的看法。這個手勢通常是這樣做的：將食指從腰部沿著手臂上方達到手肘。在這位說故事者的敘述中，他的手勢詮釋是用他的食指從碰他的左邊鞋子開始，手臂畫過空中到達他右肩的某一點上。的確是有夠長久的。

183

―手語中的雙關語―

手勢語之間的相似性允許了雙關語（punning）的存在，就好像口頭語言一樣。很多ASL的學生將「限制」（STRICT）的手勢看

作一個美國英語俚語的手勢版，意思是「冷靜」（hard-nosed）。這個相同的手部位置和尖銳的敲擊動作用在相反的手部，代表「硬」的意思。將被動手轉為鼻子替代，就形成了視覺上的雙關語或俏皮話。換個打法是，「冷靜」的手勢是用手指著鼻子，之後打出「硬」的手勢。這種對應並不完全有規律可循，但是在學習語言時，值得我們注意。

創造手勢語的幽默是聾人間喜好的消遣法。在早期聾童學習到一個不誠意（假情假意）的「了解」（UNDERSTAND）手勢，將手勢「站立」（STAND）放在被動手的下面而不是上面（圖7.8）。打「牛奶」（MILK）的手勢時，將手移到跨越眼睛，變成「巴斯德殺菌〔pasteurized（past-your-eyes）〕牛奶」。要創造「大拇指規則」（rule of thumb），雙關語者把「統治」（RULE）的手勢放在大拇指上面。

這些雙關語超越了聾人社區的幽默。它們也強調出聾人的雙語性。聾人的生活要求他們必須在 ASL 和英語兩種語言上獲得某種程度的流暢度。如此做時，他們獲得某些字詞如何發聲的判斷。如果他們要成功地讀話，就需要那個知識。因此

圖 7.8

UNDER-STAND（下面站著），是了解（UNDERSTAND）不可當真的打法。　*183*

他們學到「巴斯德殺菌」和「通過你的眼睛」兩者間的相似性，因此導致手勢的一語雙關。那些喜好詮釋雙關語後面隱含的心理層面意義的人會注意到，當聾人利用雙關語時，顯示他們可以克服復仇女神──口頭語言。能夠玩弄一種語言，表示此人對這個語言的精熟度。就像其他觀點的幽默，雙關語是一種表明自己威力的方法。

184

別碰手上的雙關語

184

　　研究手語的科學方法有其光明層面。被這個領域所吸引的研究通常傾向為偶像破壞者，並且幽默的表達他們自己──或者至少不會像其他諸多的科學領域者般賣弄學問來愚鈍讀者的感官。考慮列出一些刊物的標題，抓住了他們文風的品味。[42]

遺失長度的案例（The Case of the Missing Length）

在我們手上的時間（Time on our Hands）

在另一隻手上（另一方面）（On the Other Hand）

用手指拼寫的公式：一個字多少是它字母的結合（Finger-spelling Formulae: Word is More or Less the Sum of its Letters）

在一張椅子上有多少位子？（How Many Seats in a Chair?）

一個好的基本原則（A Good Rule of Thumb）

在美國手語裡，什麼不在另一隻手上？（What's Not on the Other Hand in American Sign Language）

有些有關洋涇濱語（Pidgins）和克里奧爾人（Creoles）好用的新觀點（Some Handy New Ideas on Pidgins and Creoles）

這些有關「手」的雙關語，可能一會兒就失去吸引力，但是它們比下列固定模式長串的標題更為可取——「指示性的溝通中高低雙語現象之考量，包括文化互動視覺系統中所隱含的含意」（Diglossic Considerations in Referential Communications Involving Implicational Lects in Fundamentally Visual Systems of Cultural Interactions）——這是一個我們希望只出現於本頁的標題。

手語名字

適當的名字在第一次交談會話中，可以用手指拼出來（見第三章）。但若要持續用手指拼出名字，是很累人的事情。對於這個困難，ASL 提出一個經濟的解決法，那就是手語名字（name signs）。手語名字表明一個人的方法是用簡單的手勢，通常代表這些人的面容特質或是使用他們名字的縮寫。例如，一個美麗有酒渦的女士名叫 Enid，她的手語名字可能就被取為：以英文大寫 E 的指拼碰觸在打手語者臉上酒渦出現的臉頰處。同樣地，一個叫做 Liz 的女士，是個全職的牧羊人，可能她的手語名字是用手語指拼出 L 移動到左額做剪羊毛的動作——此手勢和羊的動作平行，只有手形不同。手語名字卻不全是令人滿意的。某些聾人自由主義者，將過去雷根總統的手語名字用 R 的手勢橫跨喉嚨往下拉，好像在切開它。

手語名字並不是正式地被獲頒，因為沒有一個受洗禮式的儀式。手語名字會一時興起就產生了，而且，如果打手語的人覺得這個手語名字很有吸引力，就會一直牢牢使用來代表那個人。有些手

185

語名字或其變化會由上一代傳到下一代；由一個人傳到另一個人。例如威廉先生，一位聾校的資深舍監，他為人熟知的手語名字是：用 W 的手形輕拍太陽穴。在威廉先生退休後不久，有位年輕的聾老師到聾校工作。由於他看起來和威廉先生很像，因此他被取一個相同的手語名字，然而他的名字中根本沒有 W 這個字母。本書的第二位作者 David Stewart 的手語名字是用兩手打出 D 和 S 的指拼，並將此手勢在腰間交替；這個手勢是從「數學」來的。他得到這個手語名字是當他去啟聰學校教書時，因為他教數學，學生喜歡用數學的手勢來代表這位聾老師。但其實在教書之前，他已經有手語名字了。但是因為他教數學，學生喜歡將前一個數學老師的手語名字（「數學」）變化一下來稱呼這位新老師。

有位學者已經發現了選擇手語名字的六個理由：㈠生理的特質；㈡在住宿聾校中由學長姐傳承；㈢父母命名的名字手語；㈣聾校的舍監或老師取的名字；㈤同學取的名字；㈥分開類似的手語名字。[43]生理的特質包括頭髮樣式、酒渦和性向氣質。

由於手語名字是快速人際溝通的解決利器，你可能會說**聾人**很歡迎名字手語的使用。我們遇見了一些不喜歡自己手語名字的案例。有位**聾人**母親反對她的女兒去學手語名字。她爭論說：「當聾童學習手語名字時，他們反而不知對方的真實名字，只有在拼字時他們才會用到真名。」她繼續提到**聾**生計畫再聚會，但他們無法在出版的電話簿中找到很多同學的資訊，因為他們忘了同學的名字，只知道同學的手語名字。手語名字不會出現在任何的地址名錄中。你可能不會接受她的觀點來代表結論，但是其觀點挑戰我們的思維。

186

　　有一個社會學家對手勢和聾人社區有興趣，她發現大多數她接觸的聾人都很熱心於調查這個主題。她的研究讓她揣測：「聾人世界的領袖可能希望考慮透過正式、儀式化的手語名字指派，來突顯積極正面建立身分認同以及團體認同的可能性，因為手語名字能夠反映個人、家庭和社區的認同感和自信。」[44] 雖然如此，這個自由精神的手語命名之創造，是如此根深柢固地銘刻於聾人文化中，以致想將手語名字的命名過程正式化的想法，是很難實現的事情。

　　手語名字也可能有其文化特殊性（culture-specific）。在巴西的薩歐・泡羅（São Paulo）城市中，大部分聾人社區內的成人和學生的手語名字很少和個人的名字有關。每個人的手語名字是依據其個人的特色。這種情形和美國與加拿大的情形成為對比，他們喜歡用一個人名字的縮寫來創造其手語名字。除了縮寫外，北美的手語名字也傾向包含被命名者的一些特質。如果你是一位聾人社區的新訪客，你倒可以由聾人朋友如何替你命名手語名字這件事，來了解他們如何觀察看待你[譯註14]。

手語動態學

　　每位學手語的人都會因它的動態（dynamic）特質而感到印象深刻。有很多理由來解釋為什麼 ASL 已經改變以及為什麼它會繼續改變。第一點，ASL 並沒有書面的形式。此外，它很少被啟聰學校視

187

[譯註14] 台灣研究手語名字的有趙玉平的解釋，以及聽人王麗玲曾研究聾生的手語名字。顧玉山先生提及聾人的手語名字大多和其生活特性與個人特徵有關。聾人很少直呼其名，而以手語名字稱呼。當手語名字一經朋友、師長命名後，要再更改是一件相當困難的事情。

如果這是在中國，你的手語名字應該是……

Yau Shun-chiu 和 He Jingxian 觀察他們在廣州聾校看年長的聾童如何在開學後的一個禮拜內，指派手語名字給年幼聾童新生。男生的手語名字形式為個人的特質＋弟弟；女生的手語名字是妹妹＋個人的特質。每個人人格特質的選擇，係包括參考學生的書面名字。

在九位給女生的手語名字中，有三個是參考學生的書面名字，它們是督導陳小姐取的。她很仁慈，也很有良心。這三個手語名字是「黃色」（姓黃的語言意義），「鋼琴」（按照名的第一個字定義），和「F」字母的手勢（因為名的第一個字是芬）。另外一位督導者，唐小姐，就很有惡作劇的性格，她負責指派創造一位新來的聾生「瘋狂」的手語名字，這是在九位手語名字中，最不友善的手勢了。[45]

為正式學科。再者，雙語／雙文化的環境下，**聾人間的互動**，讓聾人受到英語的影響。ASL 承受改變是其多樣化，能使其做最有效的利用，成為有效溝通工具的指標。有時 ASL 的多樣化使其受到比口頭語言更嚴重的考驗。口語能在彼此間借用字和語彙。打開英語字典並數算由其他語言納入的生字，例如：atoll（環礁）、blitzkrieg（閃電行動）、cosmonaut（太空人）和 zaftig（口語）。

時代的改變，新概念的萌芽，額外術語的需要，這些都會影響ASL，就像它們也會影響其他語言一樣。英語生詞已經大量擴增，而且將隨著時代繼續擴增。名詞術語被自由地創造來反映新的科技

或當天的人格特質：teraflop（浮點運算）、CD-ROM（光碟機）、Reaganomics（雷根經濟學）和 Clintonite。ASL 能夠互相借用手勢的資源並不多，因此它們常要依靠指拼來引出新的想法，直到有新的手語詞彙被創造出來為止。手語的創造常發生於教育場所中，尤其是幼稚園階段，因為各科都需要精確的手語詞彙。有一些原則用來約束新手語詞彙的創造，而且只有熟練的 ASL 使用者才能從事這個實務。由大學教室中所創造的手語通常無法得到聾人溫暖的歡迎。多數聾人對別人竄改他們的語言感到憤怒。並不是聾人想讓 ASL 保持老舊的形式，他們只是對於過去二十年來，有太多人未經許可就引介新手語到教室中。當如此做時，他們經常不輕易地和 ASL 的語言學原則相互矛盾。這些發明者似乎忽略了一點：ASL 就像任何語言一樣，是一個社會的企業，它並沒有與生俱來的價值；只有在兩個或更多人的同意其意義下，它才能成為一個有用的溝通工具。

今日，聾人以 ASL 的繼承為傲。雖然有一度他們曾經猶豫，怕在公眾面前打手語會被人輕看，但現在他們公開推廣手語在教育系統以及其他地方的使用。他們往前挑戰那些語言學者，以及其他一些聾人相信無法欣賞 ASL 在聾人社區使用的人士。聾人堅持他們有權支配 ASL 要如何呈現給一般大眾，以及要如何呈現給和聾人互動的專業人員。他們已經由防禦的姿勢逆轉為一種自信的態度。有位二十世紀的昔日聾人領袖，佛瑞德利・史基瑞伯爾（Frederick C. Schreiber）在一篇社論中，反映有關人們對 ASL 新態度的改變：「當然，我們很高興，最後歷經多年的挫折與堅持，我們決定要保持我們所擁有的，我們已經得到了認同。我們已經克服困難到一個

程度，讓教育界終於緊握住問題，也同意說：聾人畢竟是對的。」
當他看到外人竄改ASL時，他的評論呈現出內心深度的情感，他認
為語言是可以復活的。

> 如果那是事件的結束，就太好了；就像童話故事一樣，我
> 們可以永遠幸福美滿。但是事實並非如此。當接受手語
> 時，每個人都走上這個流行隊伍的樂隊車。由於太多人上
> 車，有些人就被推擠下來了。猜猜看那些被擠下手語列車
> 的人是誰？當然是聾人！現在每個人都在做改進手語的事
> 情，每個人好像都知道得比已經使用手語超過一百年的聾
> 人還多。我們發現，張三李四都在發明手勢語的詞彙，但
> 他們卻沒有尊重我們**聾人**社群的意見；他們彼此之間，也
> 沒有互相尊重。這已經夠糟了，現在居然還荒謬地演變成
> 他們要開始「改良」我們已經存在的手語。看來這是一個
> 群情激憤高昂的時刻，我們**聾人**社區理應束裝奮起，隨你
> 要態度禮貌或粗魯地告訴他們：這是我們的語言！[46]

　　身為美國聾人協會（NAD）的執行祕書，史基瑞伯爾對「我們
的語言」的吶喊，提醒其他人NAD當初的創立，就是在對於1880
年米蘭會議宣言攻擊手語後所做出的回應（見第一章）。百年來，
ASL協會把持的一個主要宗旨，就是保存ASL。歷經多年痛苦的掙
扎後，聾人怨恨新手忽然擁抱了ASL。對大部分的**聾人**而言，這個 *189*
苦毒尚未遠去。而一直能讓他們引以為傲的，就是他們所珍愛的語
言。

　　ASL在忽視和積極的大屠殺之後仍然存活。它已被證明是非常

強健的，不須正式教導就能成長。它在年幼聾童的手掌上熱烈地揮舞著；它聰慧地和他們一起上學；它有力地躍動來達到職場的要求；它適應時代轉變的需求；它安舒溫柔地陪伴著年邁的**聾人**，重複敘述著他們昔日的故事。

語言學家及其他人可能發現 ASL 是一個迷人而且有回報、值得研究的語言。很多聽人把它當成一個好奇的東西。但是對那些從小就聾的人士而言，ASL 是不可或缺的。

手語的歷史預言其安全的未來。手語科學正快速地成長，不只增進了我們對手語的知識，也讓我們了解所有的語言，不管是口語或是手語。手語的高度藝術，在**聾人**社區中享有其熱忱，外界也對它欣賞。現在，愈來愈多的社會大眾有這機會來觀察和學習一種語言的藝術形式，一種不能稱之為新，但是社會對其廣大的賞識，是個新鮮和迅速成長的現象。

註 解

1　聾人來自各行各業，他們帶有人類特質每個可想到的混合。有種獨特族群的聾人是在成人時期才喪失聽和理解言語能力的聽障者。他們是（打手語的）聾人嗎？他們算是聾人，只要他們來擁抱聾人社區的語言和價值觀。請看下面註解3。

2　再者，聽力師是在隔音室進行聽力測驗，但我們通常是在有噪音的情境下溝通——例如在杯盤噹啷作響的飯店裡，在消防車呼嘯而過的教室中，以及在電話響聲此起彼落、機器聲呼呼作響以及其他人談話音量升高的辦公室內。

3　聾人如果是接受口語訓練者（也就是說，在未得到手勢輔助的環境下受教），可能會、也可能不會選擇加入聾人社區，雖然其中的大部分選擇加入此社群。既然本書所談的主題是手語，我們就沒有必要進一步探討那些選擇不加入聾人社區的聽障者。

4　如要進一步閱讀有關聾人社區的資料，參見 Padden 和 Humphries（1988），Schein（1989），Stewart（1991）。

5　Kemp 1992, 78.

6　Stewart 1991, x.

7　最近美國聽障人口推估的出版資料，來自國家健康統計。有關聾人社區的資料可在 Schein（1989）專文中獲得。

8　這兩個比率來自不同的年代：加拿大在 1986-87 年以及美國 1971 年的資料。如欲了解導致這些預估的研究，參見Schein（1992），Schein 和 Delk（1974）。

動作中的語言－手語的本質

9　如欲進一步了解其他國家一般聽障者以及打手語聾人的人口數目相關訊息，參見《高立德百科全書》（*Gallaudet Encyclopedia* 1987; Weisel 1990）。進一步而言，並不是每個聽障者都屬於聾人社區。的確，大部分早期聽障者都很有活力地參與聾人社區，但是不是所有的聽障者都是如此。有些聾人從來沒有學過手語；其他的人沒有機會遇到和維持他們與打手語的聾人之接觸。為什麼少數的聽障者選擇離開聾人社區是個值得研究的事情。但在此我們注意到，由於聽障者在數字上是一個少數族群，因此聾人社區和一般人口比較起來，也是相對性地小。

10　Padden and Humphries 1988, 4.

11　Schein 1992.

12　Nash 1987.

13　如欲了解有關聾童在家庭和就學特質的洞見，參見 Higgins（1980），Jacobs（1974），Lane（1992），Padden　和　Humphries（1988），Schein（1989），Stewart（1991）。

14　見 Hairston 和 Smith（1983），Schein 和 Waldman（1985）。

15　這個 90% 是個平均數；不同的研究報告結果指出 89% 到 94% 的聾童在正規受教的年歲中擁有兩個聽力正常的父母（Schein 1989）。對於那些會手語的聾童而言，他們如果不是在學校，那是在哪兒學到手語呢？對那些 10% 父母也是聾人的聾童而言，這個答案是：他們從自己的聾父母身上學到了手語。

16　這個引言來自 Frank Bowe（Bowe 1973）針對聾童父母的演講稿；他說他從來沒有見過其他的聾童，直到他成為大學生為止。

17　例如，參見 1973 年的復健法案中的 504 條款。此法清楚談到我們有

需要提供對聾人在學費、翻譯服務和其他有關高中後階段教育事項的協助方式。也可參見《美國障礙者法案手冊》（1991 年 12 月），可從美國的政府出版品辦公室取得（地址：U.S. Government Printing Office, SSOP, Washington, DC 20402-9328）。

18　這個高立德大學一百週年的官方記錄是由當時校董會的董事 Albert Atwood 所撰寫的（Atwood 1964）；另一個簡要記錄版可參見 Gannon（1981）。

19　如欲知有關電傳打字的更多資料，閱讀 Castle（1983）的文章。此設施又被稱為電傳打字機（teletypewriter, TTY）和聾人電信設施（telecommunication device for the deaf, TDD）。

20　一個解碼器又被人熟知為一個電傳字幕設施（telecaptioning device）。

21　參見 Bowe（1978, 1980）的專文，報導他密切參與對議員進行遊說以爭取聾人和身心障礙者權利的事情。

22　Kramer 1992, 28.

23　Crammatte 1968.

24　在 Stewart（1991）的專述中，作者詳細描述體育對聾社區的影響，提出他個人對聾人文化的獨特看法。他注意到只有在聾人體育方面可以讓聾人完全發揮自己，不受非聾人或其組織的干擾或妨礙。

25　參見 Stewart（1993b）、Stewart, McCarthy 和 Robinson（1988）之論文；也可參考 Stewart, Robinson 和 McCarthy（1991）的研究，了解聾人觀賽者、聾人體育主管與聾人運動員的特質。

26　Gannon（1981）。這個綜合的文件包括有關美國聾人的社交和文化生活的豐富史料。

27 有十年之久，Reverend Guilbert C. Braddock 牧師（Braddock 1964）撰寫了一百位出類拔萃的聾人傳記。Ballard 也是其中之一。此傳記大全一書由高立德學院的校友會出版，以慶祝母校成立一百週年紀念。

28 Jepson 1992.

29 Wiggins 1980.

30 Nieminen 1990.

31 Parsons 1989.

32 Kisor 1990.

33 Tadie 1978.

34 引自 Tadie 1978, 204。

35 引自 Tadie 1978, 205。

36 Padden and Humphries 1988, 81.

37 如欲進一步了解這個聾人生活的觀點，參見 Granville Redmond 的傳記，列於《高立德聾人和失聰手冊》（*Gallaudet Encyclopedia of Deaf People and Deafness*）的 364-65 頁。本書在 1987 年由 McGraw-Hill 公司出版。

38 引述自 1992 年的《聾人生活》（*Deaf Life*），5 卷（5 期），26 頁。

39 Cohen, Namir, and Schlesinger 1977.

40 Costello 1986.

41 Rudy Gawlik 已經離開這個職位，轉換生涯跑道，擔任心理諮商工作。而 Dan Pokorny 已於 1992 年過世。

42 這些標題的創造者，依序排列的名單如下：Frisberg（1978）；Frishberg 和 Gough（1973）；Friedman（1977）；Akamatsu（1983）；Suppalla 和 Newport（1978）；Battison, Markowicz 和 Woodward

（1975）；Baker（1976）；Woodward 和 Markowicz（1975）。

43　Jacobowitz 1991, 1.

44　Meadow 1977.

45　Shun-chiu and Jingxian 1989, 309.

46　這個引述來自 Schreiber 的論文輯；這些論文被蒐集在作者所出版的
　　傳記中（Schein 1981）。

附 錄 A

史多基所發明的手勢標記系統

(The Stokoe Notation System)

位置的符號（Tab Symbols）

1.   Ø   0，手部移動的中性位置，和所有下列的位置相對比

2.   ∩   臉部或全頭部
        ∪

3.   ∩   額頭或眉毛、臉的上半部

4.   ⊿   臉的中間位置、眼和鼻區

5.   ∪   下巴、臉的下半部

6.   Ƨ   頰部、太陽穴、耳、臉的側邊

7.   Π   頸部

8.   [ ]   身軀、從肩部到臀部的身體部位

9.   \   上臂

10.   √   手肘、前臂

11.   ɑ   腰、臂（手臂向上）

12.   ɒ   腰、臂（手臂向下）

手型的符號，有些也用為位置（Dez Symbols, some also used as tab）

13.   A   壓緊的手、拳；可能像手部字母系統的 a、s 或 t 手形

14.   B   平坦的手

15.   5   張開的手；手指和大拇指張開，像數字 5 的手勢

16.   C   彎曲的手；可能像 c 的手形或是更張開的形狀

17.   E   收縮手；像 e 的手形或是更像爪的形狀

18.   F   「三個戒指的」手；來自張開的手形，將大拇指和食指

接觸或交叉

19. G　食指的手；很像 g 的手形或有時像 d 的手形；來自拳頭的食指位置

20. H　食指和中指，邊靠邊，伸展出去

21. I　小指的手；小指從壓緊的手伸展出去

22. K　很像 G 的手形，但是大拇指要碰觸中指的中間指骨；像 k 和 p 手形

23. L　角度的手；大拇指、食指在正確的角度，其他的手指通常彎到手掌內

24. 3　「公雞」手；大拇指、食指和中指張開，像 3 的手形

25. O　錐形的手；手指彎曲，在大拇指上面壓擠；可能像 o 的手形

26. R　「避開的」手；中指跨越食指的上方；可能像 r 的手形

27. V　「勝利」的手；食指和中指延伸出去，分開伸展

28. W　三隻指頭的手；大拇指和小指碰觸，其他的手指延伸出去

29. X　掛鉤的手；將食指從拳頭處像掛鉤一樣彎曲；大拇指的頂尖部可能碰觸指尖

30. Y　「號角」手；將大拇指和小指從拳部伸展出去；或是食指和小指延伸出去，平行

31. 8　（Y 的 allocheric 變通打法）；中指從伸展的手中彎曲，可能會碰觸指尖

動作的符號（Sig Symbols）

32.	∧	向上的動作
33.	∨	向下的動作
34.	N	向上和向下的動作

垂直的行動

35.	>	向右的動作
36.	<	向左的動作
37.	z	從側邊到側邊的動作

側邊的行動

38.	⊤	朝向打手勢者的動作
39.	⊥	遠離手勢者的動作
40.	⊞	來回的動作

水平的行動

41.	ɑ	將手掌向上或向前轉動（掌心向上）
42.	ɒ	將手掌向下或向後轉動（掌心向下）
43.	ω	扭轉的動作

旋轉的行動

44.	ŋ	點頭或搖頭的動作
45.	□	開的動作
46.	#	關的動作
47.	⅄	手指擺動的動作
48.	⊚	圓形的動作
49.	)(	趨集於一處的動作，方法
50.	×	接觸的動作，碰觸
51.	⊥	連結的動作，抓握
52.	†	穿越的動作
53.	⊙	進入的動作
54.	÷	擴散的動作，分開
55.	''	交換的動作

互動

附 錄 B

手部字母系統：阿根廷、日本和泰國

阿根廷

阿根廷手部字母

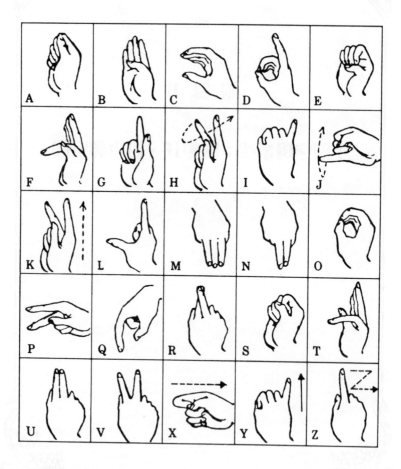

業經出版社同意翻印。資料來源：1982 年，《卡摩（編）國際手部字母系統彙編》（*International Hand Alphabet Charts*, 1982,1. n.p.: Simon J. Carmel.）。

日本

日本手部字母

業經出版社同意翻譯。資料來源：1982 年，《卡摩（編）國際手部字母系統彙編》（*International Hand Alphabet Charts*, 1982,75. n.p.: Simon J. Carmel.）。

泰國

泰國手部字母

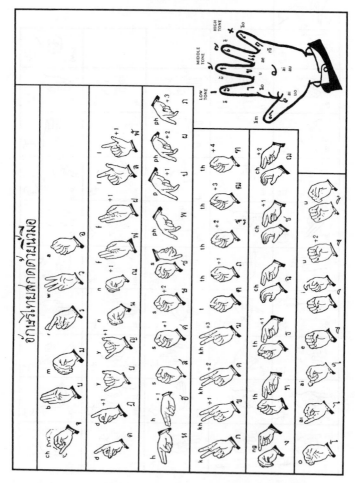

業經出版社同意翻印。資料來源：1982 年，《卡摩（編）國際手部字母系統彙編》（*International Hand Alphabet Charts*, 1982, 47. n.p.: Simon J. Carmel.）。

參考文獻

Abernathy, E. 1959. An historical sketch of the manual alphabets. *American Annals of the Deaf* 104:232–40.

Ahlgren, I. 1990. Diectic pronouns in Swedish and Swedish Sign Language. In *Theoretical issues in sign language research*, ed. S. Fischer and P. Siple, Vol. 1: 167–74. Chicago: University of Chicago Press.

Akamatsu, C. 1982. The aquisition of fingerspelling in pre-school children. Ph.D. diss., Department of Psychology, University of Rochester.

———. 1983. Fingerspelling formulae: A word is more or less the sum of its letters. *Sign Language Studies* 39:126–32.

Anthony, D. 1971. *Seeing essential English*. Vols. 1 and 11. Anaheim, Calif.: Anaheim Union School District.

Atwood, A. 1964. *Gallaudet College: Its first one hundred years*. Washington, D.C.: Gallaudet University.

Babbini, B. 1965. *An introductory course in manual communication*. Northridge, Calif.: San Fernando Valley State College.

Baker, C. 1976. What's not on the other hand in American Sign Language. In *Papers from the Twelfth Regional Meeting of the Chicago Linguistic Society*, ed. S. Mufivene, C. Walker, and S. Steever. Chicago: University of Chicago.

Baker, C., and R. Battison. 1980. *Sign language and the Deaf community*. Silver Spring, Md.: National Association of the Deaf.

Baker, C., and D. Cokely. 1991. *American Sign Language: A teacher's resource text on grammar and culture*. Silver Spring, Md.: TJ Publishers, 1980. Reprint, Washington, D.C.: Gallaudet University Press, Clerc Books.

Baker-Shenk, C. 1985. The facial behavior of deaf signers: Evidence of a complex language. *American Annals of the Deaf* 130:297–304.

———. 1987a. Simultaneous communication. *Gallaudet Encyclopedia of Deaf People and Deafness*. Vol. 3:176–79. New York: McGraw-Hill.

———. 1987b. Manually coded English. *Gallaudet Encyclopedia of Deaf People and Deafness*. Vol. 2:197–200. New York: McGraw-Hill.

Barakat, R. 1975. On ambiguity in the Cistercian Sign Language. *Sign Language Studies* 8:275–89.

Barbag-Stoll, A. 1983. *Social and linguistic history of Nigerian Pidgin English*. Tubingen: Stauffenberg-Verlag.

Barrera, R., and B. Sulzer-Azaroff. 1983. An alternating treatment comparison of

oral and total communication training programs with echolalic autistic children. *Journal of Applied Behavior Analysis* 16:379–94.

Battison, R. 1978. *Lexical borrowing in American Sign Language.* Silver Spring, Md.: Linstok Press.

Battison, R., and I.K. Jordan. 1976. Cross-cultural communication with foreign signers: Fact and fancy. *Sign Language Studies* 10:53–68.

Battison, R., H. Markowicz, and J. Woodward. 1975. A good rule of thumb. In *New ways of analyzing variation in English II,* ed. R. Shuy and R. Fasold. Washington, D.C.: Georgetown University.

Bellugi, U., E. Klima, and P. Siple. 1975. Remembering in signs. *Cognition* 3:93–125.

Bellugi, U., L. O'Grady, D. Lillo-Martin, M. O'Grady Hynes, K. van Hoek, and D. Corina. 1994. Enhancement of spatial cognition in deaf children. In *From gesture to language in hearing and deaf children,* ed. V. Volterra and C. J. Erting, 278–98. New York: Springer-Verlag, 1990. Reprint, Washington, D.C.: Gallaudet University Press.

Bender, R. 1981. *The conquest of deafness.* 3d ed. Danville, Ill.: Interstate Printers and Publishers.

Berger, K. W. 1972. *Speechreading principles and methods.* Baltimore, Md.: National Educational Press.

———. 1988. *New reflections on speechreading.* Washington, D.C.: A.G. Bell Association for the Deaf.

Bickerton, D. 1981. *Roots of language.* Ann Arbor, Mich.: Karoma Publishers.

Blackburn, D., et al. 1984. Manual communication as an alternative mode of language instruction for children with severe reading disabilities. *Language, speech and hearing services in the schools* 15:22–31.

Bonvillian, J. 1982. Review of the education of Koko. *Sign Language Studies* 34:7–14.

Bonvillian, J. and R. Folven. 1990. The onset of signing in young children. In *SLR 87: Papers from the Fourth International Symposium on Sign Language Research,* ed. W. Edmondson and F. Karlsson, 183–89. Hamburg: Signum.

Bonvillian, J., K. Nelson, and J. Rhyne. 1981. Sign language and autism. *Journal of Autism and Developmental Disorders* 11:125–37.

Bonvillian, J., M. Orlansky, L. Novack, and R. Folven,. 1983. Early sign language aquisition and cognitive development. In *The acquisition of symbolic skills,* ed. D. R. Rogers and J. A. Slobada, 207–14. New York: Plenum.

Bornstein, H., and L. Hamilton. 1972. Some recent national dictionaries of sign language. *Sign Language Studies* 1:42–63.

Bornstein, H., L. Hamilton, B. Kannapell, H. Roy, and K. Saulnier. 1973. *Basic Pre-School Signed English Dictionary*. Washington, D.C.: Gallaudet University.

Bornstein, H., and K. Saulnier. 1981. Signed English: A brief follow-up to the first evaluation. *American Annals of the Deaf* 126:69–72.

Bornstein, H., K. Saulnier, and L. Hamilton. 1980. Signed English: A first evaluation. *American Annals of the Deaf* 125:467–81.

Bowe, F. G. 1973. Crisis of the deaf child and his family. In *The deaf child and his family*. Washington, D.C.: Rehabilitation Services Administration.

———. 1978. *Handicapping America*. New York: Harper and Row.

———. 1980. *Rehabilitating America*. New York: Harper and Row.

Braddock, G. C. 1975. *Notable deaf persons*. Washington, D.C.: Gallaudet College Alumni Association.

Bragg, B. 1990. Communication and the Deaf community: Where do we go from here? In *Communication issues among Deaf people: A Deaf American monograph*, ed. M. Garretson, 9–14. Silver Spring, Md.: National Association of the Deaf.

Brasel, K., and S. Quigley. 1977. The influence of certain language and communication environments in early childhood on the development of language in deaf individuals. *Journal of Speech and Hearing Research* 20:95–107.

Brennan, M., and M. Colville. 1979. A British Sign Language research project. *Sign Language Studies* 24:253–72.

Brennan, M., and A. B. Hayhurst. 1980. The renaissance of British Sign Language. In *Sign language and the Deaf community*, ed. C. Baker and R. Battison. Silver Spring, Md.: National Association of the Deaf.

Brien, D., ed. 1992. *Dictionary of British Sign Language/English*. Boston: Faber and Faber.

Brito, L. 1990. Epistemic, alethic, and deontic modalities in a Brazilian Sign Language. In *Theoretical issues in sign language research*, ed. S. Fischer and P. Siple, Vol. 1:229–60. Chicago: University of Chicago Press.

Brown, D. 1973. Affective variables in second language acquisition. *Language Learning* 2:231–34.

Brown, J. 1856. *A vocabulary of mute signs*. Baton Rouge, La.: Morning Comet.

Brown, R. 1973. Development of the first language in the human species. *American Psychologist* 28:97–106.

Bruner, J., and C. Feldman. 1982. Where does language come from? *The New York Review of Books* 34–36.

Bulwer, J. 1644. *Chirologia or the natural language of the hand*. London: Tho. Harper.

———. 1648. *Philocophus, or the deafe and dumbe man's friend*. London: Humphrey Moseley.

Caccamise, F., and R. Blasdell. 1978. Distance and reception of fingerspelling, *American Annals of the Deaf* 123:873–76.

Caccamise, F., R. Ayers, K. Finch, and M. Mitchell. 1978. Signs and manual communication systems: Selection, standardization, and development. *American Annals of the Deaf* 123:877–99.

Caplan, B. 1977. Cerebral localization, cognitive strategy and reading ability. Ph.D. diss., New York University School of Education, Health, Nursing, and Arts Professions.

Carmel, S. 1982. *International hand alphabet charts.* Rockville, Md.: Studio Printing.

Carter, M. 1981. On selecting a sign language class, Part 11. *The Deaf American* 34:23–25.

Caselli, M. 1994. Communicative gestures and first words. In *From gesture to language in hearing and deaf children,* ed. V. Volterra and C. Erting, 56–67. New York: Springer-Verlag, 1990. Reprint, Washington, D.C.: Gallaudet University Press.

Caselli, M., and V. Volterra. 1994. From communication to language in hearing and deaf children. In *From gesture to language in hearing and deaf children,* ed. V. Volterra and C. Erting, 263–77. New York: Springer-Verlag, 1990. Reprint, Washington, D.C.: Gallaudet University Press.

Casey, L. 1978. Development of communicative behavior in autistic children: A parent program using manual signs. *Journal of Autism and Childhood Schizophrenia* 8:45–60.

Chaves, T., and J. Soler. 1975. Manuel Ramirez de Carrion (1579–1652?) and his secret method of teaching the deaf. *Sign Language Studies* 8:235–48.

Chukovsky, K. 1984. *A high art.* Translated by L. Leighton. Knoxville: University of Tennessee Press.

Claiborne, R. 1989. *The roots of English.* New York: Times Books.

Clark, W. P. 1884. *The Indian Sign Language.* Philadelphia: L. R. Hammsley.

Cohen, E., L. Namir, and L. Schlesinger. 1977. *A new dictionary of sign language.* The Hague, Netherlands: Mouton.

Cohen, M. 1981. Development of language behavior in an autistic child using Total Communication. *Exceptional Children* 47:379–81.

Cokely, D. 1992. *Sign language interpreters and interpreting.* Burtonsville, Md.: Linstok Press.

Conrad, R. 1981. Sign language in education: Some consequent problems. In *Perspectives on British Sign Language and deafness,* ed. B. Woll, J. Kyle, and M. Deuchar. London: Croom Helm.

Corazza, S. 1990. The morphology of classifier handshapes in Italian Sign Language. In *Sign language research: Theoretical issues,* ed. C. Lucas, 71–82. Washington, D.C.: Gallaudet University Press.

Cornett, R. 1967 Cued Speech. *American Annals of the Deaf* 112:3–13.

———. 1973. Comments on the Nash case study. *Sign Language Studies* 3:93–98.

Crammatte, A. B. 1987. *Meeting The Challenge: Hearing-Impaired Professionals in the Workplace.* Washington, D.C.: Gallaudet University Press.

Crystal, D., and E. Craig. 1978. Contrived sign language. In *Sign language of the deaf,* ed. L. M. Schlesinger and L. Namir. New York: Academic Press.

Crystal, D. 1980, ed. *Eric Partridge in his own words.* New York: Macmillan.

Cummins, J. 1984. *Bilingual and special education: Issues in assessment and pedagogy.* San Diego: College-Hill.

———. 1986. Empowering minority students: A framework for intervention. *Harvard Educational Review* 56:18–36.

———. 1989. A theoretical framework for bilingual special education. *Exceptional Children* 56:111–19.

Cutting, J., and J. Kavanagh. 1975. On the relationship of speech to language. *ASHA* 17:500–506.

Dee, A., L. Rapin, and R. Ruben. 1982. Speech and language development in a parent-infant total communication program. *Annals of Otology, Rhinology, and Laryngology* 91:62–72.

De Francis, J. 1989. *Visible speech: The diverse oneness of writing systems.* Honolulu: University of Hawaii Press.

Deuchar, M. 1981. Variation in British Sign Language. In *Perspectives on British Sign Language and deafness,* ed. B. Woll, J. Kyle, and M. Deuchar. London: Croom Helm.

deVilliers, J. G. and P. A. deVilliers. 1978. *Language acquisition.* Cambridge, Mass.: Harvard University Press.

Diller, K. 1981. Natural methods of foreign-language teaching: Can they exist? What criteria must they meet? *Annals of the New York Academy of Sciences* 379:75–86.

Dyer, E. 1976. Sign language agglutination: A brief look at ASL and Turkish. *Sign Language Studies* 11: 133–148.

Eastman, G. 1980. From student to professional: A personal chronicle of sign language. In *Sign language and the Deaf community,* ed. C. Baker and R. Battison, 9–32. Silver Spring, Md.: National Association of the Deaf.

Espy, W. R. 1972. *The game of words.* New York: Bramhall House.

Fant, L. 1972a. *Ameslan.* Silver Spring, Md.: National Association of the Deaf.

———. 1972b. The American Sign Language. *California News* 83:18–21.

Fant, L., and J. Schuchman. 1974. Experiences of two hearing children of deaf parents. In *Deafness in infancy and early childhood,* ed. Peter J. Fine. New York: MEDCOM.

Feigl, H., and M. Brodbeck. 1953. *Readings in the philosophy of science.* New York: Appleton-Century-Crofts.

Feldman, B. 1978. *An investigation of the relationship among some demographic and psychological factors and the acquisition of sign language by physically normal adults enrolled in manual communication training programs.* Ph.D. diss., Department of Communication Arts and Science, New York University.

Fine, P., ed. 1974. *Deafness in infancy and early childhood.* New York: MEDCOM.

Fischer, S., and P. Siple, eds. 1990. *Theoretical issues in sign language research.* Chicago: University of Chicago Press.

Flint, R. 1979. History of education for the hearing impaired. In *Hearing and hearing impairment,* ed. L. Bradford and W. Hardy. New York: Grune and Stratton.

Fouts, R., and. R. Mellgren. 1976. Language, signs, and cognition in the chimpanzee. *Sign Language Studies* 13:319–46.

Freeman, R., C. Carbin, and R. Boese. 1981. *Can't your child hear?* Baltimore: University Park Press.

Friedman, L. 1977. *On the other hand.* New York: Academic Press.

Frishberg, N. 1975. Arbitrariness and iconicity: Historical change in American Sign Language. *Language* 51:676–710.

———. 1976. *Some aspects of the historical development of signs in American Sign Language.* Ph.D. diss., Department of Linguistics, University of California at San Diego.

———. 1978. The case of the missing length. In *Sign language research,* ed. R. Wilbur. Special issue of *Communication and Cognition.*

———. 1985. *Interpreting: An introduction.* Silver Spring, Md.: Registry of Interpreters for the Deaf.

Frishberg, N., and B. Cough. 1973. *Time on our hands.* Paper delivered at the Third Annual California Linguistics Conference. Stanford, California.

Fristoe, M., and L. Lloyd. 1978. A survey of the use of non-speech systems with the severely communication impaired. *Mental Retardation* 16:99–103.

Gannon, J. 1981. *Deaf heritage.* Silver Spring, Md.: National Association of the Deaf.

Garnett, C. 1968. *The exchange of letters between Samuel Heinecke and Abbé Charles Michel de l'Epée.* New York: Vantage.

Gates, G., and R. Edwards. 1989. Aquisition of American Sign Language versus Amerind Signs in a mentally handicapped sample. *Journal of Communication Disorders* 22:423–35.

Gaustad, G. 1981. Review of Nim. *Sign Language Studies* 30:89–94.

———. 1982. Reply to Herbert S. Terrace. *Sign Language Studies* 35:180–82.

Gee, J. and J. Mounty. 1991. Nativization, variability, and style shifting in the sign language development of deaf children of hearing children. In *Theoretical issues in sign language research,* ed. P. Siple and S. Fischer, Vol. 2:65–84. Chicago: University of Chicago Press.

Gill, T., and D. Rumbaugh. 1974. Mastery of naming skills in a chimpanzee. *Journal of Human Evolution* 3:482–92.

Gilman, L., J. Davis, and M. Raffin. 1980. Use of common morphemes by hearing impaired children exposed to a system of manual English. *Journal of Auditory Research* 20:57–69.

Goldin-Meadow, S., and H. Feldman. 1977. The development of language-like communication without a language model. *Science* 197:401–403.

Goldin-Meadow, S. and C. Mylander. 1983. Gestural communication in deaf children: The non-effects of parental input on language development. *Science* 221:372–74.

Goodman, L., P. Wilson, and H. Bornstein. 1978. Results of a national survey of sign language programs in special education. *Mental Retardation* 16:104–106.

Gould, J. 1975. Honey bee recruitment: The dance-language controversy. *Science* 189:685–92.

Grinnell, M., K. Detamore, and B. Lippke. 1976. Sign it successful—Manual English encourages expressive communication. *Teaching Exceptional Children* 8:123–24.

Groce, N. 1980. Everyone here spoke sign language. *Natural History* 89:10–16.

Grosjean, F. 1982. *Life with two languages.* Cambridge, Mass.: Harvard University Press.

Gryski, C. 1990. *Hands on, thumbs up.* Toronto, Ont.: Kids Can.

Guillory, L. 1966. *Expressive and receptive fingerspelling for hearing adults.* Baton Rouge, La.: Claitor's.

Gustason, G. 1981. Does Signing Exact English work? *Teaching English to the Deaf* 7:16–20.

Gustason, G., D. Pfetzing, and E. Zawolkow. 1972. *Signing Exact English.* Rossmoor, Calif.: Modern Signs Press.

———. 1980. *Signing Exact English.* Los Alamitos, Calif.: Modern Signs Press.

Hairston, E., and L. Smith. 1993. *Black and deaf in America: are we that different?* Silver Spring, Md.: T. J. Publishers.

Hansen, B. 1980. Research on Danish Sign Language and its impact on the deaf community in Denmark. In *Sign language and the Deaf community,* ed. C. Baker and R. Battison. Silver Spring, Md.: National Association of the Deaf.

Hanson, W. R. 1976. *Measuring gestural communication in a brain-injured adult.* Videotape demonstration. American Speech and Hearing Association Convention.

Hewes, G. 1974a. Gesture language in culture contact. *Sign Language Studies* 4:1–34.

———. 1974b. Language in early hominids. In *Language origins,* ed. Roger W. Wescott. Silver Spring, Md.: Linstok Press.

———. 1977. A model for language evolution. *Sign Language Studies* 15:97–168.

Higgins, D. 1923. *How to talk to the deaf.* St. Louis: Private publication.

Higgins, P. 1980. *Outsiders in a hearing world.* Beverly Hills, Calif.: Sage.

———. 1990. *The challenge of educating together deaf and hearing youth: Making mainstreaming work.* Springfield, Ill.: Charles C. Thomas.

Hill, J. H. 1974. Hominid protolinguistic capacities. In *Language origins,* ed. R. W. Wescott. Silver Spring, Md.: Linstok Press.

Hill, J. 1977. Apes, wolves, birds, and humans: Toward a comparative foundation for a functional theory of language evolution. *Sign Language Studies* 14:21–58.

Hodgson, K. 1954. *The deaf and their problems: A study in special education.* New York: Philosophical Library.

Hoemann, H. 1975. The transparency of meaning of sign language gestures. *Sign Language Studies* 7:151–61.

Hoemann, H. 1978. *Communicating with deaf people.* Baltimore: University Park Press.

Hoemann, H., and R. Lucafo. 1980. *I want to talk.* Silver Spring, Md.: National Association of the Deaf.

Hoffmeister, R., and R. Wilbur. 1980. Developmental: The aquisition of sign language. In *Recent perspectives on American Sign Language,* ed. H. Lane and F. Grosjean, 61–78. Hillsdale, N.J.: Lawrence Erlbaum.

Holmes, K., and D. Holmes. 1980. Signed and spoken language development in a hearing child of hearing parents. *Sign Language Studies* 28:239–54.

Humphries, T., and C. Padden. 1992. *Learning American Sign Language.* Englewood Cliffs, N.J.: Prentice Hall.

Humphries, T., C. Padden, and T. J. O'Rourke. 1980. *A basic course in American Sign Language.* Silver Spring, Md.: T.J. Publishers.

Jacobowitz, E. L. 1991. Name signs in the Deaf community. *The NAD Broadcaster* December:1,8.

Jacobs, L. 1974. *A deaf adult speaks out.* Washington, D.C.: Gallaudet University Press.

———. 1990. What is ASL? In *Eyes, hands, voices: Communication issues among Deaf people: A Deaf American Monograph,* ed. M. Garretson. Silver Spring, Md.: National Association of the Deaf.

Jamison, S. 1983. *Signs for computing terminology.* Silver Spring, Md.: National Association of the Deaf.

Jepson, J. 1991. Two sign languages in a single village in India. *Sign Language Studies* 70:47–59.

———, ed. 1992. *No walls of stone.* Washington, D.C.: Gallaudet University Press.

Johnston, T. 1993. 56 attend teachers' ASL seminar. *The Deaf Michigander* December/January:3–4.

Jordan, I. K., and R. Battison. 1976. A referential communication experiment with foreign sign languages. *Sign Language Studies* 10:69–80.

Jordan, I. K., G. Gustason, and R. Rosen. 1976. Current communication trends at programs for the deaf. *American Annals of the Deaf* 121:527–32.

Kanda, J., and L. Fleischer. 1988. Who is qualified to teach American Sign Language? *Sign Language Studies* 59:183–94.

Kannapell, B. M. 1975. The effects of using stigmatized language. In *Deafpride Papers: Perspectives and options.* Washington, D.C.: Deafpride.

———. 1980. Personal awareness and advocacy in the deaf community. In *Sign language and the Deaf community,* ed. C. Baker and R. Battison. Silver Spring Md.: National Association of the Deaf.

Kannapell, B. M., L. B. Hamilton, and H. Bornstein. 1979. *Signs for instructional purposes.* Washington, D.C.: Gallaudet University.

Kaplan, H. 1985. *Speechreading: A way to improve understanding.* Washington, D.C.: Gallaudet University Press.

Kates, L., and J. D. Schein. 1980. *A complete guide to communication with deaf-blind persons.* Silver Spring, Md.: National Association of the Deaf.

Kemp, M. 1992. The invisible line in the Deaf community. In *Viewpoints on deafness: A Deaf American monograph,* ed. M. Garretson, 77–79. Silver Spring, Md.: National Association of the Deaf.

Kendon, A. 1975. Gesticulation, speech, and the gesture theory of language origins. *Sign Language Studies* 9:349–73.

———. 1980. The sign language of the women of Yuendumu: A preliminary report on the structure of Warlpiri Sign Language. *Sign Language Studies* 27:101–112.

Kinsbourne, M. 1981. Neuropsychological aspects of bilingualism. *Annals of the New York Academy of Sciences* 379:50–58.

Kisor, H. 1990. *What's that pig outdoors?* New York: Penguin Books.

Klima, E., and U. Bellugi. 1979. *The signs of language.* Cambridge, Mass.: Harvard University Press.

Kluwin, T. 1981a. A rationale for modifying classroom signing system. *Sign Language Studies* 31:179–87.

———. 1981b. The grammaticality of manual representations of English in classroom settings. *American Annals of the Deaf* 126:417–21.

Kramer, V. 1991. Three strikes, but I am by no means out! *Deaf Life*, January, 26–29.

Kuntze, M. 1990. ASL: Unity and Power. In *Communication issues among Deaf people: A Deaf American Monograph,* ed. M. Garretson, 75–77. Silver Spring, Md.: National Association of the Deaf.

Kushel, R. 1973. The silent inventor: The creation of a sign language by the only deaf-mute on a Polynesian island. *Sign Language Studies* 3:1–28.

Laird, C. 1970. Language and the dictionary. *Webster's New World Dictionary* 2d ed. New York: The World.

Lambert, W. 1981. Bilingualism and language acquisition. *Annals of the New York Academy of Sciences* 379:9–22.

Lane, H. 1976. *The wild boy of Aveyron.* Cambridge, Mass.: Harvard University.

———. 1977. Notes for a psycho-history of American Sign Language. *The Deaf American* 29:3–7.

———. 1980. A chronology of the oppression of sign language in France and the United States. In *Recent Perspectives on American Sign Language,* ed. H. Lane and F. Grosjean. Hillsdale, N.J.: Lawrence Erlbaum Associates.

———. 1984. *When the mind hears.* New York: Random House.

———. 1992. *The mask of benevolence: Disabling the Deaf community.* New York: Alfred A. Knopf.

Lane, H., and F. Grosjean, eds. 1980. *Recent perspectives on American Sign Language.* Hillsdale, N.J.: Lawrence Erlbaum Associates.

Lauritsen, R. R. 1976. The national interpreter training consortium. In *Seventh World Congress of the World Federation of the Deaf,* ed. F. Crammatte and A. Crammatte. Silver Spring, Md.: National Association of the Deaf.

Lee, D. 1982. Are there signs of diglossia? Re-examining the situation. *Sign Language Studies* 35:127–52.

Lentz, E., K. Mikos, and C. Smith. 1989. *Signing naturally: Teacher's curriculum—level 1.* Berkeley, Calif.: Dawn Sign.

Lewis, F. 1982. Speaking in tongues. *New York Times.* 4 February:A33.

Liddell, S. 1980. *American Sign Language syntax.* The Hague: Mouton.

Lillo-Martin, D., and E. Klima. 1990. Pointing out differences: ASL pronouns in syntactic theory. In *Theoretical Issues in sign language research,* ed. S. Fischer and P. Siple, Vol. 191–210. Chicago: University of Chicago Press.

Ling, D. 1976. *Speech and the hearing-impaired child: Theory and practice.* Washington, D.C.: A. G. Bell Association for the Deaf.

Long, S. 1909. *The sign language: A manual of signs*. Council Bluffs, Iowa: Private publication.

Lucas, C., ed. 1990. *Sign language research: Theoretical issues*. Washington, D.C.: Gallaudet University Press.

Lucas, C., and C. Valli. 1989. Language contact in the American Deaf community. In *The sociolinguistics of the Deaf Community*, ed. C. Lucas, 11–40. San Diego, Calif.: Academic Press.

Luetke-Stahlman, B. 1988a. Documenting syntactically and semantically incomplete bimodal input to hearing impaired subjects. *American Annals of the Deaf* 133:230–34.

———. 1988b. Educational ramifications of various instructional inputs for hearing impaired students. *Association of Canadian Educators of the Hearing Impaired Journal* 14:105–21.

Madsen, W. 1976a. Report on the International Dictionary of Sign Language. In *Seventh World Congress of the World Federation of the Deaf*, ed. F. Crammatte and A. Crammatte. Silver Spring, Md.: National Association of the Deaf.

———. 1976b. The teaching of sign language to hearing adults. In *Seventh World Congress of the World Federation of the Deaf*, ed. F. Crammatte and A. Crammatte. Silver Spring, Md.: National Association of the Deaf.

Maestas y Moores, J. 1980. Early linguistic environments: Interactions of deaf parents with their infants. *Sign Language Studies* 26:1–13.

Mallery, G. 1881. Sign language among North American Indians. In *First Annual Report of the Bureau of Ethnology to the Secretary of the Smithsonian Institution, 1879–80*, ed. J. W. Powell. Washington, D.C.: Government Printing Office.

Markowicz, H. 1973. Aphasia and deafness. *Sign Language Studies* 3:61–71.

Mayberry, R. 1976. If a chimp can learn sign language, surely my nonverbal client can too. *ASHA* 18:223–28.

Mayer, P., and S. Lowenbraun. 1990. Total communication use among elementary teachers of hearing impaired children. *American Annals of the Deaf* 135:257–63.

McIntyre, M. L. 1977. The acquisition of American Sign Language hand configurations. *Sign Language Studies* 16:247–66.

McKee, R., and D. McKee. 1992. What's so hard about learning ASL?: Students' and teachers' perspectives. *Sign Language Studies* 75:129–58.

McLaughlin, B. 1981. Differences and similarities between first- and second-language learning. *Annals of the New York Academy of Sciences* 379:23–32.

Mead, M. 1976. Unispeak: The need for a universal second language. *Mainliner* 17–18.

Meadow, K. 1977. Name signs as identity symbols in the deaf community. *Sign Language Studies* 1:237–46.

———. 1980. *Deafness and child development.* Berkeley, Calif.: University of California.

Meissner, M., and S. Philpott. 1975. A dictionary of sawmill workers' signs. *Sign Language Studies* 9:309–47.

Michaels, J. 1923. *A handbook of the sign language of the deaf.* Atlanta: Southern Baptist Convention.

Mikin, M., and L. Rosen. 1991. *Signs for sexuality.* Seattle, Wash.: Planned Parenthood of Seattle.

Miller, A., and E. Miller. 1973. Cognitive-developmental training with elevated boards and sign language. *Journal of Autism and Childhood Schizophrenia* 3:65–85.

Mindel, E., and M. Vernon. 1971. *They grow in silence.* Silver Spring, Md.: National Association of the Deaf.

Moores, D. 1987 *Educating the deaf.* 2d ed. Boston: Houghton Mifflin.

Morkovin, B. 1968. Language in the general development of the preschool deaf child: A review of research in the Soviet Union. *ASHA* 10:195–99.

Naiman, D., and J. Schein. 1978. *For parents of deaf children.* Silver Spring, Md.: National Association of the Deaf.

Nash, J. 1973. Cues or sign: A case study in language acquisition. *Sign Language Studies* 3:79–92.

———. 1987. Who signs to whom? The American Sign Language community. In *Understanding deafness socially*, ed. P. Higgins and J. Nash. Springfield, Ill.: Charles C. Thomas.

Neal, H. 1960. *Communication from stone age to space age.* London: Phoenix House.

Newport, E., and R. Meier. 1986. The aquisition of American Sign Language. In *The cross-linguistic study of language acquisition*, ed. D. I. Slobin, 881–938. Hillsdale, N.J.: Lawrence Erlbaum.

Nieminen, R. 1990. *Voyage to the island.* Washington, D.C.: Gallaudet University Press.

Orlansky, M. D., and J. D. Bonvillian. 1985. Sign language acquisition: Language development in children of deaf parents and implications for other populations. *Merrill-Palmer Quarterly* 31:127–43.

Packard, H. 1965. The incident of the broom handle. *Yankee Magazine* 10:17–19.

Padden, C. 1981. Some arguments for syntactic patterning in American Sign Language. *Sign Language Studies* 32:239–59.

———. 1990 Deaf children and literacy: *Literacy Lessons.* Geneva: International Bureau of Education.

Padden, C., and T. Humphries. 1988. *Deaf in America: Voices from a culture.* Cambridge, Mass.: Harvard University Press.

Paget, R. 1951. *The new sign language.* London: The Welcome Foundation.

Paget, R., and P. Gorman. 1968. *A systematic sign language.* London: Royal National Institute for the Deaf.

Pahz, J., and C. Pahz. 1978. *Total Communication: The meaning behind the movement to expand educational opportunities for deaf children.* Springfield, Ill.: Charles C. Thomas.

Parsons, F. 1988. I didn't hear the dragon roar. Washington, D.C.: Gallaudet University Press.

Pereira, M., and C. De Lemos. 1994. Gesture in hearing mother-deaf child interaction. In *From gesture to language in hearing and deaf children,* ed. V. Volterra and C. Erting, 178–86. New York: Springer-Verlag, 1990. Reprint, Washington, D.C.: Gallaudet University Press.

Poizner, H., E. Klima, and U. Bellugi. 1987. *What the hands reveal about the brain.* Cambridge, Mass.: MIT Press.

Prinz, P., and E. Prinz. 1979. Simultaneous acquisition of ASL and spoken English (in a hearing child of a deaf mother and hearing father). *Sign Language Studies* 25:283–96.

Rawlings, B., R. Trybus, and J. Biser. 1981. *A guide to college/career programs for deaf students.* Washington, D.C.: Gallaudet University.

Registry of Interpreters for the Deaf. 1980. *A resource guide for interpreter training for the deaf programs.* Silver Spring, Md.: Registry of Interpreters for the Deaf.

Riekehof, L. 1963. *Talk to the deaf.* Springfield, Mo.: Gospel Publishing House.

———. 1978. *The joy of signing.* Springfield, Mo.: Gospel Publishing House.

Romano, F. 1975. Interpreter consortium: A sign for the future. *Social and Rehabilitation Record* 2:10.

Romeo, L. 1978. For a medieval history of gesture communication. *Sign Language Studies* 21:353–80.

Rosen, L. 1981. *Just like everybody else.* New York: Harcourt Brace Jovanovich.

Rosen, R. 1993. The president signs on. *The NAD Broadcaster* May:3.

Sallagoity, P. 1975. The sign language of Southern France. *Sign Language Studies* 7:181–202.

Sandler, W. 1989. *Phonological representation of the sign: Linearity and nonlinearity in American Sign Language.* Providence, R.I.: Foris Publications.

———. 1990. Temporal aspects and ASL phonology. In *Theoretical Issues in Sign Language Research,* ed. S. Fischer and P. Siple, Vol. 1:7–35. Chicago: University of Chicago Press.

Sarles, H. 1976. On the problem: The origin of language. *Sign Language Studies* 11:149–181.

Schaeffer, B. 1978. Teaching spontaneous sign language to nonverbal children: Theory and method. *Sign Language Studies* 21:317–52.

———. 1980. Teaching signed speech to nonverbal children: Theory and method. *Sign Language Studies* 26:29–63.

Schein, J. 1968. *The Deaf community.* Washington, D.C.: Gallaudet University.

———. 1978. The Deaf community. In *Hearing and Deafness,* ed. H. Davis and S. Silverman. New York: Holt, Rinehart and Winston.

———. 1979. Society and culture of hearing-impaired people. In *Hearing and hearing impairment,* ed. L. Bradford and W. Hardy. New York: Grune and Stratton.

———. 1980. *Model state plan for rehabilitation of deaf clients* (2d rev.). Silver Spring, Md.: National Association of the Deaf.

———. 1981. *A rose for tomorrow: Biography of Frederick C. Schreiber.* Silver Spring, Md.: National Association of the Deaf.

———. 1984. *Speaking the language of sign.* New York: Doubleday.

———. 1989. *At home among strangers.* Washington, D.C.: Gallaudet University Press.

Schein, J., and S. Bushnaq. 1962. Higher education of the deaf in the United States: A retrospective investigation. *American Annals of the Deaf* 107:412.

Schein, J., and M. Delk. 1974. *The deaf population of the United States.* Silver Spring, Md.: National Association of the Deaf.

Schein, J., and M. Miller. 1982. Rehabilitation and management of auditory disorders. In *Krusen's handbook of physical medicine and rehabilitation.* 3d ed. ed. Frederic J. Kottke. Philadelphia: W. B. Saunders.

Schein, J., and L. Waldman, eds. 1985. The deaf Jew in the modern world. New York: KTAV Publishing House.

Schein, J., and S. Yarwood. 1990. The status of interpreters for deaf Canadians. Occasional Papers No. 1. Edmonton: Western Canadian Centre of Specialization in Deafness, University of Alberta.

Schlesinger, H., and K. Meadow. 1972. *Sound and sign.* Berkeley, Calif.: University of California.

Scouten, E. 1967. The Rochester Method: An oral multisensory approach for instructing prelingual deaf children. *American Annals of the Deaf* 112:50–55.

Sebeok, T., and R. Rosenthal, eds. 1981. The Clever Hans phenomenon. *Annals of the New York Academy of Sciences* 364.

Sensenig, L. D., E. J. Mazeika, and B. Topj. 1989. Sign language facilitation of reading with students classified as trainable mentally-handicapped. *Education and Training in Mental Retardation* 24:121–25.

Serpell, R., and M. Mbewe. 1990. Dialectal flexibility in sign language in Africa. In *Sign language research: Theoretical issues,* ed. C. Lucas, 275–87. Washington, D.C.: Gallaudet University Press.

Shaw, G. 1903. *Man and superman.* London: Croom Helm.

———. 1912. *Pygmalion.* London: Routledge.

Shore, C., E. Bates, I. Bretherton, M. Beeghly, and B. O'Connell. 1990. Vocal and gestural symbols: Similarities and differences from 13 to 28 months. In *From gesture to language in hearing and deaf children,* ed. V. Volterra and C. Erting, 79–92. New York: Springer-Verlag.

Shroyer, E., and S. Shroyer. 1984. *Signs across America.* Washington, D.C.: Gallaudet University Press.

Shun-chiu, Y., and H. Jingxian. 1989. How deaf children in a Chinese school get their name signs. *Sign Language Studies* 65:305–22.

Silverman, R. S. 1978. From Aristotle to Bell and beyond. In *Hearing and deafness,* ed. H. Davis and S. Silverman. New York: Holt, Rinehart and Winston.

Siple, P., and S. Fischer, eds. 1991. *Theoretical issues in sign language research.* Vol. 2. Chicago: University of Chicago Press.

Siple, P., and C. Akamatsu. 1991. Emergence of American Sign Language in a set of fraternal twins. In *Theoretical issues in sign language research,* ed. P. Siple and S. Fischer, Vol. 2:25–40. Chicago: University of Chicago Press.

Smith, J. 1964. *Workshop on interpreting for the deaf.* Muncie, Ind.: Ball State Teachers College.

Smith, W. H. 1990. Evidence for auxiliaries in Taiwan Sign Language. In *Theoretical issues in sign language research,* ed. S. Fischer and P. Siple, Vol. 1:211–28. Chicago: University of Chicago Press.

Solow, S. N. 1981. *Sign language interpreting: A basic resource book.* Silver Spring, Md.: National Association of the Deaf.

Sperling, G. 1978. Future prospects in language and communication for the congenitally deaf. In *Deaf children: Developmental perspectives,* ed. L. Liben. New York: Academic Press.

Spradley, T., and J. Spradley. 1985. *Deaf like me.* New York: Random House, 1978. Reprint, Washington, D.C.: Gallaudet University Press.

Statewide Project for the Deaf. 1978. *Preferred signs for instructional purposes.* Austin, Tex.: Texas Education Agency.

Stengelvik, M. 1976. Old sign language. *ASHA* 18:471.

Sternberg, M. 1981. *American Sign Language: A comprehensive dictionary.* New York: Harper and Row.

Sternberg, M., C. Tipton, and J. Schein. 1973. *Curriculum guide for interpreter training.* Silver Spring, Md.: National Association of the Deaf.

Stewart, D. 1991. *Deaf sport: The impact of sports within the Deaf community.* Washington, D.C.: Gallaudet University Press.

———. 1993a. Bi-Bi to MCE? *American Annals of the Deaf* 138:331–37.

———. 1993b. Participating in Deaf sport: Characteristics of deaf spectators. *Adapted Physical Activity Quarterly* 10:146–56.

Stewart, D., and B. Lee. 1987. Cued Speech revisited. *B.C. Journal of Special Education* 11:57–63.

Stewart, D., D. McCarthy, and J. Robinson. 1988. Participation in deaf sport: Characteristics of deaf sport directors. *Adapted Physical Activity Quarterly* 5: 233–244.

Stewart, D., J. Robinson, and D. McCarthy. 1991. Participation in deaf sport: Characteristics of elite deaf athletes. *Adapted Physical Activity Quarterly* 8: 136–145.

Stewart, L. 1990. Sign language: Some thoughts of a Deaf American. In *Eyes, hands, voices: Communication issues among deaf people: A Deaf American monograph*, ed. M. Garretson, 117–24. Silver Spring, Md.: National Association of the Deaf.

Stokoe, W. 1971. *Semantics and human sign languages.* The Hague, Netherlands: Mouton.

———. 1972. A classroom experiment in two languages. In *Psycholinguistics and total communication: The state of the art,* ed. T. J. O'Rourke. Washington, D.C.: American Annals of the Deaf.

———. 1976. The study and use of sign language. *Sign Language Studies* 10: 1–36.

———. 1978. *Sign language structure.* Rev. ed. Silver Spring, Md.: Linstok Press.

———. 1980. Afterword. In *Sign language and the Deaf community,* ed. C. Baker and R. Battison. Silver Spring, Md.: National Association of the Deaf.

———. 1987. Sign languages: Origin. In *Gallaudet encyclopedia of deaf people and deafness*, ed. J. V. Van Cleve, Vol. 3:35–37. New York: McGraw-Hill.

———. 1991. Semantic phonology. *Sign Language Studies* 71:107–14.

———. 1993. Dictionary making: Then and now. *Sign Language Studies* 79: 126–46.

Stokoe, W., D. Casterline, and C. Croneberg. 1965. *A dictionary of American Sign Language on linguistic principles.* Washington, D.C.: Gallaudet University.

Strong, M., and E. Charlson. 1987. Simultaneous communication: Are teachers attempting an impossible task? *American Annals of the Deaf* 132:376–82.

Supalla, T., and E. Newport. 1978. How many seats in a chair? In *Understanding sign language through sign language research,* ed. P. Siple. New York: Academic Press.

Tadie, N. 1978. *A history of drama at Gallaudet College: 1864 to 1969*. Ph.D. diss., New York University School of Education, Health, Nursing, and Arts Professions.

Taylor, L., J. Catford, A. Guiora, and H. Lane. 1971. Psychological variables and the ability to pronounce a foreign language. *Language and Speech* 14:146–57.

Terrace, H. 1979. *Nim*. New York: Knopf.

———. 1982. Comment on Gaustad's review of Nim. *Sign Language Studies* 35: 178–80.

Tervoort, B. 1975. *Developmental features of visual communication*. New York: American Elsevier.

Tipton, C. 1974. Interpreting ethics. *Journal of Rehabilitation of the Deaf* 7: 10–16.

Tomkins, W. 1937. *Universal Indian Sign Language of the Plains Indians of North America*. San Diego, Calif.: Private publication.

Umiker-Sebeok, D., and T. Sebeok. 1978. *Aboriginal sign languages of the Americas and Australia*. Vol. 1. New York: Plenum.

Unification of Signs Commission, World Federation of the Deaf. 1975. *Gestuno: International sign language of the deaf*. Carlisle, England: British Deaf Association.

U.S. Equal Employment Opportunity Commission and U.S. Department of Justice. 1991. *American with Disabilities Act handbook*. Washington, D.C.: U.S. Government Printing Office.

Valli, C. 1990. A taboo exposed: Using ASL in the classroom. In *Eyes, hands, voices: Communication issues among deaf people*, ed. M. Garretson, 129–31. Silver Spring, Md.: National Association of the Deaf.

Van Cantfort, T., and J. Rimpau. 1982. Sign language studies with chimpanzees and children. *Sign Language Studies* 34:15–72.

Van Cleve, J. 1987. George William Veditz. In *Gallaudet encyclopedia of deaf people and deafness*, ed. J. V. Van Cleve. New York: McGraw Hill.

Veinberg, S. 1993. Nonmanual negation and assertion in Argentine Sign Language. *Sign Language Studies* 79:95–112.

Vernon, M. 1974. Effects of parents' deafness on hearing children. In *Deafness in infancy and early childhood*, ed. P. Fine. New York: MEDCOM.

Volterra, V. 1983. Gestures, signs and words at two years. In *Language in signs*, ed. J. Kyle and B. Woll, 109–15. London: Croom Hill.

Volterra, V., S. Beronesi, and P. Massoni. 1990. How does gestural communication become language? In *From gesture to language in hearing and deaf children*, ed. V. Volterra and C. Erting, 205–16. New York: Springer-Verlag.

Volterra, V., and M. Caselli. 1985. From gestures and vocalizations to signs and words. In *SLR '83: Proceedings of the third international symposium on sign language research*, ed. W. Stokoe and V. Volterra, 1–9. Silver Spring, Md.: Linstok Press.

Volterra, V., and C. Erting, eds. 1994. *From gesture to language in hearing and deaf children*. New York: Springer-Verlag, 1990. Reprint, Washington, D.C.: Gallaudet University Press.

Walker, M. 1986. *Illustrations of the signs for the revised Makaton Vocabulary: New Zealand version 1986*. Porirua, New Zealand: Makaton Vocabulary New Zealand Resource Centre.

Wampler, D. 1971. *Linguistics of visual English*. Santa Rosa, Calif.: Early Childhood Education Department, Santa Rosa City Schools.

Washabaugh, W. 1980a. The organization and use of Providence Island Sign Language. *Sign Language Studies* 26:65–92.

———. 1980b. The manufacturing of a language. *Sign Language Studies* 29:291–330.

———. 1981. The deaf of Grand Cayman, British West Indies. *Sign Language Studies* 31:117–34.

Washington State School for the Deaf. 1972. *An introduction to Manual English*. Vancouver, Wash.: Private publication.

Watson, D. 1964. *Talk with your hands*. Winneconne, Wis.: n.p.

Webster, C., H. McPherson, L. Sloman, M. A. Evans, and E. Kuchar. 1973. Communicating with an autistic boy by gestures. *Journal of Autism and Childhood Schizophrenia* 3:337–49.

Wepman, J. M. 1976. Aphasia: Language without thought or thought without language? *ASHA* 18:131–36.

Wescott, R. W., ed. 1974. *Language origins*. Silver Spring, Md.: Linstok Press.

Wiggins, J. 1970. *No sound*. New York: Silent Press.

Wilbur, R. B. 1979. *American Sign Language and sign systems*. Baltimore: University Park Press.

Winitz, H. 1976. Full-time experience. *ASHA* 18:404.

———, ed. 1981. Native language and foreign language acquisition. *Annals of the New York Academy of Sciences* 379.

Wolf, E. 1979. Development of improved communication skills in autistic children through use of sign language. *Tijdschrift voor Zwakzinnigheid, Autisme en andere Ontwikkelingsstoornissen* 16:50–54.

Woll, B., J. Kyle, and M. Deuchar, eds. 1981. *Perspectives on British Sign Language and deafness*. London: Croom Helm.

Woodward, J. 1973. Some characteristics of Pidgin Sign English. *Sign Language Studies* 3:39–46.

————. 1978. All in the family: Kinship lexicalization across sign languages. *Sign Language Studies* 19:121–38.

————. 1979a. *Signs of sexual behavior*. Silver Spring, Md.: TJ Publishers.

————. 1979b. The selfishness of Providence Island Sign Language: Personal pronoun morphology. *Sign Language Studies* 23:167–74.

————. 1980. *Signs of drug use*. Silver Spring, Md.: TJ Publishers.

————. 1987. Universal constraints across sign languages: Single finger contact handshapes. *Sign Language Studies* 57:375–85.

Woodward, J., and T. Allen. 1988. Classroom use of artificial sign systems by teachers. *Sign Language Studies* 61:405–18.

Woodward, J., and S. DeSantis. 1977. Two-to-one it happens: Dynamic phonology in two sign languages. *Sign Language Studies* 17:329–46.

Woodward, J., and H. Markowicz. 1975. *Some handy new ideas on pidgins and creoles*. Paper delivered at International Conference on Pidgin and Creole Languages. Honolulu.

Yarnall, G. 1980. Preferred methods of communication of four deaf-blind adults: A field report of four selected case studies. *Journal of Rehabilitation of the Deaf* 13:1–8.

Yau, S. 1990. Lexical branching in sign language. In *Theoretical issues in sign language research*, ed. S. Fischer and P. Siple, Vol. 1:261–78. Chicago: University of Chicago Press.

Youguang, Z. 1980. The Chinese finger alphabet and the Chinese finger syllabary. *Sign Language Studies* 28:209–16.

索引

國家圖書館出版品預行編目資料

動作中的語言——探究手語的本質／Jerome D. Schein,
　　David A. Stewart 作；邢敏華譯.--初版.--
　　臺北市：心理，2005（民 94）
　　面；　　公分.--（障礙教育；50）
　　參考書目：面
　　譯自：Language in motion : exploring the nature of sign
　　ISBN 957-702-765-2（平裝）

　　1.手語

　　　529.55　　　　　　　　　　　　　　94001969

障礙教育 50　**動作中的語言——探究手語的本質**

作　　者：Jerome D. Schein & David A. Stewart
譯　　者：邢敏華
執行編輯：李　晶
總 編 輯：林敬堯
出 版 者：心理出版社股份有限公司
社　　址：台北市和平東路一段 180 號 7 樓
總　　機：(02) 23671490　　傳　　真：(02) 23671457
郵　　撥：19293172　心理出版社股份有限公司
電子信箱：psychoco@ms15.hinet.net
網　　址：www.psy.com.tw
駐美代表：Lisa Wu　　tel: 973 546-5845　　fax: 973 546-7651
登 記 證：局版北市業字第 1372 號
電腦排版：辰皓國際出版製作有限公司
印 刷 者：東縉彩色印刷有限公司
初版一刷：2005 年 6 月

定價：新台幣 350 元　　■有著作權·翻印必究■
ISBN 957-702-765-2

讀者意見回函卡

No. _____

填寫日期： 年 月 日

感謝您購買本公司出版品。為提升我們的服務品質，請惠填以下資料寄回本社【或傳真(02)2367-1457】提供我們出書、修訂及辦活動之參考。您將不定期收到本公司最新出版及活動訊息。謝謝您！

姓名：_____ 性別：1□男 2□女

職業：1□教師 2□學生 3□上班族 4□家庭主婦 5□自由業 6□其他____

學歷：1□博士 2□碩士 3□大學 4□專科 5□高中 6□國中 7□國中以下

服務單位：_____ 部門：_____ 職稱：_____

服務地址：_____ 電話：_____ 傳真：_____

住家地址：_____ 電話：_____ 傳真：_____

電子郵件地址：_____

書名：_____

一、您認為本書的優點：（可複選）

❶□內容 ❷□文筆 ❸□校對 ❹□編排 ❺□封面 ❻□其他____

二、您認為本書需再加強的地方：（可複選）

❶□內容 ❷□文筆 ❸□校對 ❹□編排 ❺□封面 ❻□其他____

三、您購買本書的消息來源：（請單選）

❶□本公司 ❷□逛書局⇨_____書局 ❸□老師或親友介紹

❹□書展⇨____書展 ❺□心理心雜誌 ❻□書評 ❼其他_____

四、您希望我們舉辦何種活動：（可複選）

❶□作者演講 ❷□研習會 ❸□研討會 ❹□書展 ❺□其他____

五、您購買本書的原因：（可複選）

❶□對主題感興趣 ❷□上課教材⇨課程名稱_____

❸□舉辦活動 ❹□其他_____ （請翻頁繼續）

心理出版社 股份有限公司

台北市 106 和平東路一段 180 號 7 樓

TEL: (02) 2367-1490
FAX: (02) 2367-1457
EMAIL:psychoco@ms15.hinet.net

沿線對折訂好後寄回

六、您希望我們多出版何種類型的書籍

❶□心理 ❷□輔導 ❸□教育 ❹□社工 ❺□測驗 ❻□其他

七、如果您是老師，是否有撰寫教科書的計劃：□有□無

　書名／課程：＿＿＿＿＿＿＿＿＿＿＿＿＿＿＿＿＿＿＿＿＿

八、您教授／修習的課程：

上學期：＿＿＿＿＿＿＿＿＿＿＿＿＿＿＿＿＿＿＿＿＿＿

下學期：＿＿＿＿＿＿＿＿＿＿＿＿＿＿＿＿＿＿＿＿＿＿

進修班：＿＿＿＿＿＿＿＿＿＿＿＿＿＿＿＿＿＿＿＿＿＿

暑　假：＿＿＿＿＿＿＿＿＿＿＿＿＿＿＿＿＿＿＿＿＿＿

寒　假：＿＿＿＿＿＿＿＿＿＿＿＿＿＿＿＿＿＿＿＿＿＿

學分班：＿＿＿＿＿＿＿＿＿＿＿＿＿＿＿＿＿＿＿＿＿＿

九、您的其他意見

＿＿＿＿＿＿＿＿＿＿＿＿＿＿＿＿＿＿＿＿＿＿＿＿＿＿＿＿

謝謝您的指教！　　　　　　　　　　　　　　63050